KB272527

루비로 배우는
객체지향 디자인

루비로 배우는 객체지향 디자인

초판 1쇄 발행 2014년 12월 2일 지은이 샌디 메츠 옮긴이 박건하 펴낸이 한기성 펴낸곳 인사이트 편집 김민희 본문디자인 윤영준 제작·관리
이지연, 박미경 표지출력 소다그래픽스 용지 월드페이퍼 인쇄 현문인쇄 제본 자현제책 등록번호 제10-2313호 등록일자 2002년 2월 19일 주소
서울시 마포구 잔다리로 119 석우빌딩 3층 전화 02-322-5143 팩스 02-3143-5579 블로그 http://blog.insightbook.co.kr 이메일 insight@
insightbook.co.kr ISBN 978-89-6626-123-9 13000 책값은 뒤표지에 있습니다. 잘못 만들어진 책은 바꾸어 드립니다. 이 책의 정오표는 http://
www.insightbook.co.kr/236619에서 확인하실 수 있습니다. 이 도서의 국립중앙도서관 출판예정도서목록(CIP)은 서지정보유통지원시스템 홈페이지
(http://seoji.nl.go.kr)와 국가자료공동목록시스템(http://www.nl.go.kr/kolisnet)에서 이용하실 수 있습니다.(CIP제어번호: CIP2014033488)

ProgrammingInsight

루비로 배우는
객체지향 디자인
Practical Object-Oriented
Design in Ruby
샌디 메츠 지음 | 박건하 옮김

인사이트
insight

차례

5장 오리 타입으로 비용 줄이기 97

6장 상속을 이용해 새로운 행동 얻기   119

7장 모듈을 통한 역할 공유   157

옮긴이의 글

이 책은 제가 번역한 첫 번째 책입니다. 그리고 몇 년 전만 해도 제가 번역한 첫 번째 책이 프로그래밍 관련 서적이 될 줄은 꿈에도 몰랐습니다. 몇 년 전으로 거슬러 올라갈 필요도 없을 것 같습니다. 처음 한기성 사장님이 루비 관련 서적 번역에 대해 이야기를 꺼냈을 때에도 번역에 대한 욕심은 없었습니다. 그런데 이렇게 책이 나왔으니, 이 이야기를 조금 해야 할 것 같습니다.

제가 이 책을 처음 접했던 때는 레일스 프로젝트를 여럿 진행하면서 왜 테스트를 작성하는 것이 힘든지를 고민하고 있을 때였습니다. 당시 작업하던 프로젝트의 규모가 예상보다 커지고 비즈니스 로직이 복잡해지면서, 새로운 기능을 추가할 때마다 예상치 못했던 부작용(side effect)이 있지는 않을까 불안해지기 시작했습니다. 또한 기존에 작업했던 작은 규모의 프로젝트 역시 한동안 손을 대지 않다가 새로운 기능을 붙이려고 보면 똑같은 불안함을 맛보곤 했습니다. 테스트가 중요하다는 점을 잘 알고 있고, 매번 느끼고 있고, 언제나 테스트를 붙이면서 코드를 작성하려 하지만, 레일스 프로젝트는 유난히 테스트를 붙이는 것이 어렵다고 느껴졌습니다. 코딩도장 덕분에 간단한 문제를 TDD로 풀어보는 건 어느 정도 익숙해졌다고 생각했지만, 그리고 몇 년째 레일스로 작업하고 있지만, 레일스에 테스트를 붙이는 작업은 여전히 어렵게만 느껴졌습니다.

레일스에 테스트를 붙이는 작업이 예상보다 어렵다는 고민은 저만의 고민이 아니었습니다.[1] 레일스를 사용하는 많은 개발자들이 공유하는 문제였기 때문에 이와 관련된 글들을 읽으며 저 역시 새로운 방향을 모색하고 있었습니다. 그 와중에 가장 설득력 있게 다가온 주장이 서비스 오브젝트(Service Object) 등을 적극적으로 사용

---

[1] 이 책을 번역하던 와중에 레일스를 처음 만들었던 데이비드 핸슨(David Heinemeier Hansson)이 레일스에 테스트를 추가하는 작업이 얼마나 힘든지를 이야기하며, 블로그에 "TDD는 죽었다(TDD is dead)"라는 도발적인 제목의 글을 올렸습니다. 그리고 TDD의 창시자인 켄트 벡(Kent Beck)이 이 글에 대꾸하면서 재미있는 논의가 이어졌습니다. 여기에 마틴 파울러(Martin Fowler)가 가세하여 셋이서 이 주제에 대해 화상채팅을 진행했습니다. (http://www.youtube.com/watch?v=z9quxZsLcfo)

하자는 주장이었습니다.[2] 저에게는 이 접근법이 매우 신선하게 느껴졌고 한동안 작업 중인 모든 프로젝트에 오브젝트를 붙여보며 레일스와 테스트라는 주제를 다시 고민해 보고, 이런저런 방식을 실험해 보고 있었습니다. 그 와중에 이 책을 만났습니다.

물론 이 책은 단순히 테스트에 대한 책이 아닙니다. 지속적으로 발전시킬 수 있는 객체지향 코드를 작성하는 방법을 다루는 책입니다. 저는 '레일스를 가지고 테스트 코드를 작성하는 것이 왜 어려운지'를 고민하다가 이 책을 만났지만, 이 책을 통해 '객체지향 코드를 작성한다는 것이 어떤 것인지' '객체지향적인 코드를 작성하면 왜 테스트하기 좋은 코드를 작성할 수 있는지' '유지보수하기 쉬운 코드를 작성하려고 할 때 어떤 것들을 염두에 두어야 하는지' 등과 같은 주제에 대해 다시 생각해 볼 수 있는 기회를 얻었습니다. 또한 이 책은 실무에 바로 적용해 볼 수 있는 레벨에서 논의를 진행합니다. 더불어 루비라는 상쾌한 언어를 좀 더 깊이 있게 배울 수 있다는 점은 작은 보너스입니다.

저와는 전혀 다른 프로그래밍 경험을 가진 여러분에게 이 책이 어떤 의미로 다가올지 섣불리 예상하기 힘듭니다. 하지만 저는 이 책이 프로그래머라면 누구나 한번쯤 고민해 보았고, 또 고민해 보게 될 주제를 매우 친절하고 체계적으로 정리해준 책이라고 생각합니다. 그래서 한기성 사장님이 갑자기 이 책을 내밀며 번역을 한번 해볼 수 있겠냐고 말씀했을 때, 덥썩 받아들이고 말았습니다. 처음 만나는 분이 내가 몇 개월 전에 인상 깊게 읽은 책을 바로 언급하며 번역을 해보지 않겠냐고 물어오자, '이런 기가 막힌 우연이라면 그냥 내가 해야 하는 일인가보다'라고 제멋대로 생각했습니다. 그리고 번역 하는 내내 후회했습니다. 진행 중인 프로젝트 일정은 빡빡한데 시간을 쪼개서 번역을 해야 하고, 번역은 예상했던 바대로 지난한 작업이었고, 제 짧은 언어 능력 덕분에 번역 속도는 더디기만 했습니다. 이 시간을 기다려 준 한기성 사장님과 김민희 편집자에게 정말로 감사하다는 말씀드립니다. 그리고 어설픈 초벌번역을 검토해준 분들에게도 이 지면을 빌어 감사하다고 말씀드리고 싶습니다.

---

2 레일스에서 service object를 어떻게 사용하면 좋을지에 대한 글들은 많이 있습니다. 예를 들어 저는 다음과 같은 블로그 링크를 통해 이런 주장을 접했습니다. http://blog.codeclimate.com/blog/2012/10/17/7-ways-to-decompose-fat-activerecord-models

추천의 글

소프트웨어 개발에 대해 모두가 알고 있는 사실이 있다. 개발하면서 코드가 점점 늘어나고 시스템에 대한 요구사항이 계속 바뀌면 아직 현재 시스템에는 필요치 않은 새로운 로직들이 추가된다는 사실이다. 대부분 그럴 경우에는, 당장 코드를 최적화하기보다는 계속해서 유지보수하기 쉬운 코드를 작성하는 것이 훨씬 중요하다.

객체지향 디자인을 사용한다는 것은 코드를 유지보수하기 쉽고 발전시키기 쉽게 작성하겠다는 뜻이다. 우리가 프로그래밍을 처음 시작하는 초보자라면, 객체지향 디자인을 사용해 유지보수하기 쉬운 코드를 작성하는 방법을 어떻게 익힐 수 있을까? 사실 대부분의 프로그래머는 깔끔한 객체지향 코드를 작성하기 위한 체계적인 훈련을 받은 적이 없다. 오히려 동료들의 작업을 어깨너머로 보며 새로운 기술을 배우거나, 잔뜩 쌓여 있는 오래된 책 또는 인터넷 검색을 통해 기술을 익힌다. 만약 학교에서 객체지향의 세계로 입문한 사람이라면, 자바나 C++ 같은 언어로 객체지향을 공부했을 것이다(제대로 교육을 받았다면 스몰토크(Smalltalk)로 시작했을 테고).

샌디 메츠의『루비로 배우는 객체지향 디자인』은 객체지향의 기본을 모두 다루고 있다. 다시 말해서, 이 책은 수많은 루비와 레일스 개발자를 다음 단계로, 성숙한 프로 개발자의 단계로 넘어갈 수 있도록 해준다.

루비는, 마치 스몰토크처럼, 완벽히 객체지향적인 언어다. 문자열이나 숫자와 같은 원시자료형까지도 행동(behavior)을 가진 객체로 표현된다. 루비로 애플리케이션을 작성하면 누구나, 언제나 객체를 만들게 된다. 이 객체들은 특정한 상태(state)를 캡슐화하고, 나름의 행동(behavior)을 정의한다. 객체지향 언어를 경험해본 적이 없는 프로그래머라면, 어디서부터 시작해야할지 당혹스러울 수도 있다. 이 책은 '클래스에 무엇을 넣어야 하는지'와 같은 가장 기본적인 질문부터, 단일 책임 원칙(Single Responsibility Principle)과 같은 기초 개념을 거쳐, '상속(inheritance)과 조합(composition) 사이에서 무엇을 선택해야할지', '객체를 어떻게 독립적으로 테스트하는지'까지, 모든 단계를 밟아갈 수 있도록 도와준다.

무엇보다도 이 책의 가장 훌륭한 부분은 샌디의 목소리를 직접 들을 수 있다는 점이다. 샌디는 풍부한 경험을 해왔고 커뮤니티에서 가장 친절한 멤버이며 글 속에서 자신의 감정을 매우 잘 표현해 냈다. 나는 샌디와 수년째 알고 지냈지만 그녀의 글이 그녀를 직접 만나는 것만큼이나 큰 즐거움을 줄 수 있을지는 확신할 수 없었다. 하지만 이제는 확신할 수 있다. 샌디가 프로페셔널 루비 시리즈의 새로운 저자가 된 것을 진심으로 환영한다.

- 오비 페란데즈, 애디슨 웨슬리 프로페셔널 루비 시리즈 담당 편집자

감사의 글

이 책이 만들어질 수 있었다는 것 차체가 하나의 기적이다. 이 책은 많은 사람들의 도움과 격려 덕분에 완성되었다.

글쓰기의 지난한 과정 내내 로리 에반스(Lori Evans)와 티제이 스탠쿠스(TJ Stankus)는 모든 장들에 대한 초기 피드백을 제공해주었다. 둘 다 노스캘리포니아 더럼(Durham, NC)에 살고 있어서 나한테서 도망칠 수 없었겠지만, 그렇다고 내가 이들의 도움에 덜 감사해하는 건 아니다.

저술 작업의 중반, 책을 완성하려면 처음 예상했던 것보다 약 두 배는 더 걸릴 것이라는 사실을 받아들여야 했던 시점부터는, 마이크 달리시오(Mike Dalessio)와 조지 브라운(Gregory Brown)이 초고를 읽고 너무나 소중한 피드백과 도움을 주었다. 이 힘든 시기에도 그들의 격려와 열정 덕분에 작업을 계속할 수 있었다.

책을 완성할 즈음에는 스티브 클라닉(Steve Klabnik), 데시 맥아담(Desi McAdam), 세스 왁스(Seth Wax)가 점잖은 독자를 대신해서 책을 검토해주었다. 이들의 감상과 제안 덕분에 모든 독자에게 도움이 되도록 책을 수정할 수 있었다.

최종 원고는 카트리나 오웬(Katrina Owen), 아브디 그림(Avdi Grimm), 리베카 웝스브록(Rebecca Wirfs-Brock)이 꼼꼼하게 읽어주었다. 이들의 친절하고 사려깊은 피드백 덕분에 책은 더욱 발전할 수 있었다. 이들이 참여하기 전까지 나는 카트리나, 아브디, 리베카를 전혀 알지 못했다. 이들이 함께해줘서 너무 고맙고, 이들의 너그러움에 겸손한 마음이 생겼다. 만약 독자가 이 책을 유용하게 읽었다면, 나중에 이들을 만났을 때 이 책에 대한 감사의 말을 전해도 좋을 것이다.

고담 루비 그룹(Gotham Ruby Group)과 GoRuCo 2009, 2011에서 내가 진행했던 디자인 강연에 호응해주신 모든 분에게 감사의 말을 전하고 싶다. GoRuCo 관계자들은 무명의 인사를 믿고, 생각을 표현할 수 있는 포럼 자리를 마련해주었다. 그곳에서 이 책이 시작되었다. 이안 맥퍼랜드(Ian McFarland)와 브라이언 포드(Brian Ford)는 이 강연을 보고 이 책에 대한 즉각적이고 지속적인 열정을 보여주었다. 이 열정은 나에게도 영향을 주고 확신을 주었다.

글을 쓰는 동안에는 피어슨 에듀케이션의 마이클 써스톤(Michael Thurston)에게 큰 도움을 받았다. 나의 잘못된 글쓰기 흐름을 정기적으로 정리해주고 글에 안정감을 더해 주었다. 아마 독자들도 그가 맞닥뜨렸던 내 글쓰기의 부족한 부분을 알아챌 수 있을 것이다. 그는 무한한 인내심과 예의를 갖춰, 글은 읽기 좋게 구성되어야 한다고 가르쳐주었다. 그 노력은 큰 도움이 되었고, 독자들에게도 그 도움이 느껴지기를 바란다.

애디슨 웨슬리의 담당 에디터인 데브라 윌리엄스(Debra Williams)에게도 감사드린다. 2006년 시카고에서 열렸던 첫 번째 루비온레일스 컨퍼런스에 참가했을 때, 시끄러운 복도에서 우연히 내 이야기를 듣고 새로운 캠페인을 시작해주었다. 그 결과가 바로 이 책이다. 그녀는 내가 아무리 거절해도 끈질기게 나를 설득해주었다. 그녀는 하나의 주장을 확실하게 납득한 다음에야 다음 주장을 검토했다. 이런 태도는 그녀의 지속적인 관심과 헌신을 잘 보여준다.

객체지향 커뮤니티에게도 큰 빚을 지고 있다. 이 책에 등장하는 생각은 내가 만들어낸 것이 아니다. 나는 거인의 어깨 위에 선 난쟁이 번역자에 불과하다. 이 책에 담긴 생각은 다른 누군가 만든 것이지만, 그 내용을 제대로 번역하지 못했다면 그 책임은 당연히 나에게 있다.

끝으로, 나의 파트너 에이미 거머스(Amy Germuth)가 없었다면 이 책은 세상에 나오지 못했을 것이다. 이 작업을 시작하기 전에는 내가 책을 쓸 수 있으리라 상상도 하지 못했다. 무언가를 해낼 수 있다고 믿기 때문에 결과를 이뤄낼 수 있는 사람들이 있는 세상, 세상을 이렇게 바라보는 그녀의 시선 덕분에 책을 쓸 수 있었다. 우리가 들고 있는 이 책 자체가 그녀의 끝없는 인내와 도움에 대한 찬사이다.

모두 감사합니다.

들어가는 글

우리는 언제나 최선을 다하고자 하고 그 결과가 의미 있기를 바라며 작업 과정 역시 즐겁기를 바란다.

소프트웨어 만드는 직업을 가지고 있는 우리는 모두 행운아다. 소프트웨어를 만드는 작업은 창의적인 에너지를 통해 결과물을 만드는 과정이기에 순수한 즐거움을 준다. 우리는 코드를 작성하는 과정 자체를 즐길 수도 있고, 동시에 이 코드가 분명 쓸모 있으리라 확신한다. 우리는 가치 있는 것들을 만든다. 우리는 현대의 장인(craftspeople)이고, 지금의 현실을 구성하는 뼈대를 만든다. 그리고 우리가 성취한 결과에 대해 정당한 자부심을 갖는다. 이런 자부심은 집을 짓는 사람들이나 다리를 건설하는 사람들의 자부심과 비교해도 뒤질 것이 없다.

열정적인 초보자부터 노쇠하고 나이든 프로그래머까지, 몸이 가벼운 인터넷 스타트업에서 일하는 사람부터 안정적이고 견고한 기업에서 일하는 사람까지, 모든 프로그래머는 이런 자부심을 갖고 있다. 우리는 언제나 최선을 다하고자 하고 그 결과가 의미 있기를 바라며 작업 과정 역시 즐겁기를 바란다.

그렇기 때문에 소프트웨어가 엉망이 되기 시작하면 유난히 괴로워한다. 소프트웨어를 잘못 만들면 목적을 달성할 수 없고, 프로그래머로서 누릴 수 있는 행복도 빼앗긴다. 한때는 자신이 생산적이라고 느꼈다가도, 이제는 좌절감만을 느낀다. 한때는 빠르게 결과물을 내놓았다가도, 이제는 느리다. 한때는 평화로웠다가도, 이제는 불만이 가득하다.

이런 좌절감과 불만은 무엇을 하려해도 품이 너무 많이 들 때 발생한다. 우리는 언제나 쏟아 부은 노력과 최종 결과물을 비교한다. 많은 시간과 비용을 들여 작업한 결과물이 그 값어치를 못할 때, 우리의 노력이 쓸모없는 짓이었다고 느끼게 된다. 프로그래머가 행복을 느끼는 이유는 자기 자신이 쓸모 있다고 느낄 수 있기 때문이다. 행복이 고통으로 바뀌는 순간이 바로 우리가 좀 더 많은 작업을 할 수 있고, 또 해야 한다는 신호다. 코딩의 즐거움은 이제 일이 되기 시작한다.

이 책은 객체지향 소프트웨어 디자인에 대한 책이다. 두툼한 교과서가 아니다. 코드를 어떻게 작성하면 좋을지에 대한 한 프로그래머의 이야기를 담고 있다. 오늘 당장 생산적이고, 다음 달 그리고 내년에도 계속 생산적일 수 있는 방식으로 소프트웨어를 정리하는 방법을 가르친다. 오늘 성공적이면서, 미래에도 적응할 수 있는 애플리케이션을 작성하는 법을 보여준다. 애플리케이션이 사용되는 기간 내내, 생산성을 끌어 올리고 시간과 비용을 낮출 수 있도록 해준다.

이 책은 우리가 모두 훌륭한 결과물을 만들고 싶어 한다고 생각하며, 이를 위해 가장 열심히 연마해야 할 도구들을 제공한다. 매우 실용적인 내용이며, 그렇기 때문에 이 책의 핵심은 우리를 다시 행복하게 만들어 줄 수 있는 코드를 작성하는 방법을 알리는 것이다.

누구를 위한 책인가?

이 책은 객체지향 소프트웨어를 작성하려고 노력해 본 적이 있는 독자를 위한 책이다. 그 결과가 성공적이었다고 느낀 독자만을 위한 것은 아니다. 어떤 객체지향(object-oriented, OO) 언어를 사용했든 일단 시도해 본 경험이 있으면 충분하다. 1장은 객체지향 프로그래밍(object-oriented programming, OOP)에 대한 간략한 소개를 담고 있는데, 여기서는 OOP의 기본적인 개념을 정리하려는 것이지 프로그래밍을 가르치려는 것이 아니다.

객체지향 디자인(object-oriented design, OOD)을 배우고 싶지만 객체지향 프로그래밍 경험이 없다면, 이 책을 읽기 전에 튜토리얼 정도는 끝내고 오면 좋다. 객체지향 디자인은 특정 문제들을 해결하기 위한 방식이다. 이 문제들 때문에 고민해 본 경험은 문제의 해결책을 이해하기 위한 선결과제와 같다. 경험이 많은 프로그래머라면 이 단계를 생략해도 괜찮지만, 대부분의 독자는 이 책을 읽기 전에 간단한 객체지향 코드를 작성해 보면 이 책에 대한 만족감을 더 높일 수 있을 것이다.

이 책에서는 루비를 이용해서 객체지향 디자인을 설명하지만, 여기서 소개하는 개념을 이해하기 위해 루비를 알아야 하는 것은 아니다. 루비로 작성한 코드 예시가 많이 있지만 그 내용은 매우 명확하다. 객체지향 언어로 작업해 본 경험이 있는 사람이라면 루비를 쉽게 이해할 수 있을 것이다.

독자가 Java나 C++ 같은 정적 타입 객체지향 언어로 작업하던 사람이라면, 이 책을 통해서 얻을 수 있는 것이 좀 더 많다. 루비는 동적 타입 언어이기 때문에 간단한 문법으로 예시를 작성할 수 있고, 디자인 아이디어의 핵심만 녹여낼 수 있다. 하지만 이 책이 제공하는 모든 개념은 정적 타입 객체지향 언어에도 바로 적용할 수 있다.

이 책을 읽는 법

1장 「객체지향 디자인」은 객체지향 디자인이 왜, 언제, 무엇때문에 필요한지에 대한 일반적인 소개를 담고 있다. 그리고 객체지향 프로그래밍에 대한 간략한 소개로 이어진다. 1장은 그 자체로 독립적으로 구성되어 있다. 맨 먼저 읽어도 좋고, 맨 나중에 읽어도 되며, 솔직히 읽지 않아도 괜찮다. 하지만 현재 디자인 관념이 부족한 애플리케이션을 앞에 두고 씨름하고 있는 상태라면, 1장에서 마음에 안정을 주는 이야기들을 찾을 수 있다.

이미 객체지향 애플리케이션을 작성해 본 경험이 있고 바로 본론으로 들어가고 싶다면, 2장부터 읽기 시작해도 괜찮다. 2장부터 시작했는데 익숙지 않은 개념들이 발목을 잡는다면, 1장의 '객체지향 프로그래밍에 대한 간략한 소개' 절을 다시 읽으면 된다. 여기서는 이 책 전체에서 계속 사용하는 기본적인 개념을 설명하고 정의한다.

2장부터 9장까지는 객체지향 디자인을 단계적으로 설명한다. 2장 「단일 책임 원칙을 따르는 클래스 디자인하기」에서는 하나의 클래스에 들어가야 하는 것이 무엇인지 설명한다. 3장 「의존성 관리하기」에서는 여러 객체들이 뒤얽히게 되는 이유와 객체들을 독립적으로 유지할 수 있는 방법을 보여준다. 이 두 장에서는 메시지(message)보다 객체에 집중한다.

4장 「유연한 인터페이스 만들기」는 객체 중심 디자인에서 메시지 중심 디자인으로 강조점을 옮긴다. 4장은 인터페이스를 정의하는 법에 대한 것이고, 객체들이 어떻게 서로 소통하는지에 관심을 둔다. 5장 「오리 타입으로 비용 줄이기」는 오리 타입(duck type)에 대해 다루는데, 서로 다른 클래스의 객체들이 같은 역할(role)을 공유한다는 개념을 다룬다. 6장 「상속을 이용해 새로운 행동 얻기」는 고전적 상속을 사용하는 방법을 알려주고, 이어서 7장 「모듈을 이용해 역할 공유하기」에서는 역할이 있는 오리 타입 객체를 만드는 법을 다룬다. 8장 「조합을 이용해 객체 통합하기」에서는 조합(composition)을 통해 객체들을 만드는 방법을 설명한다. 그리고 조합, 상속, 역할 공유 사이에서 무엇을 선택할지 판단하는 데 도움이 되는 지침을 제공한다. 9장 「비용-효율적인 테스트 디자인하기」는 테스트를 디자인하는 방법에 집중한다. 이전 장에서 다루었던 코드 예시를 활용해서 테스트를 설명한다.

각 장은 바로 앞 장에서 배웠던 내용 위에서 구성된다. 코드를 많이 담고 있으며, 순서대로 읽는 것이 좋다.

이 책을 이용하는 법

독자가 속한 환경이나 배경이 다르기 때문에 각 독자에게 이 책은 저마다 다른 의미로 다가올 것이다. 객체지향 디자인에 익숙한 독자라면, 조금 더 생각할 거리를 얻거나 새로운 관점을 맛볼 수 있을지도 모른다. 그리고 몇몇 제안에는 동의하지 못할 수도 있다. 객체지향 디자인에 대한 완벽한 해답은 어디에도 없으며, 객체지향의 원칙(그리고 저자)에 대한 도전은 이 원칙을 더욱 깊이 이해할 수 있게 도와줄 것이다. 자신의 디자인을 결정하는 사람은 결국 프로그래머 자신이다. 질문하고, 탐구하고, 최종 결정을 내리는 일은 각자의 몫이다.

여러 수준의 독자가 이 책에 관심을 가질 수 있겠지만, 무엇보다 초보자도 읽을 수 있는 책을 만들려고 노력했다. 이 책을 읽고 있는 여러분이 바로 그런 초보자라면, 지금 이 서문은 바로 그런 사람을 위한 것이다. 한 가지를 꼭 기억하자. 객체지향 디자인은 어둠의 마법 따위가 아니다. 그저 아직은 모르고 있는 것에 불과하다. 여기까지 책을 읽었다는 것은 당신이 디자인에 관심이 있다는 뜻이다. 이 책에서 무언가를 얻기 위해서는 배우고 싶다는 열망만 있으면 충분하다.

2장에서 9장까지는 객체지향 디자인의 원칙들을 설명하고, 매우 명확한 프로그래밍 원칙들을 제시한다. 경험이 풍부하지 않은 초보자들은 이 원칙들을 서로 다르게 이해할 수 있다. 이 책을 읽는 독자가 초보자라면, 일단 이 원칙들을 맹목적으로 믿고 따라 보자. 초기에는 이 맹목적인 믿음이 프로그래밍 재앙으로부터 우리를 지켜줄 수 있다. 나중에 스스로 판단하고 원칙을 만들 수 있을 정도의 경험을 쌓으면, 그때부터는 디자이너로서의 경력이 시작될 것이다.

1장

객체지향 디자인

이 세상은 순차적이다. 시간은 앞으로 흐르고 사건은 하나씩 스쳐 지나간다. 침대에서 일어나고 이를 닦고 커피를 끓이고 옷을 입고 출근을 하고. 우리의 아침이 이런 순서로 짜여 있다면 이런 활동을 절차적 프로그램으로 짤 수 있다. 일어날 사건의 순서를 알고 있기 때문에 그 사건들 하나하나를 실행하는 코드 조각을 짜고, 그 조각을 하나, 둘 내가 생각하는 순서대로 엮을 수 있다.

이 세상은 객체지향적이기도 하다. 배우자와 고양이 또는 늙은 고양이와 차고에 잔뜩 쌓인 자전거 부품 또는 나의 건강하지 않은 심장과 건강한 심장을 위한 운동 계획. 우리의 생활이 이런 것들과 연관되어 있을 수도 있다. 이 모든 것들은 자신만의 방식을 가지고 동작하며 동시에 예측할 수 있는 방식으로 서로 연관되어 있다. 예를 들어, 배우자가 실수로 고양이를 밟고, 발에 밟힌 고양이가 심장 박동을 높일 만한 짓을 하고, 나는 꾸준히 운동을 해왔던 것을 새삼 다행이라 생각하는, 이런 상황도 충분히 일어날 수 있다.

객체의 세계에서 객체들의 행동은 자연스럽게 뒤섞인다. 우리는 '배우자가_고양이를_밟다(spouse_steps_on_cat)'라는 순차적인 행동묶음에 대한 코드를 짤 필요가 없다. 우리에게 필요한 건 한 발 내딛는 행동을 할 줄 아는 배우자 객체와 밟히길 싫어하는 고양이 객체이다. 이 두 객체를 같은 방에 넣어 두면 예상치 못한 행동들의 조합이 나타날 것이다.

이 책은 객체지향 소프트웨어를 디자인하는 방법을 설명한다. 그리고 객체지향 소프트웨어는 이 세계를 객체 사이의 자발적인 상호연관의 연속으로 파악한다. 객체지향 디자인은 세상을 이미 정해진 절차들의 묶음으로 생각하지 않고, 객체가 서로 주고 받는 메시지들의 연쇄로 파악할 것을 요구한다. 객체지향 디자인의 실패를 코딩 능력 부족으로 생각할지도 모르지만, 사실은 관점의 실패다. 객체지향 디자인을 배우기 위한 첫걸음은 객체들 속에 푹 빠져보는 것이다. 일단 객체지향적 관점을 얻고 나면 나머지는 자연스럽게 따라온다.

이 책은 우리가 객체들 속에 푹 빠져 들 수 있도록 이끌어준다. 이번 장은 객체지향 디자인에 대한 일반적인 논의에서 시작하여, 객체지향 디자인이 왜 필요한지 보여주고 언제 디자인을 적용할지 그리고 어떻게 판단할지 설명한다. 그리고 이 책 전반에 걸쳐 사용하는 개념들을 규정하는 객체지향 프로그래밍이란 무엇인지 간단히 그려보면서 끝난다.

1.1 디자인 예찬

소프트웨어가 만들어질 때는 언제나 이유가 있다. 별로 중요하지 않은 게임이든 방사선 치료를 도와주는 프로그램이든, 최종적으로 만들려는 애플리케이션이 소프트웨어가 만들어지는 진짜 이유다. 만약 소프트웨어를 만드는 가장 비용-효율적인 방법이 힘겨운 프로그래밍 노동이라면, 프로그래머에게 요구되는 윤리적 태도는 이런 과정을 꿋꿋이 버티는 것이 된다. 아니면 다른 직업을 찾든가.

다행히도 우리는 프로그래밍의 생산성과 즐거움 사이에서 하나만 선택할 필요가 없다. 코딩을 즐겁게 해주는 기술은 소프트웨어를 가장 생산적으로 만들어내는 기술과 서로 겹쳐 있다. 객체지향 디자인 기법은 프로그래밍의 윤리적/기술적 이율배반을 해소해 줄 수 있다. 이런 디자인을 따르면, 즐겁게 작업할 수 있는 코드를 가지고 비용-효율적인 소프트웨어를 만들 수 있다.

1.1.1 디자인이 해결해 줄 수 있는 문제들

새로운 애플리케이션을 만든다고 상상해 보자. 이 애플리케이션을 만들기 위한 모든 요구사항이 완벽하고 정확하게 갖춰져 있다고 가정하자. 그리고 한 가지만 더 가정하자. 코드를 한번 작성하고 나면 이 애플리케이션이 절대 바뀌지 않는다고 말이다.

이런 경우 디자인은 중요치 않다. 마치 마찰력도 중력도 없는 곳에서 광대가 접시를 돌리듯, 애플리케이션을 돌리고 뒤로 한 발 물러나 이 애플리케이션이 영원히 돌아가는 모습을 자랑스럽게 바라보면 된다. 접시가 얼마나 위태위태하게 돌아가든 광대가 휘청휘청거리든 접시는 절대 떨어지지 않는다.

아무것도 변하지 않는다면.

불행히도 무언가는 **분명** 변한다. 언제나 그렇다. 고객은 자신이 무엇을 원하는지 몰랐고 고객이 했던 말은 실제 말하고자 했던 바가 아니었다. 당신은 고객의 요구사항을 제대로 이해하지 못했고 무엇인가를 더 잘 할 수 있는 방법도 알게 되었다. 모든 면에서 완벽한 애플리케이션마저 변화로부터 자유롭지 않다. 완벽한 애플리케이션이 엄청난 성공을 거두고 나면 모든 사람이 이제 새로운 기능을 원한다. 변화는 막을 수 있는 것이 아니다. 변화는 어디에나 있고 모든 곳에 있으며 피할 수 없다.

요구사항 변경은 프로그래밍 세계의 마찰력이나 중력 같은 것이다. 신중하게 결정한 계획을 갑작스럽고 예측하지 못한 변화 속으로 밀어 넣는다. 변화가 필요하기 때문에 디자인이 중요한 것이다.

쉽게 변경할 수 있는 애플리케이션은 짜는 과정도 즐겁고 확장하는 과정도 즐겁다. 유연하고 여러 곳에 적용할 수 있다. 변화를 주기 힘든 애플리케이션은 정확히 그 반대다. 수정을 하려면 많은 시간이 필요하고, 하나를 수정하면 다음번 수정이 더욱 어려워진다. 수정하기 어려운 애플리케이션은 즐겁게 작업할 수도 없다. 최악의 경우, 당신은 공포영화의 주인공이 된다. 접시들이 깨져나가는 소음을 피하기 위해 이쪽 접시에서 저쪽 접시로 미친 듯이 뛰어다니는 불행한 주인공이 된다.

1.1.2 왜 수정은 어려운가

객체지향 애플리케이션은 상호작용하는 여러 부분으로 구성되어 있고, 각 부분 사이의 상호작용이 전체의 작동을 만들어 낸다. 이 여러 부분이 **객체**이고, 객체 사이의 상호작용은 객체가 주고받는 **메시지** 속에 녹아 있다. 올바른 객체에게 올바른 메시지를 보내기 위해서는 메시지를 보내는 객체가 메시지를 수신하는 객체에 대해 어느 정도 알고 있어야 한다. 수신하는 객체에 대한 이 지식이 두 객체 사이의 의존성을 만들어 내고, 이런 의존성이 애플리케이션을 수정하기 어렵게 만든다.

객체지향 디자인은 **의존성을 관리하는** 것이고, 객체가 변화를 받아들일 수 있도록 의존성을 정리하는 코딩 기술의 묶음이다. 디자인이 결여되어 있을 때, 관리되지 않은 의존성은 재앙을 불러온다. 객체가 서로에 대해 너무 많이 알고 있기 때문이다. 하나의 객체를 수정하면 그 객체와 협업하는 다른 객체를 수정해야 한다. 이어서 그 협업객체의 협업객체를 수정해야 한다. 끝도 **없이** 계속. 별것 없다고 생각했던 기능를 하나 추가했는데, 피해가 물결처럼 전파되고 결국 모든 코드를 수정해야 한다.

객체가 너무 많은 것을 알면 세상에 바라는 것도 많아진다. 까다롭게 굴고 모든 것이 그냥 그대로이길 바란다. 이 바람과 예상이 객체를 옭아맨다. 이런 객체는 새로운 맥락 속에서 다시 사용하기 어렵고 테스트하기도 힘들며 중복되기도 쉽다.

작은 애플리케이션 속에서는 좋지 않은 디자인도 살아남을 수 있다. 모든 객체가 다른 모든 객체와 연결되어 있어도 우리는 모든 것을 머릿속에 넣어 두고 애플리케이션을 발전시킬 수 있다. '좋지 않은 디자인의 작은 애플리케이션'이 갖는 문제는 이 애플리케이션이 발전해서 '좋지 않은 디자인의 큰 애플리케이션'이 된다는 데 있다. 이런 애플리케이션은 저 아래로 떨어질까 두려워 한발 내딛기조차 힘든 함정이 되어 버린다. 간단한 수정이었어야 하는 작업이 전체에 영향을 끼치고, 모든 곳의 코드를 고장 내며, 대부분을 다시 작성하게 만든다. 테스트는 집중공격을 받아 깨져 나가고 도움이 되기는커녕 방해가 된다.

1.1.3 디자인의 실용적 정의

모든 애플리케이션은 코드의 묶음이다. 코드를 배치하는 것이 곧 디자인이다. 디자인이 무엇인지에 대해 공통된 견해를 가진 두 명의 프로그래머라도 문제를 해결하는 방식은 서로 다를 수 있다. 코드를 배치하는 방법이 다를 수 있다. 디자인은 비슷한 기술을 가진 노동자가 같은 제품을 생산하는 컨베이어 벨트가 아니다. 오히려 비슷한 생각을 가진 예술가들이 주문제작 애플리케이션을 만드는 스튜디오와 비슷하다. 때문에 디자인은 예술이다. 코드 배치의 예술이다.

디자인의 어려움 중 하나는 모든 문제가 두 부분으로 구성되어 있다는 점이다. 우리는 오늘 완성해야 하는 기능을 구현하는 코드를 짜야하고, 동시에 내일 쉽게 바꿀 수 있는 코드를 짜야한다. 언젠가 초기 베타 버전 이후에는 코드를 변경하는 데 드는 비용이 최초 코드 작성 비용을 상회하게 될 것이다. 여러 디자인 원칙은 서로 겹칠 수 있고 문제를 해결할 때는 작업시간도 고려해야 하기 때문에 하나의 디자인 문제를 해결하는 방법에는 여러 가지가 있을 수 있다. 그렇기 때문에 우리는 애플리케이션에 필요한 기능을 구현할 때 선택할 수 있는 디자인의 종류가 어떤 것이 있는지 알아야 한다. 그리고 선택 가능한 디자인 각각의 개발비용과 이점을 따지고 저울질해 보고, 오늘 당장 그리고 이후에도 계속 비용-효율적일 수 있는 방식으로 코드를 배치할 수 있어야 한다. 이 모든 것을 고려해서 애플리케이션에 필요한 기능을 전반적으로 이해하고 가장 적합한 방식을 찾아야 한다.

미래를 고려한다는 것은 프로그래밍의 영역 밖에 있는 초능력을 필요로 하는 것처럼 보일 수 있다. 하지만 전혀 그렇지 않다. 우리의 디자인이 고려해야 하는 미래는, 예측할 수 없는 요구사항으로 가득 차 있고 그 속에서 당장 만들 것 하나를 성급하게 선택해야 하는 그런 미래가 아니다. 프로그래머는 초능력자가 아니다. 미래의 특수한 요구사항을 미리 예측하는 디자인은 거의 언제나 좋지 않은 결과를 낳는다. 실용적 디자인은 우리의 애플리케이션에 어떤 일이 벌어질지 예측하는 것이 아니라, 단지 언젠가 무언가는 변한다는 사실 그리고 지금은 무엇이 변경될지 알 수 없다는 사실을 받아들이는 것이다. 디자인은 미래를 추측하지 않는다. 미래를 대비해서 가능한 선택지를 여러 가지 만들어 놓을 뿐이다. 디자인은 선택하지 않는다. 변화하고 움직일 수 있는 공간을 남겨 놓을 뿐이다.

디자인은 **나중**에 디자인할 수 있는 여지를 남겨 놓기 위한 것이고, 그 최종 목표는 변화의 비용을 최소화하는 것이다.

1.2 디자인 도구들

디자인은 정해진 법칙을 따르는 활동이 아니다. 디자인은 지금의 선택이 다음 선택지를 제한하고 또한 새로운 선택지를 열어주는, 그런 갈림길을 따라가는 여행이다. 디자인 과정에서 우리는 요구사항의 미로를 헤매고 미로 속의 모든 갈림길은 지금의 판단의 대가를 나중으로 미루는 그런 결정의 순간이다.

조각가가 줄과 끌을 가지고 있는 것처럼 객체지향 디자이너는 원칙과 패턴이라는 도구를 가지고 있다.

1.2.1 디자인 원칙들

마이클 페더스(Michael Feathers)가 제시하고 로버트 마틴(Robert Martin)이 대중화시킨 디자인 원칙을 뜻하는 SOLID는 객체지향 디자인의 잘 알려진 디자인 원칙 다섯 가지를 대변한다. 단일 책임(Single Responsibility), 개방-폐쇄(Open-Closed), 리스코프 치환(Liskov Substitution), 인터페이스 분리(Interface Segregation), 의존성 역전(Dependency Inversion)이 그것이다. 그 외에는 앤디 헌트(Andy Hunt)와 데이비드 토마스(Dave Thomas)의 DRY(Dont't Repeat Yourself), 노스이스턴 대학(Northeastern University)의 데메테르(Demeter) 프로젝트에서

시작된 데메테르의 원칙(Law of Demeter - LoD) 등이 있다.

이 책 전반에 걸쳐 이 원칙들을 설명할 것이다. 지금 필요한 질문은 "이런 원칙이 도대체 어디서 온거야?"이다. 이 원칙들이 진짜 가치 있는 것인지를 입증할 수 있는 경험적 근거가 있기는 한가? 아니면 손쉽게 무시할 수 있는 어느 누군가의 의견에 불과한 것인가? 본질적으로 누가 한 말이기에 믿을 수 있는 것인가?

이 모든 원칙들은 누군가가 코드를 작성하면서 내렸던 선택에서 시작되었다. 초기의 객체지향 프로그래머들은 특정한 방식의 코드 배치가 프로그래머의 작업에 도움을 주고, 다른 방식은 작업을 힘들게 한다는 사실을 발견했다. 그리고 이런 경험을 통해 '어떻게 하면 좋은 코드를 짤 수 있는지'에 대한 견해를 발전시켰다.

결국에는 학계에서도 관여하기 시작했고 논문 작성을 위해 '좋음'을 수량화하려 했다. 이런 시도는 칭찬할 만한 것이었다. 우리가 좋음을 수량화할 수 있다면, 코드를 평가할 수 있는 기준을 계산해 낼 수 있고, 이 기준을 '좋은' 또는 '나쁜' 애플리케이션에 적용할 수 있다면(이를 위해서는 또 다른 객관적인 기준이 필요할 것이다), 개발 비용을 높이는 행동은 줄이고 비용을 낮추는 행동은 더 많이 할 수 있을 것이다. 코드의 질을 측정할 수 있다면 객체지향 디자인을 '결론 없는 논쟁'에서 '측정할 수 있는 과학'으로 바꿔낼 수 있다.

이 연구는 디자인 원칙들이 얼마나 유효한지를 증명해주었지만, 경험이 풍부한 프로그래머들이 보기에는 몇 가지 한계도 있었다. 초기의 연구들은 대학원생이 작성한 소규모 애플리케이션을 대상으로 연구를 진행했다. 이 사실만으로도 연구 결과를 조심스럽게 받아들어야 할 이유가 충분하다. 연구에 사용한 애플리케이션은 실제 현장의 객체지향 애플리케이션과 다를 수 있기 때문이다.

1990년대 케머(Kemerer)[1]와 바실리(Basili)[2]가 했던 작업이 바로 이것이다. 이들은 여러 객체지향 애플리케이션으로 코드를 수량화하려고 시도했다. 전체적인 클래스의 크기, 클래스가 다른 클래스와 얽혀있는 정도, 상속 관계의 높이와 너비, 그리고 메시지 전송이 유발하는 메서드 실행 횟수 등을 측정하고 각각에 이름을 붙였다. 그들이 중요하다고 생각하는 코드의 배치를 살펴보았고, 이런 코드의 개수를 셀 수 있는 공식을 만들었으며, 그 결과를 주어진 애플리케이션의 질과 연관시켰다.

---

1   Chidamber, S. R., & Kemerer, C. F. (1994). A metrics suite for object-oriented design. IEEE Trans. Softw. Eng. 20(6): 476-493.

2   Basili Technical Report (1995). Univ. of Maryland, Dep. of Computer Science, College Park, MD, 20742 USA. April 1995. A Validation of Object-Oriented Design Metrics as Quality Indicators.

하지만 이런 우려를 불식시킬 수 있는 연구가 발표되었다. 2001년, 라잉과 콜먼 (Laing and Coleman)은 나사(NASA)의 고다드 우주선 연구소(Goddard Space Flight Center)의 애플리케이션을 가지고 '적은 비용으로 높은 수준의 소프트웨어를 생산하는 방법'[3]을 찾기 위한 연구를 진행했다. 이들은 서로 다른 수준의 애플리케이션 세 개를 검토했는데, 그중 하나는 1,617개의 클래스와 500,000줄 이상의 코드로 이루어져 있었다. 이들의 연구는 초기 연구의 결과를 뒷받침해주었으며, 디자인 원칙이 중요하다는 사실을 재확인해주었다.

이 연구들을 직접 읽어보지 않았더라도 그 결론은 확실히 알 수 있다. 좋은 디자인 원칙을 따르면 코드의 질이 높아지며, 이는 측정할 수 있는 과학적 사실이다.

1.2.2 디자인 패턴

객체지향 디자인은 원칙뿐만 아니라 **패턴**을 갖고 있다. 흔히 갱 오브 포(Gang of Four, Gof)라고 불리는 에릭 감마(Erich Gamma), 리처드 헬름(Richard Helm), 랄프 존슨(Ralph Johnson), 존 블리시디스(Jon Vlissides)는 1995년 디자인 패턴에 대한 기념비적인 책을 출판한다. 이들의 책 『디자인 패턴(Design Patterns)』은 패턴이란 객체지향 소프트웨어 디자인에서 **명확한 문제를 처리하는 간단하고도 우아한 해결책**이라고 말한다. 이 패턴을 이용하면 "우리의 디자인을 보다 유연하며 이해하기 쉽게 만들 수 있으며 모듈화하여 재사용할 수 있게"[4] 만들 수 있다는 것이다.

디자인 패턴이라는 개념은 매우 강력하다. 동일한 문제에 이름을 부여하고 같은 방식으로 해결할 수 있을 때, 우리는 혼란에서 벗어나 중요한 지점에 집중할 수 있다. **디자인 패턴(Design Patterns)**은 한 세대의 모든 프로그래머들이 서로 소통하고 협업할 수 있는 도구를 제공해 주었다.

모든 디자이너는 패턴을 익혀야 한다. 잘 알려진 각 패턴은 이 패턴이 다루는 문제에 대한 거의 완벽한 오픈소스 해결책이기 때문이다. 하지만 패턴이 유명해지면서, 초보 프로그래머가 패턴을 오용하는 문제도 발생했다. 초보 프로그래머는 좋은 의도로 충만한 열정을 지나치게 많이 지니고 있기에, 좋은 패턴을 잘못된 문제에 적용하곤 한다. 패턴을 잘못 적용하면 복잡하고 혼란스런 코드를 낳게 된다. 하

---

3 Laing, Victor & Coleman, Charles. (2001). Principal Components of Orthogonal Object- Oriented Metrics (323-08-14).

4 Gamma, E., Helm, R., Johnson, R., & Vlissides, J. (1995). Design Patterns, Elements of Reusable Object-Oriented Software. New York, NY: Addison-Wesley Publishing Company, Inc.

지만 이건 패턴의 잘못이 아니다. 도구는 자신이 어떻게 사용되는지에 대해 책임질 수 없다. 도구를 사용하는 사람이 도구 사용법을 완벽하게 익혀야 한다는 뜻이다.

이 책은 패턴을 설명하지 않는다. 하지만 독자가 패턴을 이해할 수 있도록 준비시켜 줄 수 있고, 올바른 패턴을 선택하고 제대로 사용할 수 있는 지식을 제공한다.

1.3 디자인하기

공통된 디자인 원칙과 패턴이 발견되고 그 수가 점점 더 늘어나면서 객체지향 디자인의 모든 문제가 해결된 것처럼 보인다. 이제 문제들의 기본적인 작동방식을 알고 있는데 객체지향 소프트웨어를 개발하는 것이 뭐가 그리 어렵겠는가?

그런데 알고 보면 상당히 어렵다. 소프트웨어를 주문제작 가구라고 생각해보면, 원칙과 패턴은 나무를 다루기 위한 도구와 같다. 소프트웨어의 최종 상태가 어떤 모양인지 알고 있다고 해서 소프트웨어가 스스로 만들어지는 것은 아니다. 누군가 도구를 사용해서 애플리케이션을 만들어야 애플리케이션이 완성된다. 최종 결과물이 아름다운 장식장이 될지 아니면 당장 부서질 듯한 의자가 될지는 프로그래머가 디자인 도구를 얼마나 능숙하게 다룰 수 있는지에 달려있다.

1.3.1 디자인은 어떻게 실패하는가

소프트웨어 디자인이 실패하는 첫 번째 원인은 디자인 자체가 부족하기 때문이다. 처음부터 프로그래머가 디자인 지식이 거의 없었을 수 있다. 디자인 지식이 전혀 없더라도 작동하는 애플리케이션을 못 만드는 것은 아니다.

이 사실은 모든 객체지향 언어에 적용될 수 있지만, 몇몇 언어에서는 그 정도가 훨씬 덜하다. 하지만 쉽게 배울 수 있는 루비 같은 언어는 이런 문제에 훨씬 취약하다. 루비는 매우 친절하다. 루비를 이용하면 거의 누구나 반복 작업을 자동화하는 스크립트를 만들 수 있고, 선호가 갈리는 루비온레일스(Ruby on Rails) 같은 프레임워크를 사용하면 어떤 프로그래머든 웹 개발을 할 수 있다. 루비의 문법은 워낙 친절해서, 자신의 생각을 논리적인 순서로 이어갈 수 있는 능력을 가진 사람이라면 누구나 제대로 작동하는 애플리케이션을 만들 수 있다. 객체지향 디자인을 전혀 모르는 프로그래머라도 루비를 문제없이 사용할 수 있다.

하지만 디자인이 없는 애플리케이션은 그 자체로 붕괴의 씨앗을 품고 있다. 이런 애플리케이션은 쉽게 작성할 수 있지만, 점점 더 수정할 수 없는 애플리케이션이 된다. 한 프로그래머의 과거 경험만으로 미래를 예측할 수는 없는 법이다. 고통 없는 개발을 이어가겠다는 최초의 약속은 점점 희석되고 낙관은 체념으로 바뀐다. 이제 프로그래머는 새로운 수정 사항이 들어올 때마다 이렇게 말하기 시작한다. "응, 그 기능 추가할 수 있어. 대신 다른 기능은 다 고장날거야."

경험이 조금 더 있는 프로그래머라면 조금 다른 실패를 마주하게 된다. 이 프로그래머는 객체지향 디자인 기술에 대해 알고 있지만, 이 기술을 어떻게 적용해야 하는지 잘 알지 못한다. 이들은 좋은 의도로 지나치게 디자인하는 함정에 빠진다. 약간의 지식을 함부로 사용하는 것은 위험한 일이다. 한 톨의 지식을 배우고 그 속에서 희망을 볼 때, 이들은 가차 없이 **디자인한다**. 넘치는 열정으로 원칙을 적용할 수 없는 곳에 원칙을 들이밀고, 패턴이 없는 곳에서도 패턴을 본다. 이들은 복잡하고 아름다운 코드의 성을 쌓고 돌로 만든 단단한 성채에 갇혀 버린 자신의 모습을 발견하고 괴로워한다. 이런 프로그래머들은 다음과 같이 말하는 사람들이다. "아니, 새로운 기능을 추가할 수 없어. 처음부터 그렇게 디자인되지 않았다고."

마지막으로, 디자인 작업과 프로그래밍 작업이 동떨어져 있을 때 디자인은 실패한다. 디자인은 반복적인 되먹임(feedback loop)과 함께하는 점진적인 발견의 과정이다. 반복적인 되먹임은 적절한 순간에 이루어져야 한다. 때문에 반복을 중시하는 애자일 소프트웨어 개발 운동(Agile software movement, http://agilemanifesto.org)은 잘 디자인된 애플리케이션을 만드는 데 매우 적합하다. 애자일 개발의 반복적인 특징은 디자인이 지속적인 자기조절 능력을 갖추고, 자연스럽게 발전할 수 있게 도와준다. 디자인이 적절한 자기조절 능력을 상실하면 초기 단계의 디자인 실패가 코드 속에 견고하게 남아 있게 된다. 때문에 자신만의 세계에 갇힌 디자인 고수가 작업한 애플리케이션을 이어 받은 프로그래머는 이렇게 말한다. "음, 그 기능을 추가할 수는 있지. 하지만, 언젠가는 인정하겠지만, 네가 진짜 원하는 기능은 이게 아닐 거야."

1.3.2 언제 디자인을 해야 하나

애자일은 고객이 직접 결과물을 보기 전까지는 자신이 원하는 소프트웨어가 무엇인지 말해주지 못한다고 생각한다. 때문에 최대한 빨리 결과를 보여주는 것이 가장 좋다. 만약 이 생각이 사실이라면 그 논리적 결론은 소프트웨어를 조금씩 발전시키는 방식으로, 고객의 진짜 바람을 충족시켜줄 수 있는 길을 반복적으로 찾아가는 방식으로 개발을 진행해야한다는 것이다. 애자일은 고객이 진짜 원하는 결과물을 만들어낼 수 있는 가장 비용-효율적인 방법이 고객과 직접 협업하는 것이라 믿는다. 소프트웨어를 작게 한 조각을 만들고 그 결과를 보여줄 때마다, 고객에게 그 다음에 무엇을 해야 할지 판단하고 생각을 수정할 수 있는 기회를 준다. 애자일의 경험은 이런 협업의 과정을 통해 만들어진 결과물이 고객이 처음 상상했던 것과 사뭇 다르다는 사실을 보여준다. 이런 최종 결과물은 협업이 아닌 다른 방식으로는 얻을 수 없다.

만약 애자일이 올바른 방식을 취하고 있다면 이어지는 두 가지 주장 역시 사실이다. 첫째, 커다란 디자인을 먼저 구상하는 방식(Big Up Front Design, BUFD)을 취할 이유가 하나도 없다(이렇게 만든 것이 제대로 된 것일 리 없으니까). 둘째, 애플리케이션이 완성되는 시점을 누구도 예상할 수 없다(실제로 어떤 작업을 하게 될지는 아무도 모르기 때문에).

이제 애자일 방법론을 불편하게 생각하는 사람이 있다는 사실이 전혀 이상하지 않을 것이다. "우리는 우리가 무엇을 하는지 알지 못한다." 그리고 "우리는 우리의 작업이 언제 끝날지 알지 못한다."라는 주장을 받아들이기는 쉽지 않다. 어떤 이들에게는 '커다란 디자인을 먼저 구상하는 방식(BUFD)'이 무언가 제대로 관리되고 있다는 느낌을 주고 이 느낌은 BUFD만 줄 수 있다. 때문에 BUFD는 계속해서 살아남을 것이다. 이 느낌은 편안함을 주겠지만 이 편안함은 일시적인 환상에 불과하고 애플리케이션을 만드는 과정을 견뎌내지 못한다.

'커다란 디자인을 먼저 구상하는 방식'은 결국 고객과 프로그래머를 서로 대립하게 만든다. 소프트웨어 개발에 앞서 구상해 놓은 커다란 디자인이 제대로 된 것일 리가 없기 때문에, 이 디자인에 명시된 바대로 개발하려는 시도는 결국 고객의 바람을 제대로 충족시켜 주지 못한다. 고객들은 개발이 완료된 애플리케이션을 사용하려는 순간에 가서야 이 사실을 알게 된다. 그리고 수정사항을 내놓는다. 지켜야 하는 일정이 있는 프로그래머는 아마 이미 일정을 못 쫓아가고 있기 때문에 수정사항들을 처리할 수 없다고 말한다. 프로젝트를 성공시키기 위해 노력해야 하는 사람들이 실패의 책임을 떠안지 않으려고 급급해하면서, 프로젝트 자체도 점점 파멸의 길에 들어선다.

이런 관계가 어떻게 작동하는지는 누구나 잘 알고 있다. 마감일이 다가왔는데도 프로젝트가 끝나지 않았다면 세부사항에 대한 수정요청이 너무 많아서 그랬더라도 그 책임은 프로그래머가 진다. 하지만 프로젝트는 마감일에 맞춰 완성되었는데 최종 결과물이 실제 고객의 바람을 충족시키지 못했다면, 세부적인 요청사항이 잘못된 것이고 그 책임은 고객에게 있다. 원래 BUFD의 디자인 문서는 애플리케이션 개발을 위한 로드맵이었지만 시간이 지날수록 반대를 위한 도구가 된다. 이런 문서들은 좋은 소프트웨어를 만드는 데 도움을 주지 못한다. 오히려 프로젝트의 마지막 순간에 사용하기 위한 언어들, 즉 실패의 책임을 회피하기 위한 명분을 얻기 위한 싸움에서나 사용될 변명을 만들기 위해 사용된다.

이 광기가 매번 반복되고 있는데도 여전히 보다 나은 결과를 기대하고 있다면, 애자일 선언은 모두가 머리를 맞대고 상식을 되찾으려는 시도의 출발점이다. 애자일은 애플리케이션이 존재하기 **전**에 확실한 것은 없다는 사실을 받아들인다. 애자일은 이 사실을 받아들였기 때문에, 최종 목표도 모르고 완료 시간도 알 수 없다는 소프트웨어 개발의 곤란한 입장을 해결할 수 있는 전략을 제시할 수 있었다.

하지만 애자일이 "커다란 디자인을 먼저 구상하지 마시오"라고 말한다고 해서 디자인을 하지 말라고 말하는 것은 아니다. BUFD와 객체지향 디자인은 **디자인**이라는 단어를 다른 의미로 사용하고 있다. BUFD는 주어진 애플리케이션의 모든 기능과 내부 작동방식의 미래의 예상하고 그 내용을 완벽하게 명시하고 전체를 문서화하려는 시도이다. 이 과정에 소프트웨어 아키텍처가 동참한다면, 코드들을 어떻게 배치해야 할지도 미리 결정할 것이다. 객체지향 디자인은 훨씬 좁은 영역에만 관심을 갖는다. 코드를 손쉽게 수정하려면 코드를 어떻게 배치해야 할지에 관심을 갖는다.

애자일 작업방식은 **변화를 보장한다.** 그리고 코드를 수정할 수 있는 우리의 능력은 애플리케이션의 디자인에 달려있다. 잘 디자인된 코드를 작성할 수 없다면, 새로운 주기마다 매번 애플리케이션을 다시 작성해야 할 것이다.

애자일은 디자인을 거부하지 않는다. 디자인을 필요로 한다. 디자인을 필요로 할 뿐 아니라, 진짜 좋은 디자인을 필요로 한다. 우리가 만들 수 있는 최상의 다자인이 필요하다. 간단하고 유연하며 내 마음대로 조작할 수 있는 코드가 꼭 필요하다.

1.3.3 디자인 평가하기

옛날에는 코드를 몇 줄 작성했는지를 가지고 프로그래머를 평가하던 시절이 있었다. **코드 줄 수**(source lines of code, SLOC)를 확인했었다. 이런 측정 방식이 어떤 결과를 낳을지는 너무나 명백하다. 프로그래밍을 마치 컨베이어 벨트에서 공산품을 생산하는 과정처럼 생각하는 관리자가 있고, 관리자는 비슷한 숙련도를 가진 노동자가 같은 부품을 조립하는 모습으로 프로그래밍 과정을 상상한다. 그리고 개별 프로그래머의 생산성은 이들이 만든 결과물의 양으로 측정할 수 있다고 믿는다. 매니저들에게는 프로그래머들의 실력을 비교할 수 있는 믿을 만한 방법, 그리고 소프트웨어 생산물을 평가할 수 있는 방법이 필요하다. 때문에 '코드 줄 수(SLOC)'를 하나의 기준으로 채택한다. '코드 줄 수'를 평가의 기준으로 삼는 방식은 분명 문제가 많지만 아무런 기준이 없는 것보다는 낫기 때문이다. 적어도 무언가를 측정할 수 있는 기준이기 때문이다.

프로그래머가 이런 측정방법을 만들어내지 않았다는 것은 분명하다. 프로그래머 개개인의 노력과 애플리케이션의 복잡도를 측정하기 위해 '코드 줄 수'를 기준으로 사용할 수는 있지만, 이런 기준은 코드의 전체적인 품질에 대해서는 아무것도 말해주지 못한다. 효율적인 프로그래머의 발목을 잡고 쓸데없이 장황한 코드를 작성하는 프로그래머를 추켜세워 줄 뿐이다. 그리고 애플리케이션에 남겨진 문제 있는 코드는 진짜 전문가들이 달라붙어 수정해야 한다. 단 몇 줄로 완성할 수 있는 기능을 엄청난 양의 코드로 구현하는 초보 프로그래머가 옆에 있다고 생각해 보자. 그리고 이 초보 프로그래머가 우리보다 더 좋은 평가를 받는다고 생각해 보자. 이에 대한 우리의 자연스런 반응은 무엇일까? '코드 줄 수'를 가지고 프로그래머를 평가하는 방식은 애플리케이션의 품질을 저하시키는 보상체계를 만들어낸다.

요즘은 '코드 줄 수'를 평가 기준으로 삼는 경우가 없고 새로운 측정법이 많이 등장했다. 우리의 코드가 객체지향 디자인을 얼마나 잘 따르고 있는지 평가해주는 수많은 루비 젬(Ruby gems)도 있다(구글에서 ruby metrics를 검색해보면 가장 최신 자료를 볼 수 있다). 이 측정 소프트웨어들은 소스 코드를 훑어보고 코드의 질을 측정하는 데 사용할 수 있는 요소들의 개수를 샌다. 코드를 측정 소프트웨어로 검사해 보면 몰랐던 것을 알게 되거나 자신의 코드에 대해 좀 더 겸손해질 수도 있고, 가끔은 문제를 발견할 수도 있다. 잘 디자인된 애플리케이션처럼 보였을지라도 실제로는 객체지향 디자인의 원칙을 너무 많이 위반하고 있을 수 있다.

'객체지향 디자인 점수(OOD metrics)'를 낮게 받은 코드는 의심할 여지없이 잘못 디자인된 것이다. 이런 코드는 **언젠**가 수정하기 힘들어진다. 하지만 좋은 점수를 받았다고 해서 좋은 디자인을 구현하고 있다고 확신할 수는 없다. 다시 말해서, 다음번 수정이 손쉽거나 수정 비용이 낮다고 보장해주지 않는다는 것이다. 문제는 미래의 수정사항을 지나치게 고려하면서도 멋진 디자인을 만들 수 있다는 점이다. 이런 디자인은 높은 '객체지향 디자인 점수'를 받을 수 있겠지만 우리가 미래의 수정사항을 잘못 예상했다면 결국 수정 비용은 매우 비쌀 것이다. '객체지향 디자인 점수'는 잘못된 것을 올바른 방법으로 구현하고 있는 디자인을 가려내지 못한다.

'코드 줄 수'를 확인하는 방법은 쓸모가 없어졌고, 그 자리를 '객체지향 디자인 점수'가 대신하게 되었다는 주장은 조심스럽게 받아들여야 한다. 다양한 측정방식은 소프트웨어에 대한 정보를 제공해준다. 편견으로부터 자유롭고 수치화된 정보를 제공한다. 하지만 이 숫자들이 코드의 질을 그대로 대변하지는 못하며, 오히려 좀 더 심도 깊은 분석을 위한 수단으로 이해해야 한다. 소프트웨어의 질을 측정하는 궁극적인 기준은 '주어진 시간 안에서의 기능별 구현 비용'일 것이다. 하지만 이 기준은 계산하기가 쉽지 않다. 비용, 기능, 시간은 모두 정의하거나 추적하거나 측정하기 어렵다.

우리가 각 기능을 독립적으로 다룰 수 있어서 각각의 관련 비용을 추적할 수 있다 하더라도, 주어진 시간 안에서라는 개념이 코드를 평가하는 데 영향을 미친다. 가끔은 지금 당장 기능을 구현하는 것이 너무나 중요해서 미래의 수정비용이 높아지는 것을 감내해야 할 때가 있다. 꼭 필요한 기능이 준비되지 않았기 때문에 지금 당장 시장에서 퇴출될 상황이라면, 내일 코드를 수정하는 비용이 얼마나 드는지는 전혀 중요치 않다. 우리는 주어진 시간 내에 할 수 있는 최대한을 이뤄야 한다. 이와 같은 방식으로 타협하는 것은 미래의 시간을 빌려오는 것과 같다. 기술적으로 빚을 지는 것이다. 이 빚은 언젠가는 갚아야 한다. 물론 이에 상응하는 이자도 함께 갚아야 할 것이다.

우리가 의도적으로 기술적인 빚을 지지 않더라도, 디자인을 하는 데는 시간이 필요하고 결국 돈이 든다. 우리의 목표는 기능별 구현 비용이 가장 낮은 소프트웨어를 개발하는 것이기 때문에, 디자인에 얼마나 시간과 돈을 쓸지 결정하기 위해서는 두 가지를 고려해야 한다. 첫째는 우리의 기술 수준이고 둘째는 우리에게 주어진 시간이다. 디자인을 위해 보름을 소비하고 그 효과를 일 년 이후에나 볼 수 있다면 이런 디자인은 추구할 가치가 없다. 디자인 작업 때문에 소프트웨어가 제시간에 완성될 수 없다면 우리는 이미 실패한 것이다. 잘 디자인되었지만 절반밖에 완성되지 않은 애플리케이션은 존재하지 않는 것과 똑같다. 하지만 디자인을 위해 오전에 몇 시간만 작업하면 되고 그 효과를 오늘 저녁에 볼 수 있다면, 이 디자인은 애플리케이션이 사용되는 내내 이득을 가져다 줄 것이다. 이런 디자인은 오늘 투자한 시간에 대해 복리의 이자를 되돌려주고 영원히 수익을 낸다.

디자인 비용의 손익분기점은 프로그래머마다 다 다르다. 경험이 부족한 프로그래머라면 지나치게 미래를 많이 예상하고 이런 예상을 담은 디자인을 만들 것이다. 이런 디자인에 들인 노력은 결코 그 값어치를 하지 않는다. 능력 있는 디자이너가 오늘 아침에 조심스럽게 작성한 코드는 오늘 저녁의 개발 비용을 낮출 수 있을 것 이다. 대부분의 프로그래머는 이 두 극단 사이 어딘가에 위치해 있다. 이 책의 나머 지 부분은 디자인의 손익분기점을 우리가 원하는 대로 조절하는 데 필요한 기술을 가르쳐준다.

1.4 객체지향 프로그래밍에 대한 간략한 소개

객체지향 애플리케이션은 객체와 객체가 서로 주고 받는 메시지로 구성되어 있다. 이 두 요소 중 메시지가 더 중요한 것으로 밝혀지겠지만, 간략한 소개를 위해서 그 리고 이 책의 앞부분에서는, 둘 다 같은 비중으로 다룬다.

1.4.1 절차적 언어들

객체지향적 프로그래밍은 객체지향적이지 않은 프로그래밍 또는 **절차적 프로그래 밍**과 비교해 볼 때, **객체지향적이다.** 이 두 스타일의 프로그래밍은 서로가 어떻게 다른지 비교를 통해 이해하는 것이 좋다. 일반적인 절차적 프로그래밍 언어가 있다 고 생각해 보자. 이 언어를 가지고 간단한 스크립트를 작성했다. 그리고 변수를 정 의했다. 다시 말해, 데이터 조각을 만들고 여기에 이름을 부여했다. 일단 변수가 할 당되면 이 변수를 참조해서 연관된 데이터에 접근할 수 있다.

모든 절차적 언어와 마찬가지로, 우리가 사용하는 언어도 작고 고정된 여러 종류 의 데이터 묶음을 알고 있다. 예를 들어, 문자열(strings), 숫자(numbers), 배열(ar-rays), 파일(files) 등을 알고 있다. 이런 종류의 데이터를 **데이터 타입**(data types) 이라고 부른다. 각 데이터 타입은 매우 명확한 대상을 갖는다. **문자열 데이터 타입** 은 **파일 데이터 타입**과 서로 다르다. 그리고 다양한 데이터 타입을 제대로 다루기 위한 붙박이 오퍼레이션(built-in operations)이 언어의 문법으로 제공된다. 예를 들어, 문자열을 이어 붙일 수 있고 파일을 읽을 수 있다.

우리가 변수를 만들었기 때문에, 이 변수가 어떤 종류의 데이터 타입을 가지고 있는지는 우리만 알고 있다. 우리가 어떤 오퍼레이션을 사용할 수 있는지 아는 이 유는 우리가 이 변수의 데이터 타입을 알고 있기 때문이다. 두 개의 문자열은 서로 이어 붙일 수 있고, 숫자로는 사칙연산을 할 수 있으며, 배열은 인덱스를 가지며,

파일은 읽을 수 있다.

가능한 모든 데이터 타입과 필요한 오퍼레이터는 이미 갖추어져 있다. 이것들은 언어의 문법에 이미 포함되어 있다. 우리는 언어를 가지고 함수(function)를 만들 수 있을지도 모르고(이미 정의된 오퍼레이션을 묶어서 새로운 이름을 부여한다), 복잡한 데이터 구조를 정의할 수 있을지도 모른다(이미 정의된 데이터 타입을 조립해서 새로운 이름은 부여한다). 하지만 완전히 새로운 오퍼레이션이나 데이터 타입을 만들 수는 없다. 우리가 사용할 수 있는 것은 지금 눈에 보이는 것뿐이다.

우리가 사용하는 언어에서, 모든 절차적 언어처럼, 데이터(data)와 행동(behavior) 사이에는 건널 수 없는 깊은 골짜기가 있다. 데이터와 행동은 전혀 다른 것이다. 데이터는 변수 속에 갇혀 있고, 행동은 이 데이터를 들여다 볼 수 있다. 그리고 데이터에 어떤 짓이든 할 수 있다. 데이터는 매일 아침 등교하는 어린이와 같다. 눈 앞에 없는 데이터에 무슨 일이 벌어지고 있는지 우리는 알 수 없다. 데이터에게 무슨 일이 벌어질지 예측할 수 없고, 대부분 추적할 수도 없다.

1.4.2 객체지향적 언어들

이제 다른 종류의 프로그래밍 언어를 상상해 보자. 클래스 기반의 객체지향 언어인 루비를 상상해 보자. 루비는 데이터와 행동을 절대 공존할 수 없는 서로 다른 영역에 분리시켜 놓지 않는다. 루비는 이 둘을 하나의 것, 즉 **객체(object)**로 통합한다. 객체는 행동을 가지고 있고, 데이터를 가지고 있을 수도 있다. 이 데이터에 누가 접근할 수 있는지는 객체가 결정한다. 객체는 메시지 전송을 통해 상대의 행동을 실행시킨다.

루비는 문자열 데이터 타입이 아니라 문자열 **객체**를 갖고 있다. 문자열에 사용할 수 있는 오퍼레이션은 언어의 문법에 정의되어 있는 것이 아니라, 문자열 객체 안에 포함되어 있다. 여러 문자열 객체는 각각에게 고유한 방식으로 **나열된(string)** 데이터를 가지고 있기 때문에, 서로 다르다. 하지만 모두 비슷하게 행동한다는 점에서는 별반 다르지 않다. 모든 문자열 객체는 자신의 데이터를 외부세계로부터 **캡슐화(encapsulates)**시켜 놓는다. 또는 외부세계로부터 감춰놓고 있다. 모든 객체는 자신의 데이터를 얼마나 공개할지 또는 얼마나 감추고 있을지를 스스로 결정한다.

문자열 객체가 자신의 오퍼레이션을 직접 관장하기 때문에 루비는 문자열 데이터 타입에 대해 특별히 알고 있어야 할 것이 없다. 루비는 객체가 메시지를 전송하는 일반적인 방법만 제공하면 된다. 예를 들어, 문자열이 concat 메시지를 이해한다면, 문자열을 이어붙이기(concatenate) 위한 별도의 문법을 제공할 필요가 없다. 한 객체가 다른 객체에게 concat 메시지를 전송할 수 있는 방법만 제공하면 된다.

가장 단순하게 애플리케이션을 만들려 해도 문자열 또는 숫자 또는 파일 또는 배열이 몇 개는 필요하다. 물론 가끔은 정말 독특한 일회용 객체가 필요한 것도 사실이다. 하지만 대부분의 경우, 서로 다른 데이터를 가지고 있지만 똑같은 방식으로 행동하는 객체를 여러 개 만들어야 한다.

루비 같은 클래스 기반 객체지향 언어는 클래스를 정의할 수 있고 클래스는 비슷한 객체를 만들기 위한 청사진을 제공한다. 또한 클래스는 **메서드**(행동을 정의한 것)와 **어트리뷰트**(변수를 정의한 것)를 정의한다. 메서드는 메시지에 반응해서 실행된다. 여러 객체가 같은 이름의 메서드를 정의할 수 있으며, 전송된 메시지를 가지고 어느 객체의 메서드를 실행할지 결정하는 것은 루비의 몫이다.

일단 String 클래스가 주어진다면, 이 클래스를 가지고 여러 개의 **인스턴스**(instance)를 반복적으로 생성할 수 있다. 새로 생성된 모든 String 인스턴스는 동일한 메서드를 **구현**(implements)하고 있으며, 같은 어트리뷰트 이름을 사용한다. 하지만 각각은 서로 다른 데이터를 가지고 있다. 이들은 같은 메서드들을 공유하기 때문에 모두 String처럼 행동한다. 반면 서로 다른 데이터를 가지고 있기 때문에 서로 다른 객체이다.

String 클래스가 정의하는 타입은 단순한 **데이터**가 아니다. 객체의 타입을 안다는 것은 그 객체가 어떻게 행동할지 예상할 수 있다는 것이다. 절차적 언어에서 변수는 하나의 데이터 타입을 가지고 있다. 이 데이터 타입을 알고 있기 때문에 어떤 오퍼레이션을 사용할지 알 수 있다. 루비의 객체는 여러 가지 타입을 가질 수 있다. 이 타입 중 하나는 언제나 객체의 클래스를 통해 얻어진다. 객체의 타입을 알고 있을 때, 이 객체가 어떤 메시지에 반응할지 예상할 수 있다.

루비는 이미 정의되어 있는 클래스를 여러 개 제공한다. 가장 먼저 눈에 띄는 것은 절차적 언어의 데이터 타입에 상응하는 것들이다. 예를 들어, String 클래스는 문자열을 정의하고, Fixnum 클래스는 정수를 정의한다. 프로그래밍 언어가 갖춰야 하는 기본적인 데이터 타입을 위한 클래스를 이미 제공하고 있다. 하지만 객체지향 언어는 그 자체가 객체를 이용해서 만들어져 있는데, 여기서부터 이야기가 재미있어진다.

String 클래스는 새로운 문자열 객체를 위한 청사진이다. 그리고 이 클래스 자체가 하나의 객체이다. Class 클래스의 인스턴스이다. 모든 문자열 객체가 String 클래스의 인스턴스이고 데이터만 다르듯, 모든 클래스 객체(String, Fixnum 등)는 Class 클래스의 인스턴스이면서 가지고 있는 데이터만 다르다. String 클래스는 새로운 문자열을 만들고, Class 클래스는 새로운 클래스를 만든다.

그렇기 때문에 객체지향 언어는 열려 있다. 몇 개의 데이터 타입이나 이미 정의된 오퍼레이션에만 의존하지 않아도 된다. 우리가 원하는 방식으로 완전히 새로운 타입을 만들 수 있다. 모든 객체지향 애플리케이션은 시간이 지날수록 조금씩 우리의 작업에 맞게 재단된 독특한 프로그래밍 언어가 되어 간다.

이 언어가 최종적으로 기쁨을 줄지 아니면 고통만을 안겨 줄지는 얼마나 잘 디자인되었는지에 달려 있다. 이것이 이 책에서 다루고자 하는 내용이다.

1.5 요약

하나의 애플리케이션을 오랫동안 사용하고 있다면, 다시 말해서 성공적이었다면, 이 애플리케이션의 가장 큰 문제는 변화를 받아들이는 것이 된다. 변화를 손쉽게 받아들일 수 있도록 코드를 배치하는 일, 이것이 디자인이다. 디자인에서 가장 눈에 띄는 요소는 원칙과 패턴이다. 하지만 원칙을 올바르게 적용하고 적절한 패턴을 사용해도 수정하기 쉬운 애플리케이션을 만들었다고 확신할 수는 없다.

'객체지향 디자인 점수(OOD metrics)'는 주어진 애플리케이션이 얼마나 충실하게 객체지향 디자인 원칙을 따르고 있는지 보여줄 수 있다. 낮은 점수를 받았다면 나중에 어려움에 봉착하리라 예상해도 좋다. 하지만 좋은 점수가 말해 줄 수 있는 것은 훨씬 적다. 잘못된 디자인을 가지고도 좋은 점수를 얻을 수 있고, 이런 디자인은 여전히 수정이 쉽지 않기 때문이다.

디자인에 투자한 시간으로 본전이라도 뽑으려면 디자인 이론을 이해하고 적절히 적용할 수 있어야 한다. 올바른 순간에 필요한 만큼 적용할 줄 알아야 한다. 디자인의 성공과 실패는 이론을 실천할 수 있는 프로그래머의 능력에 달려 있다.

그렇다면 이론과 실천은 어떻게 다를까?

이론적으로, 이 둘은 똑같다. 만약 이론이 곧 실천이었다면 우리는 객체지향 디자인의 원칙들을 배우고 계속 적용하고 오늘부터 완벽한 코드를 만들면 된다. 이 책도 그만 읽어도 된다.

하지만 언제나 그렇듯 이론보단 실천에서 더 많은 것을 배울 수 있다. 이론과 달리 실천이란 직접 진흙탕 속에 뛰어드는 것이다. 벽돌을 쌓고 다리를 놓고 코드를 작성하는 것은 이론이 아니라 실천이다. 실천은 실제 세계의 변화, 혼란, 불확실성 속에 놓여 있다. 어려운 선택의 순간에 직면하며 울며 겨자 먹기로 차악을 선택하기도 한다. 피하고 둘러싸이면서 돌려막기에 급급하기도 한다. 가지고 있는 것으로 최선을 다할 뿐이다.

이론은 유용하고 꼭 필요한 것이다. 그리고 그 내용을 이번 장에서 살펴보았다. 충분히 살펴보았으니, 이제 직접 코드를 작성할 때다.

2장

단일 책임 원칙을 따르는 클래스 디자인하기

객체지향 시스템의 근간을 이루는 것은 메시지(message)이지만 가장 눈에 띄는 구조는 클래스이다. 디자인의 핵심에는 메시지가 있지만 가장 명시적으로 드러나는 것은 클래스이기 때문에 이번 장에서는 모든 것을 설명하려 하지 않고 '무엇이 클래스에 속하는지' '어떻게 알 수 있는지'에 집중하고자 한다. 이어지는 장에서는 디자인의 강조점이 클래스에서 메시지로 점차 이동할 것이다.

어떤 클래스를 만들어야 할까? 몇 개나 만들어야 할까? 어떤 행동을 구현해야 할까? 하나의 클래스는 다른 클래스에 대해 얼마나 알고 있어야 할까? 다른 클래스에게는 어느 정도까지 열려있어야 할까?

우리는 이런 질문들에 압도 당한다. 모든 결정은 위험으로 가득 차 있고 한번 결정한 것은 되돌릴 수 없을 것 같다. 하지만 두려워 말자. 현재 시점에서 우리가 해야 하는 일은 일단 깊게 심호흡을 한 번 하고, **클래스는 단순해야 한다**는 말을 명심하는 것이다. 클래스를 이용해서 애플리케이션을 모델링하는 것이 우리의 목표다. **지금 당장 해야 할 일**을 할 줄 알고, **나중에도 쉽게 수정**할 수 있는 클래스, 이런 클래스를 가지고 모델링해야 한다.

여기에는 서로 다른 두 개의 기준이 있다. 누구나 지금 당장 작동하는 코드를 짤 수 있다. 눈앞의 애플리케이션에 내키는 대로 아무 코드나 우격다짐으로 짜 넣어도 애플리케이션은 아무런 저항을 하지 않는다.

하지만 수정하기 쉬운 애플리케이션을 만드는 일은 전혀 다른 이야기이다. 지금 당장 작동하면 되는 애플리케이션은 한 번 신경 쓰면 그만이지만, 수정하기 쉬운 애플리케이션은 영원히 신경 써야 한다. 수정하기 쉬움이라는 가치 속에서 프로그래밍의 기술이 드러난다. 이 가치를 구현하기 위해서는 지식, 기술, 약간의 예술적 창의성이 필요하다.

다행히도 모든 것을 처음부터 스스로 깨우쳐 가지 않아도 된다. 쉽게 수정할 수 있는 애플리케이션을 만들기 위해 많은 고민과 선행 연구가 있었기 때문이다. 이런 기술들은 간단하다. 우리는 그것들을 배우고 어떻게 사용하는지를 익히면 된다.

2.1 무엇을 클래스에 넣을지 결정하기

우리는 머릿속에 애플리케이션을 구상해 놓고 있다. 애플리케이션이 무엇을 해야 하는지도 알고 있다. 가장 중요한 기능을 어떻게 구현해야 하는지도 이미 생각하고 있을지 모르겠다. 문제는 기술에 대한 지식이 아니라 코드를 구성하고 배치하는 일이다. 우리는 코드를 짤 줄은 알지만 그것들을 어디에 어떻게 놓아야 하는지는 모르고 있다.

2.1.1 메서드들을 묶어 클래스로 만들기

루비와 같은 클래스 기반의 객체지향 언어에서 메서드는 클래스 속에서 정의된다. 클래스는 '우리가 애플리케이션에 대해 어떻게 생각하는지'에 영원히 영향을 끼친다. 클래스는 가상 세계를 만들고, 이 세계는 다른 사람들이 이 애플리케이션이 무엇인지 상상할 수 있는 범위를 규정한다. 때문에 클래스를 만든다는 것은 주어진 상상의 범위 밖에서는 사고하기 힘든 하나의 박스를 만드는 것이다.

메서드를 제대로 묶어 클래스를 만드는 일은 중요하지만, 프로젝트의 초기 단계에서 메서드를 제대로 묶어내기는 어렵다. 당장 주어진 정보가 너무 부족하기 때문이다. 우리의 애플리케이션이 성공을 거둔다면 지금 결정한 내용도 바뀔 수밖에 없다. 이런 순간이 왔을 때 변화를 얼마나 잘 소화할 수 있는지를 결정하는 것이 바로 애플리케이션의 디자인이다.

디자인이란 완벽함을 추구하는 행위라기보다 코드의 수정가능성을 보존하는 기술이다.

2.1.2 수정하기 쉽도록 코드를 구성하기

코드가 수정하기 쉬워야한다고 주장하는 것은 아이들이 예의바르게 행동해야 한다고 말하는 것과 비슷하다. 누구나 손쉽게 동의할 수 있는 말이지만 이런 말들은 예의 바른 아이를 키우는 데 아무런 도움이 안 된다. '수정하기 쉽다'라는 표현은 너무 애매하다. 우리에게는 수정하기 쉬움에 대한 명확한 정의가 필요하고 코드를 평가하기 위한 구체적인 기준이 필요하다.

만약 우리가 수정하기 **쉽다**를 아래와 같이 정의한다면

- 수정이 예상치 못한 부작용을 낳지 않는다.
- 요구사항이 조금 변했을 때 연관된 코드들을 조금만 수정하면 된다.
- 현재 코드를 다시 사용하기 쉽다.
- 코드를 수정하는 가장 쉬운 방법은 이미 수정하기 쉬운 코드에 새로운 코드를 추가하는 것이다.

우리가 작성하는 코드는 다음과 같은 특징이 있어야 한다.

- **투명하다(Transparent)** 수정된 코드 속에서 그리고 이 코드와 연관된 코드 속에서, 수정의 결과가 뚜렷하게 드러나야 한다.
- **적절하다(Reasonable)** 모든 수정 비용은 수정 결과를 통해 얻은 이득에 비례해야 한다.
- **사용가능하다(Usable)** 예상치 못한 새로운 상황에서도 현재 코드를 사용할 수 있어야 한다.
- **모범이 된다(Exemplary)** 코드 자체가 나중에 수정하는 사람이 위의 특징을 이어갈 수 있게 도와줘야 한다.

투명하고 적절하며 사용가능하고 모범이 되는(TRUE) 코드는 지금 당장의 요구사항만을 충족시키는 것이 아니라 미래의 필요에도 부응한다. 이런 코드를 짜기 위한 첫 단추는 모든 클래스들이 하나의, 잘 정의된 책임을 갖도록 하는 일이다.

2.2 하나의 책임만을 지는 클래스 만들기

하나의 클래스는 최대한 작으면서도 유용한 것(smallest possible useful thing)만 해야 한다. 다시 말해서, 하나의 책임만 있어야 한다.

하나의 책임만 있는 클래스가 중요한 이유와 이런 클래스를 만드는 방법을 설명하기 위해서는 예시들이 필요하다. 이제 이야기의 흐름을 바꿔 자전거의 세계로 살짝 들어가 보자.

2.2.1 애플리케이션 예시: 자전거와 기어

자전거는 놀랍도록 효율적인 기계다. 인간의 힘을 기계적으로 증대시키는 장치, 즉 기어가 이 효율성의 한 부분을 담당한다. 자전거를 탈 때 우리는 작은 기어(페달을 밟기는 쉽지만 빠르지는 않다)나 큰 키어(페달을 밟는데 힘이 많이 들지만 앞으로 많이 나아갈 수 있게 해준다) 둘 중 하나를 선택한다. 덕분에 우리는 작은 기어를 사용해 가파른 언덕을 오를 수 있고, 내리막을 타고 내려올 때는 큰 기어를 이용해 빠르게 질주할 수 있다.

기어는 우리가 페달을 한 바퀴 밟을 때 자전거가 앞으로 얼마나 나아갈지를 결정한다. 더 구체적으로 말하자면, 기어는 페달이 한 번 돌아가는 동안 자전거 바퀴가 몇 바퀴 돌아갈지를 결정한다. 작은 기어를 사용하면 자전거 바퀴를 한 번 굴리기 위해 페달을 여러 번 돌려야 한다. 반면 큰 기어를 사용하면 페달을 한 번만 돌려도 바퀴를 여러 번 굴릴 수 있다. (그림 2.1 참조.)

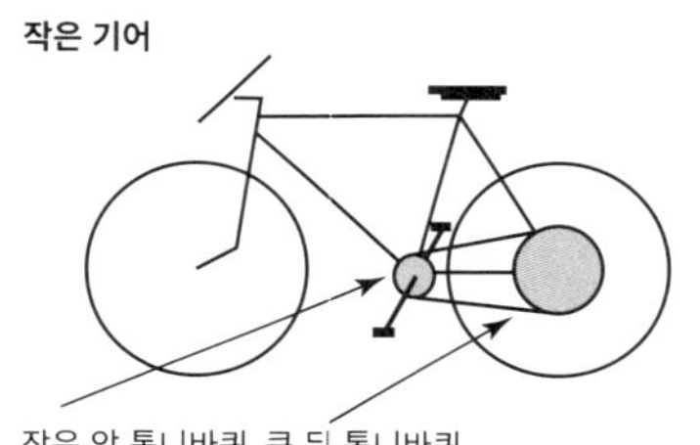

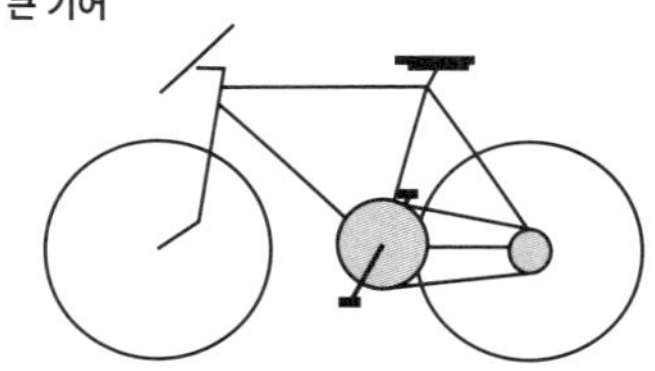

그림 2.1 작은 기어와 큰 기어 비교

작은 기어, 큰 기어라는 표현은 정교한 표현이 아니다. 자전거를 타는 사람들은 서로 다른 두 기어를 비교하기 위해 앞, 뒤 톱니바퀴의 톱니수를 비율로 표시해서 사용한다. 이 기어비(ratio)는 다음과 같은 루비 스크립트로 계산할 수 있다.

```
01  chainring = 52                            # 톱니  개수
02  cog       = 11
03  ratio     = chainring / cog.to_f
04  puts ratio                                # -> 4.72727272727273
05
06  chainring = 30
07  cog       = 27
08  ratio     = chainring / cog.to_f
09  puts ratio                                # -> 1.11111111111111
```

앞 톱니바퀴의 톱니가 52개, 뒤 톱니가 11개인 기어의 기어비(52 x 11)는 약 4.73

이다. 페달을 한 번 돌릴 때마다 바퀴는 다섯 번 정도 돈다. 30 x 27 기어는 더 쉬운 기어이다. 페달 한 번에 뒷바퀴는 한 바퀴를 조금 더 돈다.

믿기 어렵겠지만, 세상에는 자전거 기어에 엄청나게 신경 쓰는 사람들이 있다. 이들을 위해 기어비를 계산하는 애플리케이션을 작성해 보자.

이 애플리케이션은 루비 클래스들로 만들어진다. 각 클래스는 자전거 세계의 특정 부분들을 표현할 것이다. 위 내용에서 특정 물체를 지칭하는 명사를 찾아보면 자전거, 기어 같은 단어를 발견할 수 있다. 이 명사들이 클래스로 표현할 만한 가장 기본적인 후보들이다. 일단 우리의 직관은 자전거가 하나의 클래스라고 말해준다. 하지만 위에는 자전거의 행동을 설명하는 내용이 없다. 그러므로 지금 필요한 것은 자전거 클래스가 아니다. 반면 기어는 앞 톱니바퀴, 뒷 톱니바퀴, 기어비를 갖고 있다. 다시 말해 데이터와 행동 둘 다 갖고 있다. 기어는 클래스가 되기에 충분하다. 위 스크립트에서 행동을 뽑아내면 가장 단순한 Gear 클래스를 만들 수 있다.

```ruby
01  class Gear
02    attr_reader :chainring, :cog
03    def initialize(chainring, cog)
04      @chainring = chainring      # 앞 톱니바퀴 톱니수
05      @cog = cog                  # 뒷 톱니바퀴 톱니수
06    end
07
08    def ratio                     # 기어비
09      chainring / cog.to_f
10    end
11  end
12
13  puts Gear.new(52, 11).ratio     # -> 4.72727272727273
14  puts Gear.new(30, 27).ratio     # -> 1.11111111111111
```

Gear 클래스는 매우 단순하다. 앞, 뒤 톱니바퀴의 톱니수를 인자로 넘겨 Gear 인스턴스를 만든다. Gear 인스턴스는 세 개의 메서드를 구현한다. chainring(앞 톱니수), cog(뒷 톱니수), 그리고 ratio(기어비).

Gear는 Object 클래스의 하위클래스(subclass)이기 때문에 위 세 개의 메서드 이외에도 훨씬 많은 메서드들을 상속받는다. Gear 클래스는 스스로 구현한 메서드와 상위클래스로부터 상속받은 메서드로 구성되어 있기 때문에 Gear 인스턴스가 행할 수 있는 행동들의 묶음, 다시 말해 기어 인스턴스가 이해할 수 있는(respond to) 메시지(messages)는 상당히 많다. 애플리케이션 디자인에서 상속 관계는 중요한 고려사항이다. 하지만 지금과 같은 단순한 상황, Gear가 너무 기본적인 것만 상속

받는 상황에서는 상속받은 메서드가 없는 것처럼 생각해도 된다. 좀 더 정교한 상속 유형들은 6장 「상속을 이용해 새로운 행동 얻기」에서 다룬다.

우리는 자전거 타는 친구에게 이 기어비 계산기를 보여주었고 친구는 유용할 것 같다고 한다. 하지만 곧바로 좀 더 발전시켜주기를 원한다. 자전거가 두 대였던 것이다. 두 대의 자전거는 정확히 같은 기어가 달려 있지만 바퀴 크기가 다르다. 친구는 다양한 크기의 바퀴를 고려할 수 있는 계산기를 원한다.

그림 2.2가 보여주는 바와 같이, 자전거 바퀴가 한 바퀴 돌 때 큰 바퀴가 달린 자전거는 작은 바퀴가 달린 자전거보다 훨씬 빠르게 달릴 수 있다.

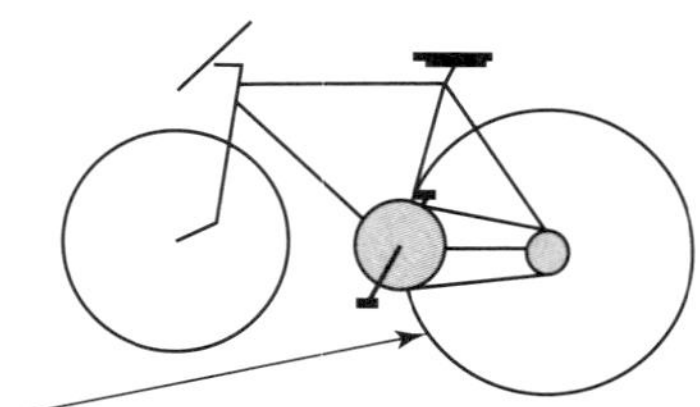

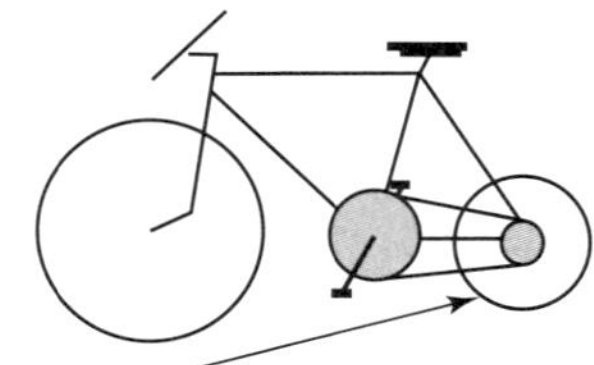

그림 2.2 바퀴 크기가 이동 거리에 미치는 영향

자전거를 타는 사람들은, 적어도 미국에서는, 기어도 다르고 바퀴 크기도 다른 자전거를 비교하기 위해 기어 인치(gear inches)라는 단위를 사용한다. 기어 인치 계산공식은 아래와 같다.

기어 인치 = 바퀴 지름 × 기어비

이때,

바퀴 지름 = 바퀴테(rim) 지름 + 타이어 높이의 두 배

이제 Gear 클래스에 새로운 행동을 추가하자.

```
01  class Gear
02    attr_reader :chainring, :cog, :rim, :tire
03    def initialize(chainring, cog, rim, tire)
04      @chainring = chainring
05      @cog       = cog
06      @rim       = rim        # 바퀴테 지름
07      @tire      = tire       # 타이어 높이
08    end
09
```

```
10    def ratio
11      chainring / cog.to_f
12    end
13
14    def gear_inches
15      # 타이어는 바퀴테를 감싸고 있으므로, 지름을 계산할 때 타이어 높이에 2를 곱한다.
16      ratio * (rim + (tire * 2))
17    end
18  end
19
20  puts Gear.new(52, 11, 26, 1.5).gear_inches
21  # -> 137.090909090909
22
23  puts Gear.new(52, 11, 24, 1.25).gear_inches
24  # -> 125.272727272727
```

새로운 gear_inches 메서드는 바퀴테 지름과 타이어 높이를 인치로 입력받았다고 가정한다. 값이 인치 단위로 넘어 오지 않을 수 있지만 일단 신경 쓰지 말자. 이제 Gear 클래스는 새로운 요청사항을 처리할 수 있게 되었다. 그런데 아래와 같은 버그가 발생한다.

```
01  puts Gear.new(52, 11).ratio    # 이거 제대로 작동하던 코드 아니었나?
02  # ArgumentError: wrong number of arguments (2 for 4)
03  # from (irb):20:in 'initialize'
04  #         from (irb):20:in 'new'
05  #         from (irb):20
```

gear_inches 메서드가 추가되면서 위와 같은 버그가 생겼다. Gear.initialize에 두 개의 인자(rim, tire)가 추가되었고, 메서드를 생성할 때 필요한 인자의 개수가 바뀌면서 해당 메서드를 호출하는 모든 곳에서 문제가 발생했다. 보통 이런 문제는 당장 해결해야 하는 심각한 이슈일 테지만, 우리의 애플리케이션은 너무 작아서 Gear.initialize를 호출하는 곳이 여기 밖에 없다. 당장은 이 버그를 무시해도 좋다.

이제 Gear 클래스의 기본 골격이 완성되었으니 질문을 던질 차례다. 현재 모습이 코드를 최선으로 배치하는 방법일까?

언제나 그렇지만 정답은 '상황에 따라 다르다'이다. 우리의 애플리케이션이 영원히 이 상태로 있을 예정이라면 Gear 클래스는 현재 상태만으로도 충분할지 모른다. 하지만 자전거를 타는 사람들에게 필요한 모든 계산을 도와주는 방향으로 발전할 수도 있다. Gear 클래스는 점점 더 **발전해 나갈** 수많은 클래스들 중 하나, 그 첫 번째에 불과하다. 더 효율적으로 발전하려면 코드는 수정하기 쉬워야 한다.

2.2.2 단일 책임 원칙은 왜 중요한가

쉽게 수정할 수 있는 애플리케이션은 재사용하기 쉬운 클래스로 구성되어 있다. 재사용할 수 있는 클래스란 쉽게 가져다 쓸 수 있는 코드(pluggable units)다. 이런 코드는 복잡하게 얽혀 있지 않고 잘 정의되어 있는 행동의 묶음이다. 쉽게 수정할 수 있는 애플리케이션은 마치 레고 블록으로 가득찬 박스와 같다. 우리가 원하는 조각만 가져다 새로운 방식으로 조립할 수 있는 코드다.

한 개 이상의 책임이 있는 클래스는 재사용이 어렵다. 이 클래스 속에서 여러 책임들은 서로 얽혀 있을 가능성이 높다. 이 클래스 전체가 아니라 특정 행동만 재사용하고 싶어도 우리가 원하는 부분만 가져오기가 어렵다. 이럴 경우, 우리에게는 별로 내키지 않는 두 개의 선택지 밖에 남아있지 않다.

클래스의 책임이 너무 밀접하게 결합되어(coupled) 있어서 우리가 원하는 행동만 가져 올 수 없을 때 코드를 복사해서 사용하는 방법이 있다. 이건 끔찍한 발상이다. 복사해서 붙여 넣은 중복코드는 유지보수를 어렵게 하고 버그를 만들어 낸다. 우리가 원하는 행동만을 가져다 쓸 수 있도록 클래스가 구조화되어 있지 않다면 클래스 전체를 가져다 쓰는 방법이 있다. 이건 하나의 문제를 다른 문제로 가리는 것에 불과하다.

우리가 재사용하려는 클래스는 스스로의 역할에 대해 혼란스러워 하고 뒤얽힌 책임들로 채워져 있다. 그렇기 때문에 수정해야 한다. 클래스를 재사용할 생각이 없어도 수정해야 한다. 이 클래스가 바뀔 때마다 이 클래스를 사용하는 모든 클래스에서 문제가 발생할 수 있기 때문이다. 애플리케이션이 너무 많은 것을 하는 클래스에 기대고 있으면 예상치 못한 오류가 발생할 가능성도 높아진다.

2.2.3 클래스에게 하나의 책임만 있는지 알아보기

Gear 클래스가 다른 클래스의 책임까지 짊어지고 있는지 어떻게 알 수 있을까? 한 가지 방법은 클래스를 인격이 있는 존재처럼 가정하고 질문을 던져보는 방법이다. 클래스가 구현하고 있는 모든 메서드를 하나씩 질문 형태로 바꾸면 말이 되는 질문이 만들어져야 한다. 예를 들어, "Gear씨, 당신의 기어비는 무엇인가요?"는 말이 된다. 반면 "Gear씨, 당신의 기어 인치는 무엇인가요?"라는 질문은 조금 애매하다. 그리고 "Gear씨, 당신의 타이어 높이는 무엇인가요?"는 분명 말이 안 된다.

"타이어 높이는 무엇인가요?"라는 질문 자체가 말이 안 되는 것은 아니다. Gear 클래스 안에서 보자면 타이어 높이는 기어비나 기어 인치와는 다르지만 또 하나의 특성인 듯 보일 수 있다. 하지만 이건 전혀 중요치 않다. Gear를 제외한 다른 객체들의 관점에서 보면, 기어는 그저 메시지에 반응(respond to)할 뿐이다. Gear가 이 메시지에 반응한다면 분명 이런 메시지를 보내는 객체가 있을 것이다. 그리고 Gear의 코드가 변경되었을 때 메시지를 보내던 객체는 당혹스런 상태에 빠질 것이다.

클래스가 진짜 하는 일이 무엇인지 알아낼 수 있는 또 다른 방법은 클래스의 책임을 한 문장으로 만들어 보는 것이다. 클래스는 '최대한 작으면서도 유용한 것(smallest possible useful thing)'만 행해야 한다는 것을 기억하자. 이런 활동은 단순하게 표현할 수 있어야 한다. 만약 가장 단순한 표현이 '그리고' 같은 단어를 사용한다던 이 클래스는 하나 이상의 책임을 가지고 있을 가능성이 높다. 단순한 표현이 '또는'이라는 단어를 사용한다면 클래스는 서로 연관되지도 않은 둘 이상의 책임을 가지고 있다는 뜻이다.

이런 생각을 설명하기 위해 객체지향 디자이너는 응집력(cohesion)이라는 단어를 쓴다. 클래스 안의 모든 것들이 하나의 핵심 목표와 연관되어 있을 때 이 클래스는 강하게 응집되어 있다(higly cohesive)고 할 수 있다. 또는 하나의 책임만을 갖고 있다고 말할 수 있다. '단일 책임 원칙(SRP)'은 리베카 윕스브록(Rebecca Wirfs-Brock)과 브라이언 윌커슨(Brian Wilkerson)의 책임 주도 디자인(Responsibility-Driven Design, RDD)에 그 기원을 두고 있다. 이들은 "클래스는 그 존재 이유에 부응하는 책임이 있다"고 말한다. 단일 책임 원칙은 클래스가 매우 협소한 한 가지 역할만 해야 한다고 말하는 것이 아니다. 또는 사소한 수정만 해야 한다고 말하는 것도 아니다. 클래스가 응집되어 있어야 한다고 말하는 것이다. 다시 말해서, 클래스의 모든 활동은 그 존재 이유와 밀접히 연관되어 있어야 한다.

우리는 Gear 클래스의 책임을 어떻게 표현할 수 있을까? "앞, 뒤 **톱니바퀴 사이의 기어비를 계산한다**"는 어떨까? 그렇다면 현재의 Gear 클래스는 너무 많은 것을 하고 있다. 어쩌면 "자전거에 기어가 미치는 **영향을 계산한다**"가 더 어울릴지도 모르겠다. 그렇다면 gear_inches는 Gear에 속하는 것이 맞다. 하지만 타이어 높이는 여전히 애매해다.

Gear 클래스에는 뭔가 문제가 있다. Gear는 하나 이상의 책임을 지고 있지만 당장 어떻게 수정해야 할지는 불명확하다.

2.2.4 언제 디자인을 결정할지 판단하기

클래스에 뭔가 문제가 있다고 깨닫는 순간은 꽤 자주 온다. 이 클래스가 진짜로 Gear 클래스가 맞을까? 이 클래스는 바퀴테(rim)와 타이어(tire)를 가지고 있잖아! 사실은 Gear가 아니라 Bicycle이라고 해야 하지 않을까? 어쩌면 이 속에 Wheel이 숨어 있는 것은 아닐까?

우리가 미래에 어떤 기능이 필요할지 이미 알고 있다면 지금 당장 완벽한 디자인을 선택할 수 있다. 불행히도 우리에게는 그런 정보가 없다. 어떤 일이 생길지 모른다. 그럴듯해 보이는 대안들 사이에서 저울질하다가 시간만 허비하고 결국 아무 근거 없이 하나의 디자인을 선택하지만 결국 잘못된 선택을 할 뿐이다.

준비도 안 된 상태에서 서둘러서 디자인을 결정해야 한다고 느끼지 말자. 우리의 코드가 디자인 고수의 기분을 상하게 할 것 같아도 서두르지 말자. Gear처럼 불완전하고 혼란스런 클래스를 앞에 두고 있을 때는 스스로에게 이렇게 물어보자. "지금 아무것도 하지 않는다면 나중에 어떤 대가를 치르게 될까?"

우리의 애플리케이션은 정말로 작다. 개발자는 한 명뿐이고 Gear 클래스에 대해서 속속들이 알고 있다. 미래는 불확실하고 내일이 되면 오늘보다는 더 많은 것을 알게 될 것이다. 더 많은 정보를 얻을 때까지 일단은 그냥 기다리고 있는 쪽이 가장 비용-효율적인 접근일지도 모른다.

Gear 클래스의 코드는 **투명**하고 **적절**하지만 디자인이 훌륭하지는 않다. 아무런 의존성(dependencies)도 없기 때문에 코드를 수정한다고 해서 특별히 문제가 생기지 않을 뿐이다. 만약 다른 객체와의 의존성이 생긴다면 Gear 클래스는 투명함과 적절함을 잃게 될 것이다. **바로 그 순간**이 코드 재구성을 재구성해야 할 때이다. 그리고 이 새로운 의존성이 좋은 디자인을 결정하기 위한 정보를 제공해 준다.

지금 코드를 수정하는 데 드는 비용이 나중에 코드를 수정할 때 필요한 비용과 동일하다면 결정의 순간을 미루는 것이 좋다. 디자인 결정은 꼭 필요한 순간에, 그 순간이 제공하는 정보들을 가지고 해야 한다.

Gear 클래스를 현재 상태 그대로 두는 것은 충분히 설득력 있지만 지금 수정해야 한다는 주장 또한 만만치 않다. 현재 클래스의 구조는 미래의 개발자에게 보내는 메시지이다. 지금의 디자인 의도를 전달하는 메시지이다. 좋든 싫든, 미래의 개발자는 지금 구현해 놓은 디자인 패턴을 참조할 것이다.

Gear 클래스는 우리의 디자인 의도를 잘못 전달하고 있다. **사용성**이 좋지도 않고 **모범이 되는 코드**도 아니다. 여러 가지 책임을 지고 있기 때문에 재사용하면 안

되는 코드이다. 참조하지 말아야 하는 패턴이다.

우리가 필요한 정보를 기다리는 동안, 누군가는 Gear 클래스를 재사용하고 Gear 클래스의 패턴을 따라 새로운 클래스를 만들어 버릴 수도 있다. 다른 개발자는 이 코드가 우리의 의도를 제대로 표현하고 있다고 믿어버릴 수 있다. 코드가 잘못된 의도를 전달하고 있다면 다른 개발자가 오해하고 잘못된 의도를 전파하지 않도록 명시적으로 알려주어야 한다.

'지금 당장 개선하기'와 '나중에 개선하기' 사이에는 언제나 긴장감이 흐른다. 완벽하게 디자인된 애플리케이션이란 없다. 모든 결정에는 대가가 따른다. 좋은 디자이너는 이 긴장을 이해하고 있고 당장의 필요와 미래의 가능성 사이에서 심사숙고하여 개선비용을 최소화한다.

2.3 변화를 받아들일 수 있는 코드 작성하기

나중에 어떤 수정이 필요할지 모르더라도 쉽게 수정될 수 있도록 Gear의 코드를 배치하는 일은 가능하다. 변화는 피할 수 없기 때문에 수정하기 쉬운 방식으로 코드를 작성하면 언젠가는 그 값어치를 한다. 뿐만 아니라 이런 방식의 코딩은 현재 코드의 수준도 덩달아 높여준다.

변화를 받아들일 수 있는 코드를 적성하는 데 사용할 수 있는 몇 가지 잘 알려진 기술이 있다. 이어서 이런 기술을 소개한다.

2.3.1 데이터(data)가 아니라 행동(behavior)에 기반한 코드를 작성하라

행동은 메서드 속에 담겨 있고 메시지를 보내는 행위를 통해 실행된다. 하나의 책임만 지는 클래스를 만들면 각각의 작은 행동들은 단 한 곳에만 존재한다. "반복하지 말 것(Don't Repeat Yourself, DRY)"이라는 문구는 이런 아이디어를 보여주고 있다. DRY한 코드는 변화를 잘 견뎌 내는데, 클래스의 행동을 수정하기 위해 코드의 오직 한 부분만 수정하면 되기 때문이다.

객체는 행동과 함께 데이터를 갖는다. 데이터는 객체의 인스턴스 변수 속에 있는데 그 형태는 간단한 문자열(String)부터 복잡한 해시(Hash)까지, 매우 다양할 수 있다. 이 데이터에는 두 가지 방법으로 접근할 수 있는데 인스턴스 변수를 직접 참조하거나 또는 인스턴스 변수를 감싸는 엑세서 메서드(accessor method)를 만들어 이 메서드를 통해 접근하는 방법이다.

인스턴스 변수 숨기기

아래의 ratio 메서드처럼, 변수를 직접 참조하기보다는 언제나 엑세서 메서드를 통해 변수에 접근하는 것이 좋다.

```ruby
01  class Gear
02    def initialize(chainring, cog)
03      @chainring = chainring
04      @cog = cog
05    end
06
07    def ratio
08      @chainring / @cog.to_f  # <-- 멸망의 길
09    end
10  end
```

주어진 클래스가 직접 선언한 변수에 접근하더라도 변수를 메서드로 감싸서 클래스로부터 감추는 편이 좋다. 루비는 캡슐화된 메서드(encapsulating methods)를 쉽게 만들 수 있도록 attr_reader를 제공한다.

```ruby
01  class Gear
02    attr_reader :chainring, :cog        # <-------
03    def initialize(chainring, cog)
04      @chainring = chainring
05      @cog = cog
06    end
07
08    def ratio
09      chainring / cog.to_f              # <-------
10    end
11  end
```

attr_reader는 변수를 감쌀 수 있는 간단한 래퍼 메서드(wrapper method)를 만들어 준다. 아래는 cog라는 래퍼 메서드를 가상으로 구현한 것이다.

```ruby
01  # attr_reader를 통해 구현
02  def cog
03    @cog
04  end
```

이제 우리 코드에서 톱니(cog)가 무엇인지 아는 것은 cog 메서드뿐이다. cog는 메시지 전송(message send)의 결과가 되었다. 이 cog 메서드를 구현함으로써 cog는 '여러 곳에서 참조하고 있는 데이터(data)'에서 '단 한 번만 정의된 행동(behavior)'으로 바뀌었다.

만약 @cog 변수를 열 군데에서 참조하고 있고 어느 순간 그 내용을 바꿔야 한다

면, 코드의 여러 부분을 수정해야 한다. 하지만 @cog가 래퍼 메서드로 감싸져 있었다면 cog 메서드를 직접 구현해서 cog가 어떤 의미인지 다시 정의할 수 있다. 우리가 직접 작성한 새로운 메서드는 아래의 첫 번째 예시처럼 간단할 수도 있고 두 번째 예시처럼 조금 더 복잡할 수도 있다.

```
01   # 간단한 cog 구현 예
02   def cog
03     @cog * unanticipated_adjustment_factor
04   end
```

```
01   # 조금 더 복잡한 경우
02   def cog
03     @cog * (foo? ? bar_adjustment : baz_adjustment)
04   end
```

첫 번째 예시를 보고, 인스턴스 변수의 값을 살짝 바꾸는 편이 낫다고 말할 수도 있다. 하지만 두 번째 예시처럼 복잡한 수정이 필요 없다고 확신할 수 있는 사람은 없다. 두 번째 예시는 메서드를 통해 수정되기 때문에 간단하지만, 인스턴스 변수를 참조하는 모든 곳을 수정하려 한다면 코드를 심각하게 어지럽히는 짓이 될 것이다.

데이터를 마치 '메시지를 이해하는 객체'처럼 취급하는 것은 두 가지 새로운 이슈를 낳는다. 첫 번째 이슈는 가시성(visibility)에 관한 것이다. @cog 변수를 퍼블릭 메서드(public method) cog로 감싸는 것은 다른 클래스에서 @cog 변수에 접근할 수 있게 해준다. 처음부터 private한 래퍼 메서드를 만들어, @cog 데이터를 외부에서는 접근할 수 없는 행동으로 만드는 것도 어렵지 않다. 이 두 선택지 사이에서 무엇을 선택할지의 문제는 4장 「유연한 인터페이스 만들기」에서 다룬다.

두 번째 이슈는 좀 더 추상적이다. 모든 변수를 래퍼 메서드로 감싸고 변수를 마치 객체처럼 사용할 수 있기 때문에 데이터와 **객체** 사이의 구분이 무의미해진다. 가끔은 애플리케이션의 특정 부분을 행동과 무관한 데이터(behaviorless data)라고 생각하는 것이 편리한 것도 사실이지만 대부분의 경우는 데이터를 그냥 일반적인 객체인 것처럼 이해해 버리는 편이 낫다.

이 주장을 어느 정도까지 받아들일 수 있는지와는 별개로, 개발자 자신으로부터도 데이터를 감추는 편이 좋다. 이를 통해 예상치 못한 변화로부터 코드를 보호할 수 있다. 개발자도 데이터의 모든 행동을 다 알고 있지 못한 경우가 많다. 개발자가 변수를 데이터처럼 생각하고 있더라도 변수는 메시지를 통해 접근하자.

데이터 구조 숨기기

인스턴스 변수를 직접 참조하는 것이 안 좋은 방법이라면 복잡한 데이터 구조에 의존하는 방식은 더더욱 좋지 않다. 아래와 같은 ObscuringReferences 클래스가 있다고 생각해 보자.

```
01  class ObscuringReferences
02    attr_reader :data
03    def initialize(data)
04      @data = data
05    end
06
07    def diameters
08      # 0은 바퀴테(rim), 1은 타이어 높이(tire)
09      data.collect {|cell|
10        cell[0] + (cell[1] * 2)}
11    end
12    # ... 배열의 인텍스에 접근하는 여러 메서드들...
13  end
```

이 클래스는 바퀴테(rim)와 타이어 높이(tire)가 있는 2차원 배열을 통해 초기화(initialize)된다.

```
01  # 밀리미터로 표시된 바퀴테와 타이어 높이의 2차원 배열
02  @data = [[622, 20], [622, 23], [559, 30], [559, 40]]
```

ObscuringReferences는 초기화 인자를 @data 변수 안에 저장해 놓고 별 생각 없이 루비의 attr_reader를 사용해서 인스턴스 변수 @data를 메서드로 감싸 놓았다. diameters 메서드는 data 메시지 전송을 통해 @data 변수의 내용을 얻어온다. 이렇듯 ObscuringReferences 클래스는 스스로로부터 인스턴스 변수를 숨기기 위해 모든 방법을 활용하고 있다.

하지만 @data가 복잡한 데이터 구조를 가지고 있기 때문에, 단순히 인스턴스 변수를 감추는 것으로는 충분하지 않다. data 메서드는 그저 배열을 반환할 뿐이다. 이 배열을 가지고 뭔가 쓸모 있는 작업을 하려면, data 메서드를 전송하는 객체는 배열의 어느 위치에 어떤 데이터가 들어있는지 모두 알고 있어야 한다.

diameters 메서드는 지름을 계산하는 방법만 알고 있는 것이 아니라 배열의 어디에서 바퀴테 지름과 타이어 높이를 찾아야 하는지도 알고 있다. 배열 전체를 훑으면서 [0]에서 바퀴테 지름을, [1]에서 타이어 지름을 얻을 수 있다는 사실을 정확히 알고 있다.

이런 지식은 배열의 구조에 의존적이다. 만약 구조가 바뀐다면 코드도 변경되어

야 한다. 배열에 데이터를 저장해 놓는다면 곧이어 애플리케이션 곳곳에서 배열의 구조를 참조하는 코드를 작성하게 될 것이다. 이런 참조는 **위험하다**. 변수의 캡슐화를 무시하고 배열 구조에 대한 지식을 코드 이곳저곳에 흩뿌려 놓는다. 전혀 DRY하지 않다. 바퀴테 지름을 [0]에서 찾을 수 있다는 지식은 중복되어서는 안 된다. 이런 지식은 단 한 곳에서 관리해야 한다.

이 간단한 예시는 잘못된 코드의 문제를 충분히 보여주고 있다. data가 여러 해시(hash)들로 이루어진 배열을 반환하고 이 배열을 코드의 여러 곳에서 사용한다면 어떤 일이 벌어질지 상상해 보라. 배열의 구조를 변경하면 그 영향이 코드 전체로 퍼져나갈 것이다. 모든 수정은 발견하기 힘든 버그의 발생 가능성을 높이고 이런 버그를 잡아야 하는 프로그래머는 울고 싶어진다.

복잡한 구조를 직접 참조하면 진짜 데이터가 무엇인지 드러내지 않기 때문에 우리를 헷갈리게 한다. 그리고 배열의 구조가 바뀔 때마다 모든 참조지점을 찾아서 수정해야 하기 때문에 악몽 같은 유지보수 과정을 경험해야 할 것이다.

루비는 구조에서 의미를 손쉽게 분리할 수 있게 해준다. 메서드로 인스턴스 변수를 손쉽게 감쌀 수 있는 것처럼 루비의 Struct 클래스를 이용하면 데이터 구조를 감쌀 수 있다. 이어지는 RevealingReferences 클래스는 앞의 클래스와 동일한 인터페이스를 갖고 있다. 클래스를 초기화하기 위해 2차원 배열을 인자로 받고 diameters 메서드를 구현한다. 외부 인터페이스는 비슷하지만 내부는 전혀 다르게 구현되어 있다.

```ruby
01  class RevealingReferences
02    attr_reader :wheels
03    def initialize(data)
04      @wheels = wheelify(data)
05    end
06
07    def diameters
08      wheels.collect {|wheel|
09        wheel.rim + (wheel.tire * 2)}
10    end
11    # ... now everyone can send rim/tire to wheel
12
13    Wheel = Struct.new(:rim, :tire)
14    def wheelify(data)
15      data.collect {|cell|
16        Wheel.new(cell[0], cell[1])}
17    end
18  end
```

이제 diameters 메서드는 배열의 내부 구조에 대한 지식이 전혀 없다. diameters가 알고 있는 것은 wheels 메시지가 enumerable을 반환한다는 것뿐이다. 그리고 반환된 enumerable에 속해 있는 모든 객체가 rim과 tire 메서드를 수신할 수 있다는 것뿐이다. 기존에는 cell[1]에 대한 참조였던 것이 wheel.tire에 대한 메시지 전송(message send)으로 바뀌었다.

입력받은 배열의 구조에 대한 모든 지식은 wheelify 메서드 속에 격리되었고 이 메서드는 배열들의 배열(array of Arrays)을 Struct들의 배열(array of Structs)로 변환시켰다. 루비 공식문서(http://ruby-doc.org/core/classes/Struct.html)는 Struct를 "명시적으로 클래스를 만들지 않고도 엑세서 메서드를 이용해 여러 어트리뷰트들을 묶어내는 편리한 방법"이라고 정의한다. wheelify 메서드가 바로 이런 작업을 한다. rim과 tire 메서드에 반응하는 작고 가벼운 객체를 만드는 것이다.

wheelify 메서드는 입력받은 배열의 구조에 대한 코드로만 이루어져 있다. 만약 입력값이 변한다면 바로 이 지점만 변경하면 된다. Wheel Struct와 weelify 메서드를 만들기 위해 네 줄의 코드를 더 작성해야 했지만 이는 반복적으로 복잡한 배열의 구조를 참조해야 하는 비용에 비하면 아주 작은 번거로움에 지나지 않는다.

이런 스타일의 코드는 외부 데이터 구조의 변화로부터 코드를 보호해주며, 보다 읽기 좋고 의미가 잘 드러나는 코드를 작성할 수 있게 해준다. '데이터 구조를 들여다보던 작업'을 '객체에 대한 메시지를 전송'으로 대체한다. 위의 wheelify 메서드는 구조에 대한 지저분한 정보를 한쪽에 몰아 놓고 코드를 DRY하게 만든다. 클래스가 변화를 쉽게 받아들일 수 있도록 만든다.

물론 처음부터 Wheel의 배열을 가지고 시작했다면 모든 것이 훨씬 쉬웠겠지만 언제나 그렇게 할 수 있는 것은 아니다. 만약 우리가 입력을 직접 관리할 수 있다면 쓸모 있는 객체를 전달하면 된다. 하지만 지저분한 구조의 데이터를 받을 수밖에 없는 상황이라면 이 지저분함을 우리 스스로부터도 감추는 것이 좋다.

2.3.2 모든 곳에 단일 책임 원칙을 강제하라

단일 책임 원칙에 충실한 클래스를 만들면 디자인에 중요한 영향을 미친다. 하지만 클래스뿐 아니라 코드의 다른 부분에도 단일 책임 원칙을 유용하게 적용할 수 있다.

메서드에서 추가적인 책임을 뽑아내기

마치 클래스처럼, 메서드 역시 하나의 책임만을 져야 한다. 클래스에 적용했던 원칙을 똑같이 적용할 수 있다. 메서드가 하나의 책임만을 지닐 때 메서드는 수정하기도 쉽고 재사용하기도 쉽다. 클래스에 적용했던 디자인 기술도 똑같이 적용할 수 있다. 메서드들에게 해당 메서드가 하는 일이 무엇인지 물어 보고 하나의 문장으로 메서드의 책임을 서술해 보자.

RevealingReferences 클래스의 diameters 메서드를 보자.

```
01  def diameters
02    wheels.collect {|wheel|
03      wheel.rim + (wheel.tire * 2)}
04  end
```

이 메서드는 명백히 두 개의 책임을 지고 있다. '여러 개의 바퀴들을 하나씩 훑는 것'과 '바퀴 하나의 지름을 계산하는 것'이다.

하나의 책임만 있는 두 개의 메서드로 분리해서 코드를 단순하게 만들어 보자. 이번 리팩터링은 바퀴의 지름을 계산하는 부분을 독립적인 메서드로 뽑아낸다. 여기서 새로운 메시지 전송(message send)이 추가되지만 일단은 메시지 전송이 아무런 비용을 발생시키지 않는다고 가정하자. 코드의 성능은 나중에 필요할 때 향상시킬 수 있다. 지금 당장 중요한 디자인 목표는 쉽게 수정할 수 있는 코드를 작성하는 일이다.

```
01  # 첫째로 - 배열을 하나씩 훑는다.
02  def diameters
03    wheels.collect {|wheel| diameter(wheel)}
04  end
05
06  # 둘째로 - 바퀴 한 개의 지름을 계산한다.
07  def diameter(wheel)
08    wheel.rim + (wheel.tire * 2))
09  end
```

바퀴 단 한 개의 지름을 계산해야 할 필요가 있기는 할까? 우리 코드를 다시 살펴보면, 이미 그럴 필요가 있다. 이 리팩터링은 과도한 디자인을 적용한 것이 아니다. 그저 이미 사용하고 있는 코드를 재구성했을 뿐이다. 하나의 지름을 계산하는 메서드를 다른 곳에서 호출할 수 있게 되었다는 부분은 공짜로 얻은 것이다.

개별 객체에 행해지는 액션과 객체들을 훑는 활동(iteration)을 분리하는 것은 쉽게 발견할 수 있는 중복 책임의 예이다. 보통은 문제가 이렇게 명백하게 드러나지 않는다.

Gear 클래스의 gear_inches 메서드를 떠올려보자.

```
01  def gear_inches
02    # 타이어가 바퀴테를 감싸고 있으므로 지름을 계산할 때 타이어 높이에 2를 곱한다.
03    ratio * (rim + (tire * 2))
04  end
```

gear_inches는 Gear 클래스의 책임일까? 그렇게 보인다. 그런데 왜 이 메서드에 뭔가 문제가 있다고 계속 느껴질까? 무엇인가 혼란스럽고 확실치 않고 나중에 문제를 일으킬 듯하다. 이 문제의 핵심은 gear_inches 메서드 **자체가** 하나 이상의 책임을 지고 있다는 점이다.

gear_inches 속에는 바퀴의 지름을 구하는 계산이 숨어있다. 이 계산을 diameter 메서드로 추출해 내고 나면 클래스의 책임을 좀 더 쉽게 파악할 수 있다.

```
01  def gear_inches
02    ratio * diameter
03  end
04
05  def diameter
06    rim + (tire * 2)
07  end
```

이제 gear_inches 메서드는 메시지를 전송해서 바퀴의 지름을 알아낸다. 이번 리팩터링이 지름을 계산하는 방법을 변경하지 않았다는 사실에 유의하자. 단지 지름을 계산하는 행동을 독립적인 메서드로 분리해냈을 뿐이다.

최종적인 디자인을 모르는데도 이런 리팩터링을 해야 하는 걸까? 필요하다. 리팩터링은 디자인이 명확하기 때문에 필요한 것이 아니라 오히려 디자인이 불명확하기 때문에 필요한 것이다. 우리는 좋은 디자인 습관을 언제 적용해야 할지 고민할 필요가 없다. 좋은 습관이 좋은 디자인을 낳기 때문이다.

이 간단한 리팩터링은 문제를 명확하게 드러내준다. 분명 Gear에게는 gear_inches를 계산해야 할 책임이 있지만 Gear가 바퀴의 지름을 계산해서는 안 된다.

하나의 리팩터링의 영향은 제한적이지만 이런 코딩 스타일이 누적되면 그 영향은 매우 크다. 여러 메서드가 각각 하나의 책임을 질 때 다음과 같은 이득을 얻을 수 있다.

· **예전에는 몰랐던 특성이 드러난다.** 리팩터링을 통해 클래스의 모든 메서드가 하

나의 책임만 지게 되면 클래스 자체가 명확하게 드러난다. 오늘 당장 메서드들을 다른 클래스로 옮기고 재정리하지 않더라도 메서드 하나하나가 단일한 목적을 취하면 클래스가 하는 일이 무엇인지 더욱 명확하게 드러난다.

- **주석을 넣어야 할 필요가 없어진다.** 모든 프로그래머가 잘못된 정보를 담은 채 방치된 주석을 여러 번 보았을 것이다. 주석은 실행되는 코드가 아니기 때문에 시간이 지나면 바스러지는 종이문서 같다. 메서드 속에 있는 코드 한 조각에 주석을 달아야 한다면 그 코드를 별도의 메서드로 뽑아내자. 뽑아낸 메서드의 이름이 주석과 동일한 역할을 할 것이다.

- **재사용을 유도한다.** 작은 메서드들은 우리의 애플리케이션에 도움을 주는 코딩 습관을 부추긴다. 다른 프로그래머들도 같은 코드를 중복으로 작성하지 않고 작은 메서드를 사용할 것이다. 결국에는 그들 역시 우리가 확립해 놓은 패턴에 따라 작고 재사용이 가능한 메서드들을 만들게 될 것이다. 이런 코딩 스타일은 스스로 퍼져나갈 줄 안다.

- **다른 클래스로 옮기기 쉽다.** 디자인에 필요한 정보를 얻고 코드를 수정하기로 마음먹었을 때, 작은 메서드들은 옮기기 쉽다. 새로운 메서드를 추출해내고 리팩터링하는 수고를 많이 들이지 않고도 클래스의 행동을 재배치할 수 있다. 작은 메서드들은 디자인 발전을 방해하는 장벽을 낮춰준다.

클래스의 추가적인 책임들을 격리시켜 놓아라

모든 메서드들이 하나의 책임만 지게 되면 클래스의 역할의 범위(scope) 역시 분명해진다. Gear 클래스는 바퀴(wheel)의 것으로 보이는 행동을 지니고 있다. 우리의 애플리케이션에 Wheel 클래스가 필요한 것일까?

지금 별도의 Wheel 클래스를 만드는 데 큰 무리가 없다면 그냥 만들어 버리는 방법도 괜찮아 보인다. 하지만 일단은, 영속적이고 누구나 사용할 수 있는 Wheel 클래스를 만들지 않기로 마음먹었다고 가정해 보자. 어떤 디자인 이슈가 있어 클래스를 만들고 싶지 않을 수도 있다. 또는 지금 코드가 발전해가는 방향에 확신이 없어서 새로운 클래스를 만들었을 때 이 클래스를 다른 프로그래머가 사용하는 것이 꺼려질 수도 있다.

Gear가 하나의 책임만 지려면, 바퀴의 것으로 보이는 행동을 걷어내야 할 것 같다. 이런 행동들은 Gear의 것이거나, Gear의 것이 아니어야 한다. 하지만 이런 양자택일에 따라 디자인을 수정하는 것은 근시안적이다. 우리에게는 다른 선택지가 있다. 우리의 목표는 최대한 특정 디자인에 종속되지 않으면서, Gear가 하나의 책임만을 지도록 하는 것이다. 왜냐하면 수정하기 쉬운 코드를 작성하려면 진짜 어쩔 수 없는 순간이 올 때까지 최대한 디자인 결정을 미루는 것이 좋기 때문이다. 진짜로 필요하기 전에 내린 모든 결정은 단지 추측에 불과하다. 결정하지 말라. **나중에 결정할 수 있는 여지를 최대한 남겨두자.**

루비는 바퀴 지름을 계산하는 책임을 Gear 클래스로부터 제거하면서도 새로운 클래스에 이 책임을 부여하지 않을 수 있는 방법을 제공한다. 다음의 코드는 기존의 Wheel Struct에 블록(block)을 이용해서 지름을 계산하는 메서드를 추가한다.

```
01  class Gear
02    attr_reader :chainring, :cog, :wheel
03    def initialize(chainring, cog, rim, tire)
04      @chainring = chainring
05      @cog = cog
06      @wheel = Wheel.new(rim, tire)
07    end
08
09    def ratio
10      chainring / cog.to_f
11    end
12
13    def gear_inches
14      ratio * wheel.diameter
15    end
16
17    Wheel = Struct.new(:rim, :tire) do
18      def diameter
19        rim + (tire * 2)
20      end
21    end
22  end
```

이제 우리는 자신의 지름을 계산할 줄 아는 Wheel을 갖게 되었다. Gear에 이 Wheel을 주입하는 것은 물론 우리의 장기적인 디자인 목표에 전혀 부합하지 않는다. 차라리 코드 구성을 위한 실험에 가깝다. 이제 Gear 클래스는 깨끗해졌고, Wheel에 대한 판단을 미룰 수 있게 되었다.

Gear 안에 Wheel을 끼워 넣어 두는 것은 Wheel이 언제나 Gear와 함께 사용된다고 말하는 것이다. 잠시 이 책에서 시선을 돌려 진짜 세상을 바라보면 우리의 상식은 현실이 그렇지 않다고 말해준다. 이런 경우, 지금 당장 독립적인 Wheel 클래스를 만들기에 충분한 정보를 얻은 것이다. 하지만 언제나 이렇게 깔끔한 판단을 내릴 수 있는 것은 아니다.

　너무 많은 책임을 지고 있는 혼란스런 클래스가 있다면, 이 클래스의 책임을 다른 클래스 속으로 분리해주자. 핵심 클래스에 집중하자. 클래스의 책임이 무엇인지 결정하고 우리의 결정을 꼼꼼히 체크하자. 아직 제거하기 어려운 추가적인 책임을 발견했다면, 그 책임을 격리시켜라. 관련 없는 책임들이 핵심 클래스 속에 스며들지 않도록 해야 한다.

2.4 드디어, 진짜 바퀴

우리가 Gear 클래스의 디자인과 씨름하는 동안 시간이 많이 흘렀다. 자전거를 타는 친구에게 우리의 계산 프로그램을 다시 보여줬고 친구는 이 프로그램이 매우 훌륭하지만 '자전거 바퀴 둘레(circumference)'를 계산하는 기능도 필요하다고 말한다. 친구의 자전거에는 속도를 계산해주는 장치가 있는데, 이 장치에 자전거의 바퀴 둘레를 설정해 주어야 한다는 것이다.

　이 정보야말로 우리가 기다리는 정보다. 이 새로운 기능추가 요청은 다음 디자인 결정을 내리는 데 필요한 정보를 제공해준다.

　바퀴의 둘레는 지름 곱하기 원주율이다. 지름을 계산할 줄 아는 Wheel을 Gear 안에 넣어 두었기에 둘레를 계산하는 메서드를 추가하는 것은 아주 쉽다. 메서드를 추가하는 건 아주 작은 수정이다. 진짜 중요한 변화는 우리의 애플리케이션에 Gear 클래스와는 독립된 Wheel 클래스가 명시적으로 필요해졌다는 점이다. 이제 바퀴(Wheel)에게 자신만의 클래스를 주자.

　이미 Gear 클래스 안에서 Wheel의 행동을 조심스럽게 구분해 놓았기 때문에 이 수정은 전혀 어렵지 않다. Wheel Struct를 Wheel 클래스로 변경하면 그만이다. 그리고 circumference 메서드를 추가하면 된다.

```
01  class Gear
02    attr_reader :chainring, :cog, :wheel
03    def initialize(chainring, cog, wheel=nil)
04      @chainring = chainring
05      @cog       = cog
06      @wheel     = wheel
07    end
08
09    def ratio
10      chainring / cog.to_f
11    end
12
13    def gear_inches
```

```
14        ratio * wheel.diameter
15    end
16  end
17
18  class Wheel
19    attr_reader :rim, :tire
20
21    def initialize(rim, tire)
22      @rim = rim
23      @tire = tire
24    end
25
26    def diameter
27      rim + (tire * 2)
28    end
29
30    def circumference
31      diameter * Math::PI
32    end
33  end
34
35  @wheel = Wheel.new(26, 1.5)
36  puts @wheel.circumference
37  # -> 91.106186954104
38
39  puts Gear.new(52, 11, @wheel).gear_inches
40  # -> 137.090909090909
41
42  puts Gear.new(52, 11).ratio
43  # -> 4.72727272727273
```

Gear과 Wheel 모두 하나의 책임만 지게 되었다. 코드가 완벽하다고 말할 수는 없지만 어떤 의미에서는 높은 수준에 도달했다고 말할 수 있다. 이 정도면 **충분하다**.

2.5 요약

수정하기 쉽고 유지보수하기 쉬운 객체지향 소프트웨어를 만들어가는 길은 하나의 책임을 지는 클래스를 만드는 일에서 시작한다. 한 가지만 하는 클래스, 그 행동을 애플리케이션의 다른 부분들로부터 **분리시키는 것**. 이런 분리(isolation)가 예상치 못한 결과로부터 자유로운 수정을 할 수 있도록, 중복 없이 코드를 재사용할 수 있도록 한다.

3장

의존성 관리하기

현실을 재현하는 방식 덕분에 객체지향 프로그래밍 언어는 좀 더 효율적이고 효과적이라고 사람들은 말한다. 객체는 현실세계에서 일어는 문제의 성질을 반영하고 객체 사이의 상호작용은 문제의 해결책을 제공한다. 이런 상호작용은 필수적이다. 하나의 객체가 모든 것을 알고 있을 수는 없기에 결국은 다른 객체와 소통하지 않을 수 없다.

우리가 바쁘게 돌아가는 애플리케이션의 안쪽을 자세히 들여다 볼 수 있다면, 객체들이 전송하는 메시지를 관찰해 보면 그곳에서 오고가는 정보의 양은 엄청날 것이다. 그 속에서는 정말 많은 일이 벌어지고 있다. 하지만 이곳에서 한 발 물러서서 전체적으로 조망해 보면 하나의 패턴이 드러난다. 각 메시지는 하나의 객체에서 시작되며 특정한 행동을 유발하기 위해 존재한다. 이 모든 행동은 객체 사이에 흩뿌려져 있다. 그러므로 어떤 행동을 유발하고자 할 때 객체는 그 행동을 이미 알고 있거나 상속받았거나 또는 그 행동에 대해 알고 있는 다른 객체에 대해 알아야 한다.

앞 장은 이중에서 첫 번째 유형에 집중했다. 클래스가 자체적으로 구현한 행동에 대해 이야기했다. 두 번째 유형, 행동의 상속에 대해서는 6장 「상속을 이용해 새로운 행동 얻기」에서 다룰 것이다. 이번 장은 세 번째 유형, 다른 객체에 의해 구현된 행동에 접근하는 방법을 다룬다.

잘 디자인된 객체는 하나의 책임만 지고 있기 때문에 객체가 복잡한 작업을 수행하기 위해서는 다른 객체와 협업하지 않을 수 없다. 이런 협업은 매우 강력하며 동시에 위험하다. 서로 협업하려면 객체는 다른 객체에 대한 지식이 있어야 한다. 지식은 의존성은 만들어 낸다. 이런 의존성을 제대로 관리하지 못하면 애플리케이션을 엉망으로 만들어 버린다.

3.1 의존성 이해하기

만약 하나의 객체를 수정했을 때 다른 객체들을 뒤따라 수정해야 한다면 후자는 전
자에 의존적이다.

아래에는 조금 변형된 Gear 클래스가 있다. 여기서 Gear 클래스는 우리에게 익
숙한 네 개의 인자를 받아서 초기화된다. gear_inches 메서드는 rim(바퀴테 둘레)
과 tire(타이어 높이)를 사용해서 새로운 Wheel 인스턴스를 생성한다. Wheel 클래
스는 우리가 2장 「단일 책임 원칙을 따르는 클래스 디자인하기」에서 만들었던 그
대로이다.

```
01  class Gear
02    attr_reader :chainring, :cog, :rim, :tire
03    def initialize(chainring, cog, rim, tire)
04      @chainring = chainring
05      @cog       = cog
06      @rim       = rim
07      @tire      = tire
08    end
09
10    def gear_inches
11      ratio * Wheel.new(rim, tire).diameter
12    end
13
14    def ratio
15      chainring / cog.to_f
16    end
17    # ...
18  end
19
20  class Wheel
21    attr_reader :rim, :tire
22    def initialize(rim, tire)
23      @rim = rim
24      @tire = tire
25    end
26
27    def diameter
28      rim + (tire * 2)
29    end
30    # ...
31  end
32
33  Gear.new(52, 11, 26, 1.5).gear_inches
```

이 코드를 살펴보고 Wheel이 변경되었을 때 Gear도 어쩔 수 없이 변경되어야 하는 상황의 목록을 작성해 보자. 이 코드는 아무 문제없어 보이지만 교묘하게 복잡함을 숨기고 있다. Gear는 Wheel에 대해 아래에 나열한 것처럼 적어도 네 군데에서 의존성이 있다. 이 의존성 중 대부분은 우리의 코딩 스타일이 만들어냈고 불필요하다. Gear는 이런 의존성 없이도 잘 작동할 수 있고 이런 의존성이 있다는 것 자체가 Gear 클래스를 수정하기 어렵고 연약하게 만들고 있다.

3.1.1 의존성이 있다는 것을 알기

객체는 다음과 같은 내용을 알고 있을 때 의존성을 갖는다.

- 다른 클래스의 이름. Gear는 Wheel이라는 이름의 클래스가 있다는 걸 알고 있다.
- 자기 자신을 제외한 다른 객체에게 전송할 메시지의 이름. Gear는 Wheel의 인스턴스가 diameter라는 메서드를 이해할 수 있다는 것을 알고 있다.
- 메시지가 필요로 하는 인자들. Gear는 Wheel.new를 위해 rim과 tire를 인자로 넘겨야 한다는 것을 알고 있다.
- 인자들을 전달하는 순서. Gear는 Wheel.new의 첫 번째 인자가 rim이고 두번째 인자가 tire라는 것을 알고 있다.

위에서 나열한 의존성들은 Wheel을 변경했을 때 어쩔 수 없이 Gear도 수정해야 하는 상황을 만든다. 어쨌든 이 둘은 꼭 협업해야만 하기 때문에 이 둘 사이에 어느 정도의 의존성이 생기는 것은 어쩔 수 없다. 하지만 위에 나열한 의존성의 대부분은 불필요하다. 불필요한 의존성은 코드를 덜 **적절하게(reasonable)** 만든다. 왜냐하면 이 의존성이 Gear 클래스의 수정을 강제한다. 게다가 이 의존성 때문에 자그마한 코드 수정이 애플리케이션 전체에 영향을 미쳐 여러 곳을 수정하는 대공사를 불러오기 때문이다.

우리의 도전과제는 각 클래스가 자신이 해야 하는 일을 하기 위한 최소한의 지식만을 알고 그 외에는 아무것도 모르도록 의존성을 관리하는 것이다.

3.1.2 객체들 간의 결합

이런 의존성은 Gear를 Wheel에 **결합(couple)**시킨다. 다르게 표현하자면, 이런 결합이 의존성을 낳는다고도 말할 수 있다. Gear가 Wheel에 대해 많은 것을 알게 될

수록 이 둘은 더욱 강하게 결합한다. 두 객체는 강하게 결합할수록 마치 하나인 양 행동한다.

Wheel을 수정하면 Gear를 수정하지 않을 수 없다는 것을 알게 될 것이다. Gear를 재사용하고 싶다면 Wheel도 함께 가져와야만 한다. Gear를 테스트하려면 Wheel도 함께 테스트할 수밖에 없다.

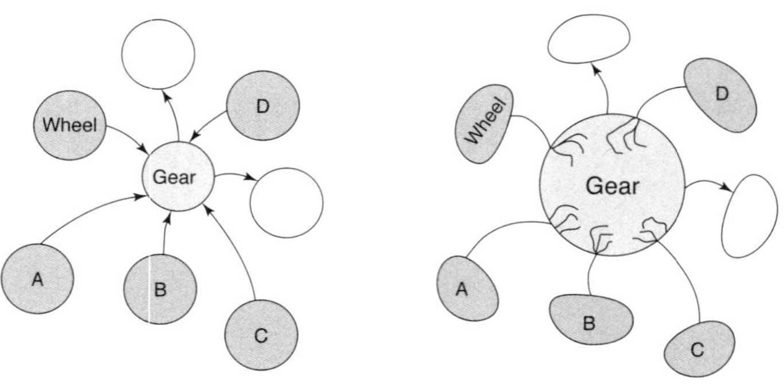

Wheel, A, B, C, D에 의존적인 Gear   Gear와 Gear의 의존성이 마치 하나인 것처럼 동작

그림 3.1 얽혀있는 객체들 사이의 의존성

그림 3.1은 이런 문제를 그린 것이다. 여기서 Gear는 Wheel과 함께 네 개의 객체에 의존하고 있어서, Gear는 다섯 개의 객체와 결합되어 있다. 이 코드가 처음 작성되었을 때는 모든 것이 잘 작동했다. Gear를 다른 곳에서 사용하려고 하기 전에는 또는 Gear가 의존하고 있는 클래스를 수정하려하기 전에는, 무엇이 문제인지 보이지 않는다. 문제의 순간이 다가왔을 때 냉혹한 진실이 모습을 드러낸다. 겉모습과 달리 Gear는 독립적인 실체가 아니었다. 의존성은 다른 객체가 한 객체 내부에 파고들어와 있는 지점이다. 의존성이 높은 객체들은 마치 하나인 듯 행동한다. 이들은 발맞추어 움직이고 모두 함께 변한다.

둘 이상의 객체가 강력하게 결합되어 있을 때 이들은 한 덩어리로 움직이고 이들 중 하나만 재사용하는 것은 불가능하다. 하나를 바꾸려면 다른 모든 것도 바꿔야 한다. 미처 확인하지 못한, 제대로 관리하지 않은 의존성이 남아있었다면 애플리케이션 자체가 엉망진창이 될 것이다. 무언가를 하나 바꾸느니 전체를 처음부터 다 다시 작성하는 것이 차라리 나은 날이 오고야 만다.

3.1.3 다른 의존성들

이제부터는 위에서 제시한 네 가지 의존성을 검토하고 이들이 야기하는 문제를 해결하기 위한 기술을 다룬다. 하지만 다음으로 넘어가기 전에, 다른 장에서 다루게 될 몇몇 일반적인 의존성 이슈를 언급하고 넘어가면 좋을 듯하다.

하나의 객체가 다른 객체에 대해 알고 있는데 이 다른 객체가 무언가를 알고 있는 또 다른 객체에 대해 알고 있는 경우, 그러니까 여러 개의 메시지가 여러 단계를 거쳐 연결되어(chained) 저 멀리 있는 객체의 행동을 실행시키려 할 때 가장 심각한 피해를 야기하는 의존성이 그 모습을 드러낸다. 이 의존성은 기본적으로 '자기 자신을 제외한 다른 객체에게 전송할 메시지의 이름을 아는' 의존성이다. 단지 확장된 형태일 뿐이다. 메시지 연쇄(message chaining)는 원래 있던 두 객체 사이의 의존성뿐 아니라, 최종 목표까지 도달하기 위해 거쳐갔던 모든 객체와 메시지들 사이에도 의존성을 만들어낸다. 이런 추가적인 결합은 첫 번째 객체에 수정을 강제할 가능성이 매우 높다. 연쇄의 중간에 끼어있던 **어떤** 객체가 변하더라도 이 변화가 첫 번째 객체에 영향을 미치기 때문이다.

이런 경우를 데메테르의 원칙(Law of Demeter)이 위반되었다고 말하는데, 그 해결책은 4장 「유연한 인터페이스 만들기」에서 다룬다.

의존성의 또 다른 영역은 테스트가 코드에 대해 갖는 의존성이다. 이 책 바깥 어딘가에는 코드보다 테스트를 먼저 작성하는 사람들이 있다. 테스트가 디자인을 이끌어 낸다. 하지만 테스트는 코드를 참조하고 그런 의미에서 코드에 의존적이다. '테스트를 처음 접하는' 프로그래머들은 종종 코드와 지나치게 결합된 테스트를 작성하는 경향이 있다. 이 강한 결합은 결국 엄청난 좌절감을 낳곤 한다. 코드의 핵심적인 내용은 전혀 바뀌지 않았는 데도 불구하고 리팩터링 때마다 테스트가 깨져나간다. 테스트를 유지하는 비용이 테스트를 통해 얻는 가치보다 지나치게 높아 보이기 시작한다. 테스트-코드 사이의 지나친 결합은 코드-코드 사이의 지나친 결합과 같은 결과를 낳는다. 이 결합은 코드의 수정이 뒤이어 테스트의 수정을 강제하는 의존성이다.

테스트 디자인에 대해서는 9장 「비용-효율적인 테스트 디자인하기」에서 검토한다.

잠시 무서운 이야기를 계속 했는데 우리의 애플리케이션이 불필요한 의존성에서 빠져나오지 못할 정도로 엉망이 된 것은 아니다. 우리가 이런 문제점을 알고 있다면 문제를 피해가는 방법은 상당히 간단하다. 밝은 미래로 나가가기 위한 첫 걸음은 의존성에 대해 좀 더 구체적으로 이해하는 것이다. 이제 예시 코드를 살펴보자.

3.2 약하게 결합된 코드 작성하기

의존성은 클래스 그리고 클래스가 만지는 것을 찰싹 붙여 버리는 본드 한 방울 같은 것이다. 몇 방울의 본드는 꼭 필요한 것이지만 본드칠을 너무 심하게 하면 애플리케이션 자체가 단단한 한 덩어리의 블록처럼 들러붙어 버린다. 의존성을 줄이는 작업은 곧 불필요한 본드가 무엇인지 알고 그것을 제거하는 과정이다.

이어지는 예시는 코드의 결합도를 낮춰 의존성을 줄이는 코딩 기술을 보여준다.

3.2.1 의존성 주입하기

클래스의 이름을 통해 다른 클래스를 참조하는 방식은 상당히 끈적이는 지점을 만들어낸다. 아래에서 다시 보여주고 있는 것처럼, 지금까지 작성했던 Gear 클래스에서 gear_inches 메서드는 Wheel 클래스를 명시적으로 참조하고 있다.

```
01  class Gear
02    attr_reader :chainring, :cog, :rim, :tire
03    def initialize(chainring, cog, rim, tire)
04      @chainring = chainring
05      @cog = cog
06      @rim = rim
07      @tire = tire
08    end
09
10    def gear_inches
11      ratio * Wheel.new(rim, tire).diameter
12    end
13    # ...
14  end
15
16  Gear.new(52, 11, 26, 1.5).gear_inches
```

Wheel 클래스의 이름을 직접 참조할 때, 가장 눈에 띄는 결과는 Wheel 클래스의 이름이 바뀌면 Gear의 gear_inches 메서드도 함께 변경되어야 한다는 것이다.

이 의존성은 겉으로 보기에는 아무 문제가 없어 보인다. 하지만 Gear가 Wheel에게 말을 걸려고 하면 일단은 Wheel 클래스의 인스턴스를 만들어야 한다. Gear가 Wheel 클래스의 이름을 알고 있다면 Wheel의 이름이 바뀌었을 때 Gear 코드의 한 부분이 수정되어야 한다.

사실, 클래스 이름이 변경되는 걸 처리하는 것은 사소한 이슈에 불과하다. 프로그래머라면 전체 검색을 통해 이름을 찾고 변경해 주는 에디터를 사용하고 있을 테니까. Wheel의 이름이 Wheely로 변경되었을 때 바꿔야할 지점을 찾아서 고치는 것은 어려운 일이 아니다. 하지만 위 코드 11번째 줄, Wheel 클래스의 이름을 변경하는 것은 진짜 문제가 아니다. 진짜 문제는 잘 드러나지 않고 더 큰 문제를 야기할 수 있는 곳에 숨어 있다.

Gear가 Wheel를 참조하는 부분을 저 안쪽에 있는 gear_inches 메서드 속에 하드코딩해 놓았을 때 Gear는 Wheel 인스턴스의 기어 인치(gear inches)만을 계산하겠다고 명시적으로 선언하고 있는 것이다. Gear는 다른 종류의 객체와 협업하기를 거부하고 있다. 지름을 가지고 있고 기어를 사용하는 객체가 있더라도 말이다.

우리의 애플리케이션이 발전해서 자전거 디스크나 실린더 같은 객체를 다루게 되었다고 생각해보자. 그렇다면 이런 객체를 사용하는 기어의 기어 인치를 알아야 한다. 하지만 우리는 기어 인치를 계산할 수 없다. 디스크와 실린더는 당연히 지름을 가지고 있지만, Gear는 Wheel에 찰싹 붙어 있어서 기어 인치를 계산할 수가 없다.

위의 코드는 고정된 타입에 불필요하게 들러붙어 있는 클래스에 얼마나 문제가 많은지 보여준다. 중요한 것은 '객체의 클래스가 무엇인지'가 아니라, '우리가 전송하는 메시지가 무엇인지'이다. Gear에게는 diameter 메서드에 반응할 수 있는 객체가 필요한 것이다.(오리 타입(duck type) 객체에 대해서는 5장 「오리 타입으로 비용 줄이기」에서 다룬다.) Gear는 대상이 되는 객체의 클래스가 무엇인지는 관심도 없고 알 필요도 없다. gear_inches를 계산하기 위해 Gear가 Wheel의 존재를 알 필요는 없다. Wheel이 초기화되기 위해 rim과 tire를 필요로 한다는 것도 알 필요가 없다. Gear에게는 diameter를 알고 있는 객체만 있으면 된다.

Gear가 불필요한 의존성을 가지고 있기 때문에 Gear의 재사용성은 떨어지고 Gear를 쓸데없이 수정해야 하는 상황이 보다 빈번해진다. Gear가 **다른** 객체에 대한 너무 많은 것을 알고 있을수록 Gear는 덜 유용해진다. 더 조금 알수록 더 많은 것을 할 수 있다.

다음 단계의 Gear 클래스는 Wheel에 들러붙어 있지 않고 diameter에 반응할 수 있는 객체만 가지고도 초기화될 수 있다.

```
01  class Gear
02    attr_reader :chainring, :cog, :wheel
```

```ruby
03   def initialize(chainring, cog, wheel)
04     @chainring = chainring
05     @cog       = cog
06     @wheel     = wheel
07   end
08
09   def gear_inches
10     ratio * wheel.diameter
11   end
12   # ...
13 end
14
15 # Gear에게 필요한 것은 diameter를 이해하는 오리 타입(duck type)이다.
16 Gear.new(52, 11, Wheel.new(26, 1.5)).gear_inches
```

Gear는 @wheel 변수를 사용하고 wheel 메서드로 변수에 접근한다. 하지만 속지 말자. Gear는 @wheel 객체가 Wheel 클래스의 인스턴스라는 것을 알지도 못하고 관심도 없다. Gear가 알고 있는 것은 자기 자신이 diameter 메서드에 반응할 줄 아는 객체를 가지고 있다는 것뿐이다.

이 변화는 아주 작아서 거의 눈에 띄지 않는다. 하지만 이런 스타일의 코딩은 엄청난 장점이 있다. Wheel 인스턴스를 Gear 클래스 바깥에서 생성하기 때문에 Gear와 Wheel 사이의 결합이 없어졌다. 이제 Gear는 diameter를 구현하고 있는 어떤 객체와도 협업할 수 있게 되었다. 그리고 이런 이점을 공짜로 얻었다. 단 한 줄의 코드도 추가하지 않고 기존에 있던 코드를 재배치하는 것만으로 객체 사이의 결합을 없앨 수 있었다.

이 기술을 의존성 주입(dependency injection)이라고 부른다. 좀 무시무시한 평판이 자자한 기술이지만 의존성 주입은 사실 이렇게 단순하다. Gear는 Wheel 클래스, Wheel을 초기화할 때 넘겨줘야 하는 인자와 인자의 순서에 대해 명시적으로 의존하고 있었지만 의존성 주입을 통해 이 모든 의존성이 diameter 메서드에 대한 단 하나의 의존성으로 줄어들었다. Gear는 아는 것이 적어졌기 때문에 더 똑똑해졌다.

클래스의 이름을 알아야 할 의무(책임), 그리고 그 클래스에게 전송해야 하는 메시지의 이름을 알아야 할 의무(책임). 이 두 개의 의무는 다른 객체들이 책임져야 할 의무였다. 이 사실을 이해할 수 있을 때 우리는 의존성 주입 기술을 사용해서 코드를 정교하게 다듬을 수 있다. Gear가 어딘가로 diameter 메시지를 전송해야 한다고 해서 Gear가 Wheel에 대해 알 필요는 없다.

이어지는 질문은 '실제 Wheel 클래스에 대야 알아야 할 책임은 누구에게 있는가'

묻는 것이다. 위 예시는 이 문제를 해결하지 않고 잠시 미뤄 놓았을 뿐이며 이 장의 뒷부분에서 다룬다. 일단은 이 지식을 Gear가 몰라도 된다는 점만 이해할 수 있으면 충분하다.

3.2.2 의존성 격리시키기

불필요한 의존성을 모두 제거하면 가장 좋겠지만 아쉽게도 기술적으로는 가능해도 현실적으로는 어렵다. 이미 작동 중인 애플리케이션을 가지고 작업할 때 실제로 수정할 수 있는 부분은 매우 제한적이다. 완벽함을 추구할 수 없다면 우리의 목표는 전반적인 상태를 발전시키는 것이어야 한다. 처음 문제가 되었던 상태보다 조금 나아진 상태로 남겨두는 것에 만족해야 한다.

그러니 불필요한 의존성을 제거할 수 없는 경우라면 의존성을 클래스 안에서 격리시켜 놓아야 한다. 2장 「단일 책임 원칙을 따르는 클래스 디자인하기」에서 적당한 시점이 왔을 때 어디를 수정해야 하고 무엇을 제거해야 하는지 쉽게 알 수 있도록 추가적인 책임을 고립시키는 방법을 알아보았다. 이번 장에서는 상황이 좋아졌을 때 불필요한 의존성이 어디에 있는지 쉽게 찾고 줄일 수 있도록 의존성을 고립시키는 방법을 알아 볼 것이다.

의존성을 우리의 클래스를 감염시키려고 하는 우주 박테리아라고 생각해 보자. 의존성을 격리시키고 클래스에게 건강한 면역 체계를 선물하자. 의존성은 외계의 침략자이자 우리의 취약함을 드러내는 지표이다. 의존성은 간결하게 정리되고 명시적으로 드러나고 격리되어 있어야 한다.

인스턴스 생성을 격리시키기

만약 제약조건이 너무 많아서 Gear에 Wheel을 주입(inject)할 수 없다면 새로운 Wheel 인스턴스를 만드는 과정을 Gear 클래스 내부에 격리시켜 놓을 필요가 있다. 이는 의존성을 명시적으로 노출하려는 것이며 동시에 wheel이 Gear 클래스 내부에 스며들지 않도록 하기 위한 조치다.

다음 두 개의 예시는 이런 접근법을 보여준다.

첫 번째 예시에서는, 새로운 Wheel 인스턴스를 생성하는 과정을 Gear의 gear_inches 메서드에서 initialize 메서드 속으로 옮겼다. gear_inches 메서드는 좀 더 깔끔해졌고 initialize 메서드를 통해 wheel에 대한 의존성을 더욱 뚜렷하게 드러낼 수 있게 되었다. 이런 접근은 Gear가 새로운 인스턴스를 만들 때마다 무조건 새로운 Wheel 인스턴스를 생성한다는 사실에 주의하자.

```
01  class Gear
02    attr_reader :chainring, :cog, :rim, :tire
03    def initialize(chainring, cog, rim, tire)
04      @chainring = chainring
05      @cog = cog
06      @wheel = Wheel.new(rim, tire)
07    end
08
09    def gear_inches
10    ratio * wheel.diameter
11    end
12  # ...
```

다른 방법은 명시적으로 정의된 wheel 메서드를 통해 새로운 Wheel 인스턴스를 만드는 방법이다. 이는 루비의 ||= 연산자를 이용해서 객체가 필요한 순간에 왔을 때, Wheel 인스턴스를 만든다. 이런 경우, gear_inches가 wheel 메서드를 호출하기 전까지는 Wheel의 인스턴스가 만들어지지 않는다.

```
01    class Gear
02    attr_reader :chainring, :cog, :rim, :tire
03    def initialize(chainring, cog, rim, tire)
04      @chainring = chainring
05      @cog       = cog
06      @rim       = rim
07      @tire      = tire
08    end
09
10    def gear_inches
11      ratio * wheel.diameter
12    end
13
14    def wheel
15      @wheel ||= Wheel.new(rim, tire)
16    end
17  # ...
```

위의 두 예시에서도 Gear는 너무 많은 것을 알고 있다. 여전히 rim과 tire를 초기화 인자로 넘겨줄 수 있어야 하고 Gear를 위해 Wheel 인스턴스를 만들어야 한다. Gear는 여전히 Wheel과 찰싹 붙어 있다. Wheel이 아닌 다른 객체를 가지고는 기어 인치를 계산하지 못한다.

그래도 어느 정도의 발전은 있었다. gear_inches가 갖고 있던 몇몇 의존성을 줄였으며 Gear가 Wheel에 의존하고 있다는 사실을 뚜렷하게 드러낼 수 있었다. 의존성을 감추려 들기는커녕 더 잘 보이도록 만들었고 재사용이 수월하도록 했으며 상황이 허락할 때 코드를 리팩터링하기 쉽게 만들었다. 이 변화는 코드를 좀 더 유연하게(agile) 만들어 주었으며 미래의 변화에 쉽게 적응할 수 있도록 해주었다.

외부 클래스 이름에 대한 의존성을 이런 식으로 관리하는 방식은 애플리케이션에 큰 영향을 미친다. 의존성을 염두에 두고 의존성을 주입하는 코딩 습관을 들일 때 클래스는 자연스럽게 덜 결합된 형태를 띤다. 우리가 의존성 이슈를 무시하고 클래스가 외부 객체를 참조하도록 내버려 둔다면 애플리케이션은 의존적인 객체의 묶음이라기보다 완전히 얽혀있는 커다란 직물조각처럼 변해버린다. 복잡하고 생소한 클래스 이름으로 가득찬 클래스, 이런 클래스로 만들어진 애플리케이션은 취급하기도 어렵고 유연하지도 않다. 반면 클래스 이름에 대한 의존성이 간단명료하고 잘 정리되어 있고 격리되어 있는 클래스라면 새로운 요구사항을 받아들이기가 쉽다.

외부로 전송하는 메시지 중 위험한 것들을 격리시키기

이제 외부 클래스 이름 참조하는 지점을 격리시켰으니 외부로 전송되는 메시지(external messages)로 시선을 돌려보자. 여기서 외부로 전송되는 메시지란 '나 자신 아닌 객체에게 보내는 메시지'이다. 예를 들어, gear_inches는 ratio와 wheel 메시지를 자기 자신에게 보내고 있지만 diameter 메시지는 wheel에게 보내고 있다.

```
01  def gear_inches
02    ratio * wheel.diameter
03  end
```

gear_inches는 간단한 메서드이고 Gear가 wheel.diameter를 참조하는 곳은 여기뿐이다. 이럴 경우에는 코드에 별 문제가 없다. 하지만 상황은 언제든 훨씬 복잡해질 수 있다. 기어 인치를 계산하는 데 훨씬 복잡한 공식이 필요해서 gear_inches 메서드가 이렇게 변경된다고 생각해 보자.

```
01  def gear_inches
02    #... 무시무시한 수학공식 몇 줄
03    foo = some_intermediate_result * wheel.diameter
04    #... 무시무시한 수학공식 몇 줄 더
05  end
```

이제 wheel.diamether는 복잡한 메서드 속에 깊이 파묻혀 버렸다. 이 복잡한 메서드는 Gear가 wheel 메서드에 반응한다는 사실에 의존하고 이 wheel이 diameter

메서드에 반응한다는 사실에도 의존한다. 이런 외부에 대한 의존성을 gear_inches 메서드 속에 심어 놓는 것은 불필요한 일일 뿐 아니라 gear_inches를 취약하게 만든다.

무엇을 수정하려고 하든 코드가 망가져 버릴 위험이 높아진다. 이제 gear_inches는 매우 복잡한 메서드이기 때문에, 수정해야 할 사건이 더 빈번하게 발생할 테지만 동시에 수정할 때마다 제대로 작동하지 않을 위험성도 크다. 외부에 대한 의존성을 걷어내고 의존성을 클래스 내부의 메서드 속에 캡슐화시켜 놓으면 gear_inches 메서드를 수정해야 하는 상황도 줄일 수 있다. 다음 코드를 보자.

```
01  def gear_inches
02    #... 무시무시한 수학공식 몇 줄
03    foo = some_intermediate_result * diameter
04    #... 무시무시한 수학공식 몇 줄 더
05  end
06
07  def diameter
08    wheel.diameter
09  end
```

Gear 클래스 내부에서 wheel.diameter를 호출하는 곳이 이곳저곳에 많이 있었다면 코드를 DRY하게 유지하기 위해 처음부터 diameter 메서드를 만들었을 것이다. 여기서 차이점은 타이밍이다. 일반적인 경우라면 diameter 메서드를 사용하는 곳이 많아질 때까지 기다렸다가 코드를 DRY하게 리팩터링하면서 메서드를 추가해야 한다는 주장도 설득력이 있다. 하지만 이번 경우에는 gear_inches 메서드에서 의존성을 제거하기 위해서 일찍 새로운 메서드를 만들어 버렸다.

원래 코드에서 gear_inches는 wheel이 diameter를 가지고 있다는 사실을 알고 있었다. 이 지식은 gear_inches를 외부의 객체에 그리고 **이 외부 객체의** 메서드들에 결합시켜 버리는 위험한 의존성이다. 수정 이후에 gear_inches는 좀 더 추상화되었다. Gear는 wheel.diameter를 별도의 메서드로 분리해 냈고 gear_inches는 자기 자신에게 전송하는 메시지에 의존할 수 있게 되었다.

Wheel이 **자신이 구현하고 있는** diameter 메서드의 이름과 시그너처를 바꾸더라도 Gear에게 미치는 영향은 이 작은 래퍼 메서드(wrapping method)에 한정될 것이다.

클래스가 그 내부에서 변하기 쉬운 **메시지**를 참조하고 있을 때 이 기술을 유용하게 사용할 수 있다. 참조하는 지점을 격리시키는 것은 이런 변화의 영향에 대응하기 위한 안전망을 제공한다. 모든 외부 메서드 호출에 대해 선제적으로 대응할 필요는 없지만 코드를 꼼꼼히 살펴보고 가장 위태로운 의존성을 찾아내서 내부 메서드로 감싸는 작업은 시도해 볼 만한 일이다.

이런 문제를 제거하는 또 다른 방법은 의존성이 시작되는 지점으로 돌아가서 의존성의 방향을 반대로 돌려버리는 것이다. 이렇게 해서 문제 자체를 회피하는 방법이 있다. 이 방법은 잠시 후에 설명할 텐데 그 전에 짚고 넘어가야 하는 코딩 기술이 하나 더 있다.

3.2.3 인자 순서에 대한 의존성 제거하기

우리가 송신자가 되어 메시지와 함께 인자를 함께 전송해야 할 경우 인자에 대한 지식이 꼭 필요하다. 이 의존성은 피해 갈 수 없다. 하지만 인자를 넘기는 작업은 종종 조금 더 감지하기 어려운 또 하나의 의존성을 만들어낸다. 많은 메서드 시그너처(method signatures)는 인자들을 필요로 할 뿐 아니라 이 인자들이 정해진 순서로 전달되기를 기대한다.

이어지는 예시에서 Gear의 initialize 메서드는 다음 세 개의 인자를 넘겨받는다. chainring, cog, wheel. 기본값(defaults)을 제공하지 않기 때문에 인자 세 개를 모두 넘겨야 한다. 11~14번 줄에서 새로운 Gear 인스턴스가 생성되는 곳을 보자. 인자 세 개가 모두 있어야 할 뿐 아니라 모두 정해진 순서대로 넘겨야 한다.

```
01   class Gear
02     attr_reader :chainring, :cog, :wheel
03     def initialize(chainring, cog, wheel)
04       @chainring = chainring
05       @cog       = cog
06       @wheel     = wheel
07     end
08     # ...
09   end
10
11   Gear.new(
12     52,
13     11,
14     Wheel.new(26, 1.5)).gear_inches
```

new 메서드를 전송하는 송신자는 Gear의 initialize 메서드에서 정의된 인자의 순서에 의존적이다. 인자들의 순서가 변하면 모든 송신자 역시 이에 맞춰 수정되어야 한다.

불행히도 초기화 인자들을 손보는 일은 꽤 빈번히 발생한다. 특히 디자인이 확실히 정해지지 않은 초기 단계에서는 더욱 그러하다. 인자들을 추가하기도 하고 제거하기도 하고 기본값을 추가하기도 하는 과정을 여러 번 반복하곤 한다. 이때 순서가 고정된 인자들을 사용한다면, 이 과정을 반복할 때마다 해당 메서드에 의존적인 객체들을 수정해야 할 것이다. 더욱 곤란한 것은 우리가 인자들을 변경하지 않으려 들 수도 있다는 점이다. 디자인의 관점에서는 인자를 변경해야겠지만 모든 의존성을 또 다시 변경하고 싶지 않기 때문이다.

초기화 인자로 해시를 사용하기

순서가 고정된 인자들에 의존하지 않는 간단한 방법이 있다. 만약 Gear의 initialize 메서드를 수정할 수 있다면 순서가 고정된 인자 대신 옵션을 해시로 만들어서 (hash of options) 넘기는 것이 좋다.

다음 예시는 이 기술의 간단한 형태를 보여준다. initialize 메서드는 하나의 인자, args만 넘겨받는데 이 arg 해시가 모든 입력값을 가지고 있다. initialize 메서드의 내용은 해시로부터 인자들을 추출해내도록 수정되었다. 해시는 11~14번 줄에서 생성되었다.

```
01  class Gear
02    attr_reader :chainring, :cog, :wheel
03    def initialize(args)
04      @chainring = args[:chainring]
05      @cog       = args[:cog]
06      @wheel     = args[:wheel]
07    end
08    #...
09  end
10
11  Gear.new(
12    :chainring => 52,
13    :cog => 11,
14    :wheel => Wheel.new(26, 1.5)).gear_inches
```

위와 같은 방법에는 몇 가지 이점이 있다. 가장 뚜렷이 드러나는 첫 번째 장점은 인자들의 순서에 대한 의존성을 제거했다는 점이다. 이제 Gear에 새로운 초기화 인자를 넘기거나 기본값을 설정하기가 매우 쉽다. 이런 변화는 다른 코드에 아무런 영향도 미치지 않는다.

이 기술을 적용하면서 코드가 좀 더 장황해졌다. 대부분의 경우 코드가 장황해지는 것은 좋지 않은 신호지만 이번 경우에는 그 가치가 분명하다. 지금 당장의 필요와 불확실한 미래 사이에서 코드가 장황해졌기 때문이다. 순서가 고정된 인자들을 사용하면 지금 당장은 코드를 덜 작성해도 되지만 코드의 양을 줄이는 대신 코드의 위험도를 증가시킬 뿐이다. 코드를 수정할 때 이 코드에 의존하는 다른 코드도 수정해야 하는 위험성이 증가한다.

11번 줄에서 해시를 사용한 덕분에 인자의 순서에 대한 의존성을 없앨 수 있었지만 해시 키(key)의 이름에 의존하게 되었다. 이런 변화는 긍정적인 것이다. 새로운 의존성은 기존의 것보다 훨씬 안정적이기 때문에 수정해야만 하는 상황에 봉착할 위험이 훨씬 낮다. 추가적으로, 아마도 기대하지 않았음에도 해시는 두 번째 이점을 제공한다. 해시 키의 이름들이 인자에 대한 문서 역할을 해주는 것이다. 이는 해시를 사용하기 때문에 자연스럽게 뒤따라오는 결과일 뿐이지만 의도하지 않았다고 해서 덜 유용하다고 생각할 필요는 없다. 나중에 코드를 관리해야 하는 프로그래머는 키의 이름에서 도움을 받을 것이다.

언제나 그렇지만 이 기술을 사용하면서 얻을 수 있는 이익은 당장 직면한 상황에 따라 다르다. 언제 변경될지 모르고 많은 수의 인자를 가지고 있는 메서드를 다룰 때, 다른 프로그래머가 사용할 프레임워크를 만들 때는 해시를 통해 인자를 전달하는 방법이 전체적인 개발 공수를 줄여줄 수 있을 것이다. 하지만 단순히 두 숫자를 곱하는 정도의 메서드를 만들어서 나 혼자만 사용할 계획이라면 인자를 순서대로 넘기고 순서에 대한 의존성을 감내하는 것이 훨씬 효율적이다. 이 두 극단적인 상황의 중간 어딘가에 일반적인 상황들이 있다. 꼭 필요한 인자가 몇 개 있고 변경될 가능성이 있는, 추가적인(optional) 인자들이 있는, 그런 일반적인 상황들이 있다. 이런 경우라면 두 가지 방법을 동시에 사용하는 편이 가장 효율적이다. 몇 개의 고정된 인자를 받고 추가적인(optional) 인자들을 해시로 받으면 된다.

기본값을 사용하기

인자에 기본값(defaults)을 추가할 수 있는 방법은 여러 가지 있다. 불린(boolean)이 아닌 간단한 기본값은 루비의 || 메서드를 통해 추가할 수 있다. 다음 예시를 보자.

```
01  # ||를 이용한 기본값 설정
02  def initialize(args)
03    @chainring = args[:chainring] || 40
04    @cog       = args[:cog] || 18
05    @wheel     = args[:wheel]
06  end
```

이는 매우 일반적인 방법이지만 한 가지 주의해야 할 점이 있다. 가끔은 우리가 원하는 방식으로 작동하지 않는 경우가 있기 때문이다. || 메서드는 or처럼 작동한다. 왼쪽의 코드를 먼저 처리하고 그 결과가 false나 nil를 반환하면 오른쪽 코드를 연산한 결과를 반환한다. 때문에 위 코드는 Hash의 [] 메서드의 특성, 즉 등록되지 않은 키에 대한 값을 요청하면 nil을 반환한다는 특성에 의존하고 있다.

해시 인자가 :boolean_thing이라는 키를 가지고 있고 이 키의 기본값을 true로 설정하고 싶은 경우를 보자. 이런 경우에도 ||를 사용한다면 :boolean_thing 키의 값을 false나 nil로 설정할 수 없게 된다. 예를 들어 아래의 코드는 :boolean_thing 키가 정의되지 않았을 경우**뿐 아니라**, args[:boolean_thing]이 false나 nil을 가지고 있을 경우에도 @bool의 값을 true로 만들어 버린다.

```
@bool = args[:boolean_thing] || true
```

이러한 ||의 특성 때문에 불린 값을 인자로 받고 싶거나 false와 nil을 구분해야 하는 경우에는 fetch 메서드를 사용하는 것이 좋다. fetch 메서드는 우리가 사용하는 키가 해시에 정의되어 있기를 **기대하며** 키가 없을 경우에 대한 별도의 처리 방식을 제공한다. fetch는 우리가 찾는 키가 없을 때 자동으로 nil을 반환하지 않는다는 장점이 있다.

아래 예시의 3번 줄은 args 해시에 :chainring 키가 없을 경우 fetch를 사용해서 @chainring의 기본값을 40으로 할당한다. 이런 방식을 따를 때 initialize를 호출하는 객체는 @chainring에 false나 nil 값을 할당할 수 있다. 이는 ||을 사용할 때는 할 수 없었던 일이다.

```
01  # fetch를 이용한 기본값 설정
02  def initialize(args)
03    @chainring = args.fetch(:chainring, 40)
04    @cog       = args.fetch(:cog, 18)
05    @wheel     = args[:wheel]
06  end
```

initialize 메서드 속에서 기본값을 설정하는 코드를 완전히 제거하고 별도의 래퍼 메서드(wrapping method)에서 기본값을 설정하는 방법도 있다. 아래 코드의 default 메서드는 초기화 과정에서 args 인수에 merge될 기본 해시(default hash)를 정의하고 있다. 이럴 경우 merge는 fetch와 동일한 효과를 낳는다. args 해시에 우리가 원하는 키가 없을 경우에만 기본 해시의 값이 사용된다.

```ruby
01  # default 해시를 merge해서 기본값을 설정
02  def initialize(args)
03    args = defaults.merge(args)
04    @chainring = args[:chainring]
05    # ...
06  end
07
08  def defaults
09    {:chainring => 40, :cog => 18}
10  end
```

별도의 메서드를 사용하는 방법은 앞의 경우에도 잘 적용할 수 있지만 기본값이 훨씬 복잡한 경우에 특히 유효하다. 우리가 원하는 기본값이 단순한 숫자나 문자열 (string)이 아닌 경우 deafults 메서드에서 복잡한 내용을 구현하면 된다.

멀티파라미터(Multiparameter) 초기화를 고립시키기

지금까지의 예들은 우리가 직접 메서드를 수정할 수 있을 때 인자 순서에 대한 의존성에서 벗어나는 방법을 다루었다. 하지만 우리가 메서드를 수정할 수 없는 상황도 있다. 메서드를 직접 수정할 수 없기 때문에 순서가 고정된 인자들을 갖고 있는 메서드를 사용해야만 하는 상황도 있다.

Gear가 특정 프레임워크의 한 부분이고 initialize 메서드가 순서가 정해진 인자들을 필요로 한다고 생각해 보자. 코드의 여러 곳에서 Gear 인스턴스를 생성하고 있다고 상상해 보자. Gear의 initialize 메서드는 우리의 애플리케이션이 건드릴 수 있는 영역 밖에 있다. Gear는 우리의 영향력이 미치지 않는 외부 인터페이스(external interface)의 한 부분이다.

상황이 매우 안 좋아 보일지 모르지만 이런 상황에서도 이 의존성을 꼭 받아들여야 하는 것은 아니다. 반복되는 코드를 DRY하게 만들 수 있는 것과 마찬가지로 외부 인터페이스와 연결되는 지점, Gear 인스턴스를 생성하는 지점을 하나의 메서드로 감싸는 것을 통해 코드를 DRY하게 만들 수 있다. 우리가 만드는 애플리케이션은 우리가 작성한 코드에 의존해야 한다. 외부에 대한 의존성을 메서드로 감싸고 고립시키는 방법을 통해 이렇게 할 수 있다.

이번 예시에서 SomeFramework::Gear는 우리가 건드릴 수 있는 애플리케이션이 아니다. 외부 프레임워크의 한 부분이고, initialize 메서드는 순서가 고정된 인자들을 필요로 한다. 이 의존성을 해결하기 위해 GearWrapper 모듈(module)을 만들어 보자. GearWrapper는 외부 인터페이스에 대한 모든 지식을 한 곳에 고립시

켜 놓을 뿐 아니라 우리의 애플리케이션이 사용할 수 있는 좀 더 나은 인터페이스를 제공한다.

24번 줄에서 볼 수 있듯이 GearWrapper는 옵션 해시(options hash)를 이용해서 새로운 Gear 인스턴스를 생성한다.

```ruby
01  # Gear가 외부 프레임워크의 한 부분일 때
02  module SomeFramework
03    class Gear
04      attr_reader :chainring, :cog, :wheel
05        def initialize(chainring, cog, wheel)
06          @chainring = chainring
07          @cog       = cog
08          @wheel     = wheel
09        end
10    # ...
11    end
12  end
13
14  # 외부 인터페이스를 감싸는 모듈을 만들어 변화를 받아들일 수 있도록 하자.
15  module GearWrapper
16    def self.gear(args)
17      SomeFramework::Gear.new(args[:chainring],
18                              args[:cog],
19                              args[:wheel])
20    end
21  end
22
23  # 이제 해시를 통해 Gear 인스턴스를 생성할 수 있게 되었다.
24  GearWrapper.gear(
25    :chainring => 52,
26    :cog => 11,
27    :wheel => Wheel.new(26, 1.5)).gear_inches
```

GearWrapper에 대해서는 두 가지를 기억해야 한다. 첫째로, GearWrapper는 클래스가 아니라 루비의 모듈(module)이다.(15번 줄) GearWrapper는 새로운 SomeFramework::Gear 인스턴스를 생성할 책임을 가지고 있다. 모듈을 이용함으로써 우리는 GearWrapper 인스턴스를 만들지 않고도 gear 메시지(24번 줄)를 전송하는 명시적이고 독립적인 객체를 얻었다. 이 책의 독자는 이미 클래스에 모듈을 인클루드(include)하는 방법에 익숙할지 모르지만 GearWrapper는 특정 클래스에 인클루드하기 위한 것이 아니다. gear 메시지에 직접 반응(respond to)하기 위한 것이다.

GearWrapper가 흥미로운 또 다른 점은 오로지 다른 클래스의 인스턴스를 생성하기 위해서만 존재한다는 점이다. 객체지향 디자이너들은 이런 객체를 **팩토리** (Factories)라고 부른다. 어떤 사람들은 팩토리라는 개념에 부정적인 의미를 부여하기도 한다. 하지만 여기서는 부정적인 함의를 지니고 있지 않다. 팩토리는 다른 객체를 만들기 위해 존재하는 객체이다. 팩토리라는 개념이 의미하는 것은 정확히 여기까지다. 그리고 팩토리를 설명하기 위한 가장 편리한 방법은 팩토리를 사용해 보는 것이다.

지금까지 순서가 고정된 인자들을 옵션 해시로 대체하는 기술에 대해 알아보았다. 이런 기술은 우리가 변경할 수 없는 외부 인터페이스에 의존해야 하는 상황에 봉착했을 때 사용하기 좋은 기술이다. 외부에 대한 의존성이 코드 속으로 스며들게 내버려 두지 말자. 애플리케이션이 직접 통제할 수 있는 래퍼 메서드를 만들어서 애플리케이션을 보호하자.

3.3 의존성의 방향 관리하기

모든 의존성은 방향이 있다. 이 장의 앞부분에서 의존성을 관리하는 방법 중 하나로 그 방향을 반대로 돌리는 방법을 언급했었다. 이번 절은 의존성을 어느 방향으로 향하게 할지를 조금 더 심도 있게 다룬다.

3.3.1 의존성의 방향 바꾸기

지금까지 사용했던 모든 예시에서 Gear는 Wheel이나 diameter에 의존했다. 하지만 이 의존성을 반대로 설정할 수도 있었다. Wheel이 Gear나 ratio에 의존할 수도 있었다. 아래 코드는 이런 뒤바뀐 의존성의 한 예를 보여준다. 여기서는 Wheel이 Gear와 gear_inches에 의존하고 있다. 실제 계산을 책임지고 있는 것은 여전히 Gear이지만 이 계산을 위해 diameter 인자를 받아야 한다.(8번 줄)

```
01  class Gear
02    attr_reader :chainring, :cog
03    def initialize(chainring, cog)
04      @chainring = chainring
05      @cog       = cog
06    end
07
08    def gear_inches(diameter)
09      ratio * diameter
10    end
11
12    def ratio
13      chainring / cog.to_f
14    end
15  # ...
```

```
16   end
17
18   class Wheel
19     attr_reader :rim, :tire, :gear
20     def initialize(rim, tire, chainring, cog)
21       @rim  = rim
22       @tire = tire
23       @gear = Gear.new(chainring, cog)
24     end
25
26     def diameter
27       rim + (tire * 2)
28     end
29
30     def gear_inches
31       gear.gear_inches(diameter)
32     end
33   # ...
34   end
35
36   Wheel.new(26, 1.5, 52, 11).gear_inches
```

의존성의 방향이 바뀌었어도 별 문제 없어 보인다. 기어 인치를 계산하기 위해서는 여전히 Gear와 Wheel이 협력해야 하고 방향성이 바뀌었다고 해서 계산의 결과가 영향을 받는 것도 아니다. 아마 누군가는 의존성의 방향이 중요치 않다고 말할지도 모른다. Gear가 Wheel에 의존하든, 그 반대든 아무런 차이가 없다고 말이다.

맞는 말이다. 영원히 변하지 않을 애플리케이션이라면야, 어떤 선택을 하든 상관이 없다. 하지만 애플리케이션은 **변할 수밖에 없고** 지금의 결정은 불확실한 미래에 영향을 미친다. 우리가 선택한 의존성의 방향은 이후 애플리케이션의 발전 과정에 뚜렷한 족적을 남긴다. 지금 올바른 선택을 내린다면 유지보수하기 쉽고 작업하기 좋은 애플리케이션이 될 것이다. 잘못된 결정을 내린다면 의존성은 점점 애플리케이션을 집어 삼키고 갈수록 더 수정하기 힘든 애플리케이션이 될 것이다.

3.3.2 의존성의 방향 결정하기

클래스가 사람이라고 생각해 보자. 사람들에게 어떤 식으로 행동해야 하는지 조언하고 싶다면 자기 자신보다 덜 변하는 사람들에 의존하라고 말할 수 있다.

이 간단한 문장은 코드에 대한 단순한 진실 세 가지를 기반으로 좀 더 다듬을 수 있다.

· 어떤 클래스는 다른 클래스에 비해 요구사항(requirements)이 더 자주 바뀐다.

- 구체 클래스(concrete classes)는 추상 클래스(abstract classes)보다 수정해야 하는 경우가 빈번히 발생한다.
- 의존성이 높은 클래스를 변경하는 것은 코드의 여러 곳에 영향을 미친다.

이 세 가지 진실은 종종 겹치는 경우도 있지만 각각 독립적이고 그 의미가 뚜렷한 주장이다.

변경될 가능성이 얼마나 높은지 이해하기

어떤 클래스가 다른 클래스보다 변경될 가능성이 높다는 인식. 이런 생각은 우리가 작성하는 코드에만 적용되는 것이 아니다. 우리가 작성하지는 않았지만 사용하고 있는 코드에도 적용된다. 우리가 의존하고 있는 루비의 베이스 클래스(base classes)나 다른 프레임워크 코드도 변경될 가능성이 있다.

우리가 작성하는 코드보다 루비의 베이스 클래스들이 훨씬 안 바뀐다는 건 정말 다행스런 일이다. gear_inches처럼 * 메서드에 의존하는 건 너무 당연한 것이고 루비의 String이나 Array 클래스가 언제나 지금처럼 작동할 것인가 가정하는 것도 타당한 일이다. 루비의 베이스 클래스들은 우리가 작성하는 클래스보다 훨씬 덜 바뀌기 때문에 별다른 고민 없이 이 베이스 클래스에 의존해도 괜찮다.

프레임워크 클래스는 조금 다르다. 프레임워크가 얼마나 완성도 있는지는 우리 스스로 가늠해 봐야 한다. 일반적으로는 우리가 작성하는 코드보다 프레임워크 코드가 더 안정적이다. 하지만 빠르게 개발 중인 프레임워크를 사용하면 우리가 만드는 코드보다 프레임워크의 코드가 더 자주 변경되는 경우도 있을 수 있다.

왜 변경되는가와는 상관없이 애플리케이션에서 사용하는 모든 클래스는 '다른 클래스와 비교해서 얼마나 변경되지 않는지'를 기준으로 순위를 매겨볼 수 있다. 이 순위는 의존성의 방향을 결정하는 데 핵심적이다.

구체적인 것과 추상적인 것을 인지하기

두 번째는 코드의 구체성과 추상성을 이해하는 데서 출발한다. 여기서 **추상**이라는 개념은 Merriam-Webster 사전에서 정의하는 의미 그대로 사용된다. "모든 구체적인 것으로부터 분리된(disassociated from any specific instance)"이라는 뜻으로 사용된다. 그리고 이 개념은 코드에 대한 루비의 기본적인 태도, 특정한 기술적 제약이나 스타일에 반대하는 입장에 잘 어울린다.

이런 개념은 이번 장의 앞부분에서 의존성 주입에 대한 설명과 함께 언급했다. Gear가 Wheel, Wheel.new, Wheel.new(rim, tire)에 의존적일 때 Gear는 매우 구체적인 코드에 의존하고 있는 것이다. Wheel을 Gear에 주입하는 방식으로 코드를 수정하면서 Gear는 훨씬 추상적인 것에 의존하게 되었다. Gear는 'diameter 메시지에 반응하는 어떤 객체를 필요로 한다'라는 추상적인 사실에 의존하게 되었다.

루비에 익숙한 사람이라면 이런 변경을 특별하지 않게 받아들일 것이다. 하지만 정적 언어(statically typed language)에서 이와 동일한 기술을 구현하려면 어떻게 해야 할지 잠시만 생각해 보자. 정적 언어는 마치 타입에 대한 단위 테스트(unit test)처럼 작동하는 컴파일러를 가지고 있기 때문에 Gear에 우리가 내키는 대로 아무 객체나 주입할 수 없다. **인터페이스**를 먼저 작성하고 diameter를 인터페이스의 일부로 정의하고 이 인터페이스를 Wheel 클래스에서 포함시키고 Gear에게 우리가 지금 주입하는 클래스가 이런 인터페이스의 **한 종류**라고 알려줘야 할 것이다.

루비 사용자들은 이런 반복작업을 하지 않아도 된다는 사실에 고마워한다. 하지만 변경 사항을 명시적으로 표시하도록 강제하는 언어가 지니는 이점도 있다. 이런 언어들은 우리가 추상적인 인터페이스(abstract interface)를 만들고 있다는 사실을, 비록 고통스럽고 벗어날 수 없는 방식을 통해서지만, 명시적으로 드러내준다. 실수로 또는 의도치 않게 추상화된 코드를 만드는 것은 불가능하다. 정적 언어에서는 **언제나** 명확한 의도를 가지고 인터페이스를 정의한다.

루비의 경우, Gear에 Wheel을 주입하고 Gear가 diameter라는 메서드에 반응하는 오리 타입에 의존하도록 했을 때 우리는 별 생각 없이 인터페이스를 정의한 것이다. '어떤 종류의 것들은 지름(diameter)을 가지고 있다'는 생각을 추상화한 것이 이 인터페이스이다. 이 추상화는 구체 클래스들로부터 추출되었다. 이 생각은 이제 '모든 구체적인 것으로부터 분리되었다.'

추상화의 훌륭한 점은 일반적이고 안정적인 성질을 지닌다는 점이다. 추상화된 인터페이스는 인터페이스가 기반하고 있던 구체 클래스보다 변경될 일이 훨씬 적다. 추상화된 결과에 의존하는 것은 구체 클래스에 의존하는 것보다 훨씬 안전하다. 추상화된 것의 본성이 훨씬 안정적이기 때문이다. 루비에서는 인터페이스를 정의하기 위해 인터페이스를 추상화된 것이라고 명시적으로 선언해주지 않아도 된다. 디자인을 위해 우리가 만든 가상의 인터페이스가 클래스만큼이나 실제적인 것인 양 취급할 수도 있다. 이어지는 논의에서 "클래스"라는 표현은 일반적인 **클래스**

뿐 아니라 이런 인터페이스 역시 지칭한다. 이런 인터페이스도 의존성이 있기 때문에 디자인을 할 때 중요하게 고려해야 한다.

의존성이 높은 클래스 만들지 않기

마지막은 의존성이 높은 클래스를 만들면 그 대가를 지불해야 한다는 것이다. 이는 좀 더 상세한 설명이 필요하다. 의존성이 높은 클래스를 수정할 때 감내해야 하는 부정적인 효과는 매우 자명하다. 의존성이 높은 클래스가 갖는 효과에 대해서는 좀 더 설명이 필요하다. 작은 수정 하나 때문에 애플리케이션 전체를 뜯어 고치게 만드는 클래스. 이런 클래스를 가지고 있는 것 자체가 코드를 절대 수정하고 싶지 않게 만든다. 절대로! 어떤 상황에서든 수정하고 싶지 않게 만든다. 모두가 이 클래스를 수정하기를 꺼려하기 때문에 우리의 애플리케이션은 영원히 고칠 수 없는 문제를 안고 간다.

문제가 되는 의존성을 찾아내기

지금까지 검토했던 내용을 애플리케이션의 모든 코드 속에서 종합적으로 검토해보자. 언제 변화에 봉착하게 될지, 어느 정도로 추상화되어 있는지, 의존성이 몇 군데에 있는지를 검토한다. 모든 클래스는 다 다르다. 각 특성은 모두 중요하다. 하지만 중요한 디자인 결정을 내려야 하는 순간은 수정을 **해야 할 수도 있는 가능성**(likelihood of change)이 **여러 의존성**과 만나는 지점에서 발생한다. 이 둘 사이의 어떤 조합은 애플리케이션에 도움을 주지만 다른 조합은 치명적인 결과를 낳을 수 있다.

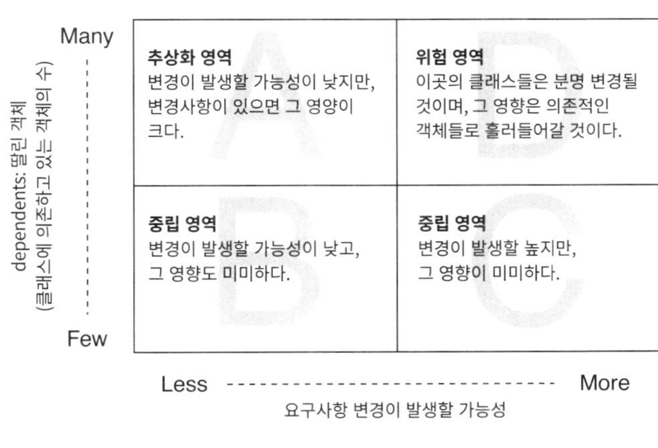

그림 3.2 가능한 조합들의 요약

그림의 가로축은 '요구사항 변경이 발생할 가능성'을, 세로축은 '딸린 객체의 수'를 반영한다. 평면은 네 영역으로 구분되어 A, B, C, D로 표현된다. 잘 디자인인 된 애플리케이션의 모든 클래스를 분석해서 각각 어울리는 영역에 위치시키면 모두 A, B, C 영역에 모여 있을 것이다.

변경이 발생할 가능성이 낮지만 이 클래스에 의존하고 있는 객체, 즉 딸린 객체가 많은 클래스는 A 영역에 속한다. 이 영역에는 추상 클래스(abstract classes)나 인터페이스가 속한다. 충분히 고민해서 디자인한 애플리케이션에서 이는 당연한 것이다. 의존성은 추상화된 것 근처에 몰려있을 수밖에 없는데, 추상화된 것은 변경 가능성이 낮기 때문이다.

클래스가 A 영역에 속하기 때문에 추상화된 것이 아니라는 사실에 주목하자. 오히려 이미 **추상화**되었기 때문에 A 영역에 속하게 된 것이다. 추상화 자체가 이 클래스들을 안정적으로 만들어주고 의존성을 안전하게 관리할 수 있게 해준다. A 영역에 들어와 있다는 자체만으로 이 클래스가 추상화된 클래스라고 확신할 수는 없지만 추상화될 필요가 있다는 점은 확실히 알려준다.

B 영역은 잠시 미뤄두고 C 영역을 보자. C 영역은 A 영역과 정반대다. C 영역에는 변경될 가능성이 높지만 이 클래스에 의존하고 있는 딸린 객체가 적은 클래스들로 채워져 있다. 이곳의 클래스들은 보다 구체적인 경향이 있기 때문에 변경될 가능성도 높지만 이들에 의존하고 있는 클래스들이 별로 없기 때문에 크게 문제가 되지 않는다.

B 영역의 클래스들은 디자인의 관점에서 보면 가장 덜 중요하다. 나중에 어떤 변화가 있든 가장 영향을 덜 받는 클래스들이기 때문이다. 거의 변할 일도 없고 이 클래스에 의존하고 있는 딸린 객체들도 적다.

A, B, C 영역은 코드가 있어도 괜찮은 영역이다. 반면 D 영역은 위험 영역(Danger Zone)이라는 이름이 어울리는 곳이다. 언젠가 변경해야 하는데 딸린 객체가 많은 경우에 D 영역에 속하게 된다. D 영역의 클래스는 수정하는 데 비용이 많이 든다. 간단한 수정도 딸린 객체에게 영향을 미치기 때문에 악몽 같은 코딩 경험을 겪어야 할 것이다. 만약 딸린 객체가 많은 **구체** 클래스가 있고 이 클래스가 A 영역에 속한다고 생각한다면, 이 클래스가 변경될 일이 거의 없다고 판단한 것이다. 이럴 경우엔 다시 한 번 생각해 보자. 구체 클래스에 의존하고 있는 딸린 객체가 여럿 있다면 위험 알림 신호를 감지할 수 있어야 한다. 이 클래스는 D 영역에 속한다.

D 영역의 클래스들은 애플리케이션의 건강상태를 드러내는 지표이다. 이 클래

스들 때문에 애플리케이션을 수정하기가 어렵다. 작은 수정 하나 때문에 애플리케이션의 여러 곳을 수정해야 한다면 문제의 핵심에는 D 영역 클래스가 있을 것이다. 하나의 수정이 저 멀리 별 상관없어 보이는 코드를 고장 낸다면 이 영역에서 디자인 결함을 찾을 수 있을 것이다.

이미 충분히 우울해 보이지만 문제는 더 끔찍해질 수 있다. 유지보수가 불가능한 코드를 작성하는 확실한 방법은 D 영역의 클래스를 이 클래스에 의존하는 객체보다 더 수정할 일이 많게 만드는 것이다. 이제 모든 수정 하나, 하나마다 이어지는 수정이 최대한으로 늘어날 것이다.

다행히도, 근본적인 이슈를 이해하고 있으면 이런 문제들에 미리, 미리 대처할 수 있다.

'자기 자신보다 덜 변하는 것들에 의존하라'는 이번 절에서 검토한 생각을 종합해 줄 수 있는 격언이다. 영역 구분은 우리의 생각을 정리해 줄 수 있는 훌륭한 수단이지만 모든 것이 불명료한 개발 과정에서는 어떤 클래스가 어느 영역에 속하는지 파악하기 쉽지 않다. 더 나은 디자인을 위해 노력하다 보면 불확실한 미래에 봉착하는 순간이 종종 온다. 결정이 필요한 순간에 이 격언을 따른다면 우리의 애플리케이션은 더 좋은 디자인을 향해 나아갈 것이다.

3.4 요약

의존성 관리는 미래를 견뎌낼 수 있는 애플리케이션을 만드는 데 핵심적인 요소이다. 의존성 주입은 느슨하게 결합된(loosely coupled) 객체, 창의적으로 재사용할 수 있는 객체를 만들어 준다. 의존성 격리는 객체가 예상치 못한 변화에 재빨리 적응할 수 있게 해준다. 추상화를 사용하는 것은 이런 변경에 직면해야 하는 경우를 줄여준다.

의존성 관리의 핵심은 그 방향을 관리하는 것이다. 평온한 유지보수라는 궁극의 목표를 향한 길은 자기 자신보다 덜 변하는 것에 의존하는 클래스들로 덮여있다.

4장

유연한 인터페이스 만들기

우리는 객체지향 애플리케이션을 클래스의 총합으로 이해해 버리려는 유혹에 빠지기 쉽다. 클래스는 워낙 눈에 잘 띄기 때문에 클래스의 책임(responsibilities)이나 의존성(dependencies)을 중심으로 디자인에 대해 논하곤 한다. 우리가 에디터에서 보는 것도 클래스이고 레포지토리에 저장하고 관리하는 것 역시 클래스이다.

물론 클래스 레벨에서 취급해야 하는 디자인 이슈들이 있다. 하지만 객체지향 애플리케이션에는 클래스 이상의 것들이 있다. 애플리케이션은 클래스로 구성되어 있지만 메시지를 통해 정의된다. 소스 코드 레포지토리에 무엇이 들어갈지를 결정하는 것은 클래스지만 애플리케이션의 움직임을 반영하는 것은 메시지이며 이 메시지가 애플리케이션을 살아 움직이게 한다.

그렇기 때문에 디자인은 객체 사이를 가로지르는 메시지에 관심을 두어야 한다. 객체가 무엇을 아는지(객체의 책임)와 누구를 알고 있는지(객체의 의존성)뿐만 아니라 서로 어떻게 소통하는지 알아야 한다. 객체 사이의 소통은 인터페이스를 통해 이루어진다. 이번 장은 애플리케이션이 자라나고 변형될 수 있도록 해주는 유연한 인터페이스에 대해 다룬다.

4.1 인터페이스 이해하기

그림 4.1처럼 같은 애플리케이션이 두 개 있다고 상상해 보자. 각 그림 속에는 객체가 메시지를 주고받고 있다.

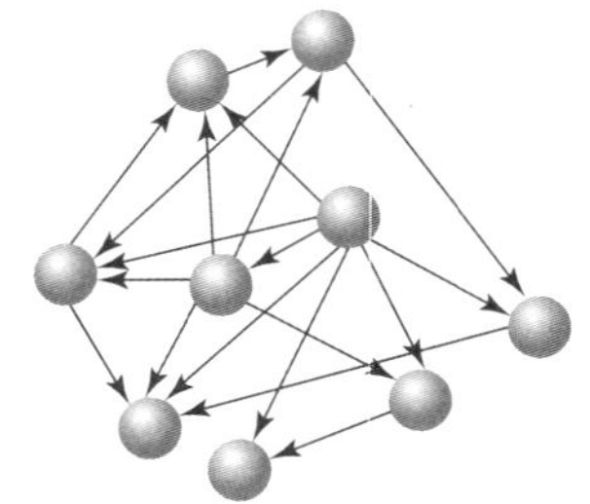 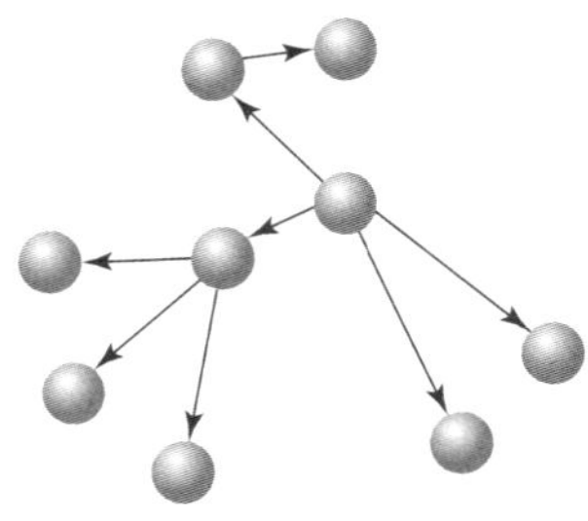

그림 4.1 커뮤니케이션 패턴

첫 번째 애플리케이션의 경우, 메시지들이 눈에 띄는 패턴을 보여주지 않는다. 모든 객체가 다른 모든 객체에게 아무 메시지나 전송한다. 만약 메시지들이 흔적을 남긴다면 이 흔적들은 모여서 얼기설기 얽혀 있는 직물 조각 같은 모양을 이룰 것이다. 모든 객체가 다른 모든 객체와 연결되어 있다.

두 번째 애플리케이션의 메시지들은 정확하게 드러나는 패턴을 보여준다. 여기서 객체들은 명확하게 잘 정의된 방식으로 소통한다. 이 메시지들이 흔적을 남긴다면 이 흔적들은 몇 개의 섬을 만들고 가끔 이 섬을 연결하는 다리를 그려낼 것이다.

이 두 애플리케이션은 좋든 나쁘든 상관없이 각각이 사용하는 메시지의 패턴을 통해 그 특성이 드러난다.

첫 번째 애플리케이션의 객체는 재사용하기 어렵다. 자기 자신을 너무 많이 드러내고 주변 객체에 대해 너무 많이 알고 있다. 너무 많이 알고 있기에 객체는 지금 당장 하는 일에 미세하고 정교하게, 그리고 파멸적으로 최적화되어 있다. 여기서 독립적으로 존재하는 객체는 없다. 하나를 재사용하기 위해서는 전체를 사용해야 하고 하나를 수정하려면 전체를 수정해야 한다.

두 번째 애플리케이션은 조립 가능하게(plugable) 구성되어 있다. 부품처럼 작동하는 객체로 이루어져 있다. 각 객체는 자기 자신을 최소한으로 드러내며 다른 객체에 대해 가능한 한 조금 알고 있다.

첫 번째 애플리케이션의 디자인 이슈는 의존성 주입이나 단일 책임 원칙을 제대로 사용하지 못했기 때문에 발생하는 문제가 아니다. 이 기술들은 물론 필요하지만 기술들만으로는 우리에게 고통을 주지 않는 애플리케이션을 만들 수 없다. 새롭게 등장한 문제의 핵심은 각 클래스가 무엇을 **하는지**에 있는 것이 아니라 무엇을 **드러내는지**에 있다. 첫 번째 애플리케이션은 모든 것을 드러낸다. 클래스의 모든 메서드는 다른 객체가 언제든 호출할 수 있는 손쉬운 대상이다.

우리는 클래스의 모든 메서드들이 똑같이 않다는 사실을 경험적으로 알고 있다. 어떤 것은 다른 것보다 변경될 가능성이 조금 더 높다. 첫 번째 애플리케이션은 이런 차이를 고려하지 않는다. 각 메서드의 특성을 무시하고 다른 객체가 모든 메서드를 호출할 수 있도록 허용하고 있다.

두 번째 애플리케이션의 메시지 패턴은 나름의 제약사항을 보여준다. 이 애플리케이션에는 객체가 어떤 메시지를 주고받을지에 대한 모종의 합의와 협상이 있다. 각 객체는 다른 객체가 사용해도 되는 메서드의 묶음을 잘 정리해 놓았다.

이렇듯 밖으로 노출된 메서드가 클래스의 **퍼블릭 인터페이스**(public interface)를 구성한다.

인터페이스라는 단어는 여러 가지 의미를 포함하곤 한다. 여기서는 클래스 안에 있는 인터페이스를 지칭하는 용도로 쓰인다. 클래스는 메서드를 구현하고 그중 일부는 클래스 외부의 객체가 사용하기 위한 것이다. 때문에 이 메서드들이 클래스의 퍼블릭 인터페이스를 구성한다.

하나의 클래스로부터 독립되어 있고 여러 클래스 사이를 돌아다니는 또 다른 종류의 인터페이스도 있다. 이런 의미에서 사용되는 **인터페이스**는 메시지의 묶음으로 표현된다. 메시지들 자체가 인터페이스를 정의한다. 전체의 한 부분인 각 클래스는 이런 인터페이스가 요구하는 메서드들을 구현한다. 이는 마치 인터페이스가 **가상의**(virtual) 클래스를 정의하고 있는 것과 같다. 인터페이스가 요구하는 메서드를 구현하고 있다면 어떤 클래스든 '인터페이스 같은 것'처럼 동작한다.

이 장의 남은 부분에서는 첫 번째 종류의 인터페이스를 살펴 볼 것이다. 다시 말해서, 클래스 내의 메서드에 대해 다루며 다른 객체에게 무엇을 어떻게 노출할지 검토한다. 5장 '오리 타입으로 비용 줄이기'에서는 두 번째 종류의 인터페이스를 다룬다. 클래스보다 넓은 개념이고 메시지의 묶음으로 정의되는 그런 인터페이스를 다룬다.

4.2 인터페이스 정의하기

레스트랑의 부엌을 떠올려 보자. 손님은 메뉴판을 보고 음식을 주문한다. 손님의 주문내역은 홀과 부엌을 이어주는 작은 창을 지나 부엌으로 전달된다(창에 놓인 작은 종 소리와 '주문이요!'하는 목소리도 함께). 그리고 음식이 나온다. 순진무구한 눈으로 보자면, 부엌은 주문을 받으면 바로 음식을 내보낼 수 있는 마법의 접시로 가득차 있는 것 같아 보인다. 하지만 현실적인 눈으로 보자면, 부엌은 사람과 음식 그리고 미친 듯이 복잡한 활동으로 가득차 있으며 매번 새로운 주문이 들어올 때마다 새로운 프로세스를 시작하고 새로운 음식을 만드는 곳이다.

부엌에서는 많은 일이 벌어지지만, 참 다행히도, 이 모든 것이 손님들에게는 보이지 않는다. 식당에는 손님이 사용할 수 있는 **퍼블릭** 인터페이스, 즉 메뉴판이 있다. 부엌 안에서는 많은 일이 벌어지고 수많은 메시지가 오고 가지만, 이 메시지는 **프라이빗**(private)하기에 손님들에게는 보이지 않는다. 손님이 음식을 주문했다고 해서 직접 부엌에 들어와 스프를 만들어도 되는 것은 아니다.

퍼블릭과 프라이빗의 구분은 일을 가장 효율적으로 처리하기 위해 존재한다. 손님이 직접 요리 과정을 감독하기 시작하면 식재료가 부족해서 다른 요리를 추천해야 할 때마다 손님을 새로 교육시켜야 한다. 메뉴판을 이용하기 때문에 손님은 부엌에서 **어떻게** 요리를 하는지 모르면서도 자신이 원하는 음식을 주문할 수 있다. 손님을 새로 교육시켜야 필요가 없는 것이다.

클래스는 마치 이런 부엌과 같다. 클래스는 하나의 책임을 제대로 수행하기 위해 존재하며 수많은 메서드를 구현하고 있다. 이 메서드는 그 규모, 미세함 그리고 범위에서 모두 다르다. 클래스의 핵심 책임을 전반적으로 표현하는 메서드부터 클래스 내부에서만 사용하기 위해 만든 유틸리티 메서드까지 그 범위는 다양하다. 어떤 메서드는 우리 클래스의 메뉴판 같은 역할을 하기 때문에 퍼블릭 메서드이고, 어떤 메서드들은 자잘한 내부 구현에 관여하기 때문에 프라이빗 메서드이다.

4.2.1 퍼블릭 인터페이스

클래스의 퍼블릭 인터페이스를 구성하는 메서드는 바깥 세상을 향한 클래스의 얼굴이다. 이런 메서드는,

- 클래스의 핵심 책임(primary responsibility)을 드러낸다.
- 다른 객체에 의해 호출될 수 있다.
- 쉽게 변경되지 않는다.
- 다른 객체가 안정적으로 의존할 수 있다.
- 테스트를 통해 꼼꼼하게 문서화되어 있다.

4.2.2 프라이빗 인터페이스

그 외의 메서드는 프라이빗 인터페이스의 한 부분이다. 이런 메서드는,

- 세부적인 구현을 담당한다.
- 다른 객체에 의해 호출되지 않는다.
- 필요에 따라 언제든 변경할 수 있다.
- 다른 객체가 의존하기에는 위험하다.
- 테스트에서 다루지 않을 수도 있다.

4.2.3 책임, 의존성 그리고 인터페이스

2장 '단일 책임 원칙을 따르는 클래스 디자인하기'에서는 하나의 책임, 다시 말해 하나의 목적만 있는 클래스를 어떻게 만들지 살펴보았다. 클래스에 목표가 하나뿐일 떠 클래스의 활동(좀 더 구체적인 책임)은 이 목표를 이루기 위한 것이다. 때문에 클래스의 퍼블릭 인터페이스는 클래스의 구체적인 책임을 표현한 문장과 조응한다. 클래스의 퍼블릭 인터페이스를 클래스의 책임에 대한 설명처럼 읽을 수 있다는 뜻이다. 퍼블릭 인터페이스는 클래스의 책임을 명시해주는 계약서이다.

3장 '의존성 관리하기'에서는 의존성에 대해 다루었다. 여기서 얻은 교훈은, 클래스가 자기 자신보다 덜 변하는 클래스에 의존해야 한다는 것이었다. 이제 클래스를 퍼블릭한 부분과 프라이빗한 부분으로 구분하면 자신보다 덜 변화하는 것에 의존해야 한다는 생각은 클래스 **내부**에도 적용된다.

클래스의 퍼블릭한 부분은 안정적인 부분이다. 프라이빗한 부분은 변경될 수 있는 부분이다. 메서드를 퍼블릭인지 프라이빗인지 규정할 때 우리는 이 클래스 사용자에게 어떤 메서드에 의존하는 것이 보다 안정적인지 알려주는 것이다. 하나의 클래스가 다른 클래스의 퍼블릭 메서드를 사용하고 있다면 우리는 이 메서드가 안정적이기를 기대한다. 만약 프라이빗 메서드를 사용하기로 마음먹었다면 본질적으로 불안정한 것에 의존하게 되기 때문에 연관되지 않는 변화에 의해서도 영향을 받는다. 이런 위험이 증가한다는 점을 받아들이는 것이다.

4.3 퍼블릭 인터페이스 찾아내기

퍼블릭 인터페이스를 찾고 정의하는 일은 예술적인 작업이다. 자로 잰 듯 정확하게

적용할 수 있는 법칙이 없기 때문에 디자인적으로 고민할 여지가 많다. '충분히 괜찮은' 인터페이스를 만들 수 있는 방법은 여럿이고, '충분히 좋지 않은' 인터페이스가 치러야 할 대가는 당장 눈에 띄지 않을 수 있다. 때문에 실수를 되돌아보며 기술을 익혀나가는 것이 쉽지 않다.

언제나 디자인의 목표는 당장의 요구사항을 처리하기에 충분한 코드를 작성하면서 나중에 수정할 수 있는 여지를 최대한 확보하는 것이다. 좋은 퍼블릭 인터페이스는 예상치 못했던 변화에 따라오는 비용을 줄여주는 반면 안 좋은 퍼블릭 인터페이스는 그 비용을 증대시킨다.

이번 절에서는 새로운 애플리케이션을 만든다. 이를 통해 인터페이스에 대한 몇 가지 기본적인 원칙(rules-of-thumb)을 보여주고 이 원칙을 이해하는 데 도움이 될 새로운 도구를 소개한다.

4.3.1 예시 애플리케이션: 자전거 여행 회사

자전거 여행을 주선하는 패스트핏 주식회사(FastFeet, Inc.)가 있다. 패스트핏 주식회사는 로드 바이크 여행과 마운틴 바이크 여행을 다룬다. 현재 이 회사는 컴퓨터를 사용하지 않으며 모든 일처리를 종이로 하고 있다.

패스트핏은 매우 구체적인 여행길을 추천하는데, 몇몇 여행길은 일 년에도 여러 번 추천한다. 각 여행길은 여행객이 방문할 수 있는 횟수가 제한되어 있고 정해진 수의 가이드 겸 정비공이 필요하다.

각 여행길은 여행객의 체력 조건에 따라 난이도별로 분류된다. 마운틴 바이크 여행은 기술적인 어려움에 따른 난이도에 따라 분류된다. 여행객의 체력 조건과 자전거 기술의 수준에 따라 이 여행객이 주어진 여행길을 소화할 수 있는지를 판단한다.

여행객은 자전거를 빌릴 수도 있고 자기 자전거를 가지고 와도 된다. 패스트핏이 직접 구비하고 있는 자전거는 몇 대 없기 때문에 지역 자전거 점포들과 자전거를 공유하는 시스템을 갖추고 있다. 대여용 자전거는 다양한 크기에 로드나 마운틴에 적합한 종류를 갖추고 있다.

다음과 같은 간단한 요구사항을 생각해 보자. 나중에는 이것을 유스케이스(use case)라고 부를 것이다. 여행객은, 여행길을 선택하기 위해서, 정해진 날짜에, 자신에게 맞는 난이도의, 자전거를 빌릴 수 있는, 여행길 목록을 보고싶어 한다.

4.3.2 의도를 구성하기

완전히 새로운 애플리케이션의 첫 코드를 작성하는 건 두려운 일이다. 이미 있는 코드에 새로운 코드를 추가할 때는 보통 기존 디자인을 따른다. 하지만 지금처럼 처음 시작할 때는 종이와 펜을 준비하고(비유적으로 말하자면 말이다) 이 애플리케이션의 패턴을 영원히 규정하게 될 결정을 내려야만 한다. 나중에는 지금 구축해 놓은 디자인을 확장하게 될 것이다.

무작정 코드를 작성하기 시작하면 안 된다는 점을 잘 알고 있다. 어떤 독자는 테스트부터 작성해야 한다고 생각할 것이다. 하지만 테스트부터 작성하자고 마음먹어도 문제가 쉬워지지는 않는다. 초보 디자이너들은 대부분 첫 번째 테스트를 작성하는 일을 무척 어려워한다. 무엇을 테스트하고 싶은지 알고 있어야 테스트를 짤 수 있는데, 아직은 생각이 정리되지 않았기 때문이다.

테스트를 먼저 작성하는 고수가 실제 코드보다 테스트를 먼저 작성할 수 있는 이유는 디자인 경험이 풍부하기 때문이다. 이런 수준의 고수들이라면 객체들이 무엇을 할 수 있는지, 객체들이 전체 애플리케이션 속에서 어떻게 소통해야 하는지에 대한 이미지를 이미 떠올리고 있다. 물론 이들이 특정한 디자인을 이미 결정한 것은 아니며, 이들 역시 테스트를 통해 새로운 방향을 찾아 나간다. 하지만 이런 고수들은 디자인에 대해 많이 알고 있기 때문에 어떤 의도를 가지고 애플리케이션을 만들지 어느 정도 구상해 놓고 있다. 이 의도(intention) 덕분에 첫 번째 테스트를 짤 수 있는 것이다.

이런 의도를 의식하고 있든 아니든, 우리도 이미 나름의 의도가 있다. 패스트핏의 사업모델을 보면서 이 애플리케이션에 들어갈 법한 클래스가 어떤 것이 있는지 떠올랐을 것이다. Customer(여행객), Trip(여행), Route(여행길), Bike(자전거) 그리고 Mechanic(정비공) 클래스 정도를 떠올렸을지 모르겠다.

이런 클래스를 바로 떠올릴 수 있었던 이유는 이 클래스들이 애플리케이션 속의 **명사들, 정보(data)와 행동(behavior)** 둘 다를 가지고 있는 명사들을 표현하기 때문이다. 이것들을 **도메인 객체(domain objects)**라 부르자. 이 도메인 객체들은 매우 명시적이다. 지속적이고 큼지막하고 눈에 보이는 현실 세계의 실재들을 지칭하고 결국에는 데이터베이스에서도 표현되기 때문이다.

도메인 객체를 찾아내기는 매우 쉽지만 이들이 애플리케이션의 핵심을 차지하지는 않는다. 오히려 조심스럽게 다루지 않으면 함정에 빠진다. 도메인 객체에만 집착하면 행동들을 이 객체 속에 넣어 버리게 된다. 디자인 전문가들은 도메인 객체에 집중하지 않으면서 이 객체들을 인지한다. 이들은 도메인 객체가 아니라 도메인 객체들이 주고받는 메시지에 주목한다. 이 메시지들은 새로운 객체를 찾도록 도와주는 가이드다. 도메인 객체만큼이나 꼭 필요하지만 잘 드러나지 않는 새로운 객체를 찾도록 도와준다.

키보드를 잡고 타이핑을 시작하기 전에 우리의 유스케이스를 만족시켜 줄 수 있는 객체들 그리고 메시지들의 의도를 구상할 필요가 있다. 코드를 작성하지 않고도 간단하고 저렴하게 생각을 발전시켜 줄 수 있는 방법이 있다면 좋을 것이다.

다행히도, 세상의 똑똑한 분들이 이 문제를 오랫동안 고민해 왔고 정확히 우리가 원하는 바를 도와주는 효율적인 메커니즘을 고안해 놓았다.

4.3.3 시퀀스 다이어그램 사용하기

객체와 메시지를 탐구해 볼 수 있는 완벽하고 값싼 방법이 있다. 시퀀스 다이어그램을 사용하는 것이다.

시퀀스 다이어그램은 통합 모델링 언어(UML, Unified Modeling Language)에 정의되어 있으며 UML이 제공하는 많은 다이어그램 중 하나이다. 그림 4.2은 몇몇 다이어그램의 예시를 보여준다.

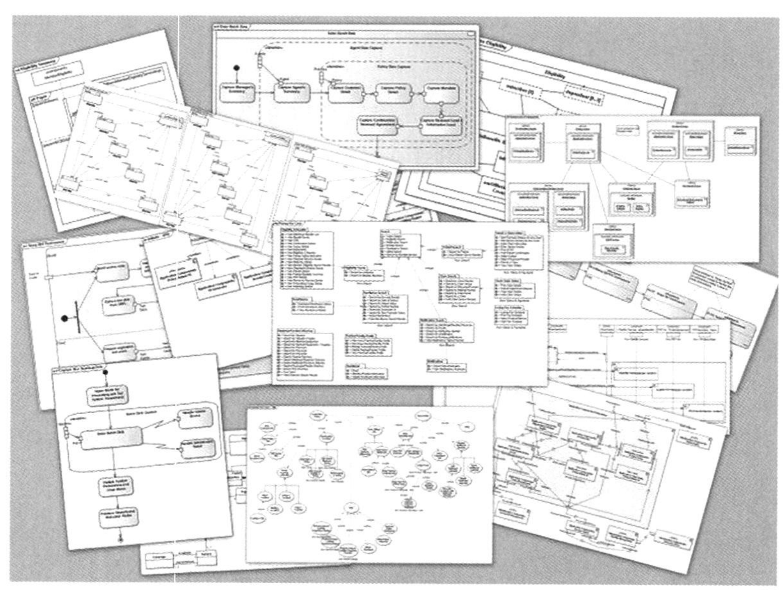

그림 4.2 UML 다이어그램들

이미 UML를 즐겁게 사용해 본 경험이 있다면 시퀀스 다이어그램이 얼마나 유용한지 잘 알고 있을 것이다. UML에 익숙하지 않고 그래프가 당혹스럽게 느껴지더라도 두려워 말자. 이 책은 UML 가이드가 아니다. 유연한 디자인을 위해 수많은 문서를 만들고 정리할 필요는 없다. 하지만 UML을 구상한 사람들은 '객체지향 디자인에 대해 소통하기 위한 방법'을 여러 방향으로 고민했고 우리는 이들의 노력에서 많은 것을 얻을 수 있다. 가능한 디자인을 탐구하고 논의하기 위해 사용할 수 있는 훌륭한 방법 또는 임시적인 방법을 제공해주는 UML 다이어그램이 많이 있다. 이것들을 활용하자. 누군가 이미 발명해 놓은 것을 또 다시 발명할 필요는 없다.

시퀀스 다이어그램은 매우 유용하다. 객체들의 배치와 메시지 전송 전략에 대해 검토해 볼 수 있는 간단한 방법을 제공한다. 생각을 명료하게 만들어 주고 다른 사람과 소통할 수 있도록 돕는다. 객체의 상호작용에 대해 생각하고 있는 바를 정리할 수 있는 가벼운 장치라고 생각하자. 다이어그램을 화이트보드에 그려보자. 필요한 만큼 수정하고 원하는 것을 얻었다면 지워버리자.

그림 4.3은 간단한 시퀀스 다이어그램을 보여준다. 이 다이어그램은 위에서 제시한 유스케이스를 그려본 것이다. 여기에는 모리스라는 이름의 Customer와 Trip 클래스가 있다. 모리스는 Trip에게 suitable_trips 메시지를 전송하고 결과를 돌려받는다.

그림 4.3는 시퀀스 다이어그램의 중요한 두 부분을 표현하고 있다. **객체와 객체 사이를 오가는 메시지**를 보여주고 있다. 이어지는 문단에서는 이 다이어그램의 여러 측면을 설명할 텐데 공식적인 스타일과 조금 다르게 UML을 사용한다고 뭐라고 할 사람은 아무도 없다는 사실을 기억하자. UML 경찰이 와서 잡아가거나 하지 않는다. 자기 자신에게 제일 잘 맞는 방식을 찾아서 쓰면 된다.

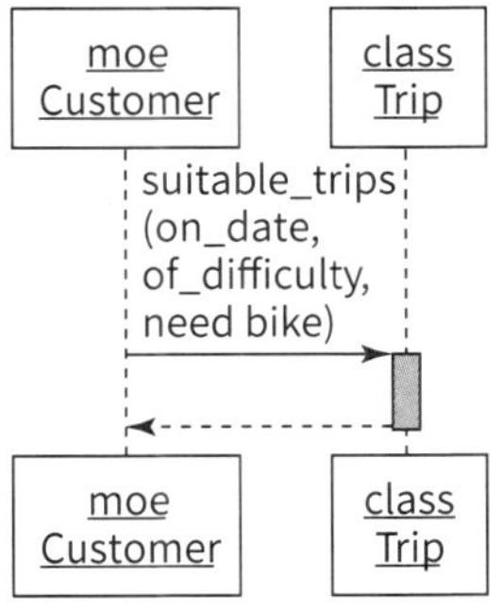

그림 4.3 간단한 시퀀스 다이어그램

이 다이어그램 예시에서 각 객체는 같은 이름의 동일한 박스 두 개로 표현된다. 하나는 위에 있고 하나는 아래에 있으며, 그 둘은 세로선으로 연결되어 있다. 이 다이어그램에는 두 개의 객체가 있는데 하나는 Customer 모리스이고 다른 하나는 Trip 클래스이다. 가로선은 메시지를 나타낸다. 메시지가 전송될 때 가로선에 메시지 이름도 같이 적는다. 메시지 선은 화살표로 처리되어 있는데 이 화살표의 끝에 수신자(receiver)가 있다. 객체가 전송받은 메시지를 처리하는 동안 객체는 **활성화**(active)되어 있고 그동안 객체의 세로선은 좌우로 넓어져 세로로 긴 직사각형꼴을 띠게 된다.

이 다이어그램에는 모리스가 Trip 클래스에게 전송하는 메시지 suitable_trips도 그려져 있다. 때문에 시퀀스 다이어그램을 다음과 같이 읽을 수 있다. Customer 모리스가 Trip 클래스에게 suitable_trips 메시지를 전송하고, Trip 클래스가 이 메시지를 처리한 다음 결과를 반환한다.

이 시퀀스 다이어그램은 우리의 유스케이스를 거의 문자 그대로 옮겨 놓은 것이다. 유스케이스에 포함된 명사들은 시퀀스 다이어그램에서 객체로 표현되었고 유스케이스의 행동들은 메시지로 변경되었다. 이 메시지는 다음과 같은 세 개의 인자를 필요로 한다. on_date, of_difficulty 그리고 need_bike를 인자로 받는다.

이 예시가 시퀀스 다이어그램의 한 부분을 잘 설명해 주고 있기는 하지만 이 다이어그램이 보여주는 디자인은 우리를 잠시 멈칫하게 만든다. 시퀀스 다이어그램에서 모리스는 Trip 클래스가 자신에게 어울리는 여행을 찾아주길 바라고 있다. 주어진 날짜와 난이도에 맞춰 여행을 추천해주는 것이 Trip의 역할이 맞아 보인다. 하지만 모리스가 여행에 나서려면 자전거도 필요하고, Trip이 이 역할까지 수행하기를 바라고 있다.

이 시퀀스 다이어그램을 그리면서 Customer 모리스와 Trip 클래스가 주고받는 메시지를 드러낼 수 있었고, 우리는 잠시 멈춰 서서 질문을 던질 수 있었다. "여행에 적당한 자전거가 준비되어 있는지 파악하는 것이 Trip의 책임이 맞을까?" 또는 보다 일반적으로 표현해서, "이 수신자가 이 메시지에 반응할 책임을 가지고 있는 것이 맞을까?"

바로 이곳에 시퀀스 다이어그램의 가치가 있다. 다이어그램은 객체들이 주고받는 메시지를 명시적으로 드러내준다. 그리고 객체들은 퍼블릭 인터페이스를 통해서만 소통하기 때문에 시퀀스 다이어그램은 인터페이스를 드러내고, 실험해보고 결국은 인터페이스를 정의하기 위한 도구가 된다.

시퀀스 다이어그램을 그렸기 때문에 디자인에 대한 논의의 방향도 바뀌었다는 점에 주목하자. 이전에는 클래스에 대해, 그리고 클래스가 누구를/무엇을 아는지 논의하는 데 주목했었다. 이제는 메시지를 중심으로 디자인을 이야기하게 되었다. 클래스를 결정하고 그 클래스의 책임을 찾아 나서는 대신 메시지를 결정하고 이 메시지를 누구에게 전송할지 찾아보게 되었다.

클래스 기반 디자인에서 메시지 기반 디자인으로의 자리바꿈은 우리가 해오던 디자인 활동의 전환점이다. 메시지 기반의 디자인 관점은 클래스 기반의 관점보다 훨씬 유연한 애플리케이션을 만들 수 있게 해준다. "이 클래스가 필요하다는 점은 알겠는데 이 클래스는 무엇을 해야 하지?"라고 질문하지 않고 "메시지를 전송해야 하는게 누구에게 전송해야 하지?"라고 질문하는 것. 디자인의 핵심 질문을 이렇게 바꾸는 것이 메시지 기반 디자인으로 향하는 첫 걸음이다.

객체를 가지고 있기 때문에 메시지를 보내는 것이 아니다. 메시지를 전송하기 때문에 객체를 갖게 된 것이다.

메시지 전송의 관점에서 보자면, Customer가 suitable_trips 메시지를 전송하는 것은 너무나 당연하다. 문제는 Customer가 이 메시지를 전송하면 안 된다는 것이 아니라 Trip이 메시지를 수신하면 안 된다는 데 있다.

이제 suitable_trips 메시지를 염두에 두고는 있지만 어디로 전송해야 할지 모르는 상황이다. 이때는 새로운 대안을 모색해 봐야 한다. 시퀀스 다이어그램은 대안을 고민해 보는 것도 도와준다.

여행에 어울리는 자전거가 있는지 파악하는 것이 Trip의 역할이 아니라면 Bicycle(자전거) 클래스의 역할일지도 모르겠다. Trip에게는 suitable_trips 메시지에 대응할 책임이 있고 Bycycle은 suitable_bicycle을 처리해야 할 책임이 있다. 모리스는 이 두 객체와 이야기를 나누면서 자신이 원하는 답을 찾을 수 있다. 이 내용을 그림 4.4의 시퀀스 다이어그램으로 그릴 수 있다.

각 다이어그램에 대해 모리스가 무엇을 알아야 하는지 검토해 보자. 그림 4.3의 경우, 모리스는 다음과 같은 사실을 알고 있어야 한다.

· 모리스는 여행지 목록을 얻고자 한다.
· suitable_trips 메시지를 구현하고 있는 객체가 있다.

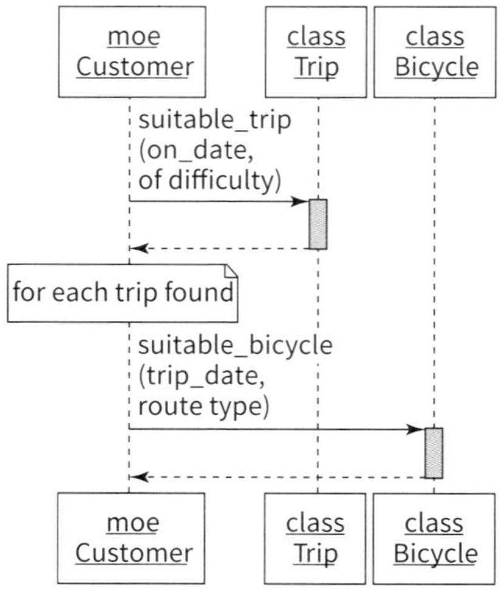

그림 4.4 모리스가 Trip과 Bicycle 둘 다와 소통한다.

그림 4.4의 경우는 아래와 같다.

· 모리스는 여행지 목록을 얻고자 한다.

· suitable_trips 메시지를 구현하고 있는 객체가 있다.

· 적당한 여행지(suitable trips)를 찾기 위해서는 적당한 자전거(suitable_bicycle)
  도 골라야 한다.

· suitable_bicycle 메시지를 구현하고 있는 또 다른 객체가 있다.

슬프게도, 그림 4.4는 어떤 측면에서는 나아졌지만 다른 측면에서는 더 나빠졌다.
이번 디자인은 Trip에서 추가적인 책임을 걷어냈지만 이 책임을 단지 Customer로
옮겨 놓았을 뿐이다.

그림 4.4에서 이제 모리스는 자신이 무엇을 원하는지를 알아야 할 뿐 아니라 다
른 객체들이 **어떻게** 협업해야 하는지도 알아야 한다. Customer 클래스는 여행의
적합성을 평가하는 로직, 애플리케이션의 핵심 로직을 품고 있는 클래스가 되어 버
렸다.

모리스가 자신에게 어울리는 여행을 찾을 수 있는 지식을 보유하고 있다면 모리
스는 메뉴판을 보고 음식을 주문하는 것이 아니라 직접 부엌에 들어가 요리를 하는
것이다. Customer 클래스는 자신의 책임이 아닌 것까지 직접 관리하고 있으며 언
제 수정될지도 모르는 구현에 스스로를 옭아매고 있다.

4.3.4 '어떻게(How)'해야 하는지 말해주지 말고, '어떤 것(What)'을 달라고 요구하기

송신자(sender)가 원하는 것을 요구하는 메시지와 수신자(receiver)가 어떻게 행동해야하는지 알려주는 메시지. 이 두 메시지의 차이를 잘 느끼지 못할지도 모르겠지만, 이 두 종류의 메시지를 구분하는 것은 매우 중요하다. 둘 사이의 차이를 이해하는 것이야말로, 잘 정의된 퍼블릭 인터페이스를 가진, 재사용이 가능한 클래스를 만들기 위한 핵심 포인트다.

어떤 것(what)과 어떻게(how) 사이의 차이점이 갖는 중요성을 설명하려면 좀 더 상세한 예시가 필요하다. customer/trip 디자인 패턴은 조금 있다 다시 검토할 때까지 잠시 뒤로 미뤄 놓자. 여행(trips), 자전거(bicycles) 그리고 정비공(mechanics)을 다루는 새로운 예시에 집중해 보자.

그림 4.5를 보자. 이제 곧 여행이 시작되려 하고 여행에 사용할 자전거가 모두 잘 정비 되어 있는지 확인해야 한다. 현재 상황의 유스케이스는 다음과 같다. 여행이 시작되기 위해서는 모든 자전거가 잘 정비되어 있는지 확인해야 한다. Trip은 자전거를 어떻게 준비해야 하는지 알고 있을 수도 있고, 또는 Mechanic(정비공)에게 이 작업들을 요청할 수도 있다.

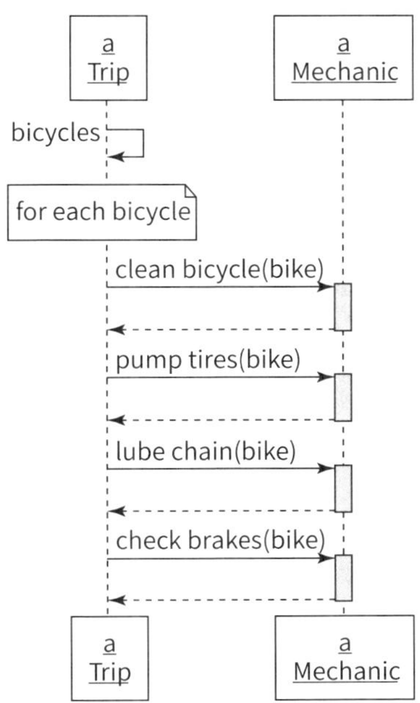

그림 4.5 Trip이 Mechanic에게 자전거를 어떻게 준비해야 하는지 알려준다.

그림 4.5:

· Trip의 퍼블릭 인터페이스는 bicycles 메서드를 포함하고 있다.

· Mechanic의 퍼블릭 인터페이스는 clean_bicycle, pump_tires, lube_chain 그리고 check_brakes 메서드를 포함하고 있다.

· Trip은 clean_bicycle, pump_tires, lube_chain, check_brakes 메서드를 가지고 있는 객체를 필요로 한다.

이 디자인에서 Trip은 Mechanic이 하는 세세한 작업을 다 알고 있다. 이 지식을 가진 Trip이 Mechanic을 부리기 때문에 Mechanic이 자전거를 준비하는 데 새로운 단계를 도입하면 Trip도 수정되어야 한다. 예를 들어, Mechanic이 준비 과정에 수리도구 세트를 장착했는지 확인하는 메서드를 추가한다면 Trip은 이 메서드를 호출하도록 수정되어야 한다.

그림 4.6은 Trip이 Mechanic에게 자전거를 준비하라고 요청하는 또 다른 방법을 보여준다. 여기서 자전거를 준비하기 위한 세부적인 구현은 Mechanic이 알고 있다.

그림 4.6에서는,

· Trip의 퍼블릭 인터페이스는 bicycles 메서드를 포함하고 있다.

· Mechanic의 퍼블릭 인터페이스는 prepare_bicycle 메서드를 포함하고 있다.

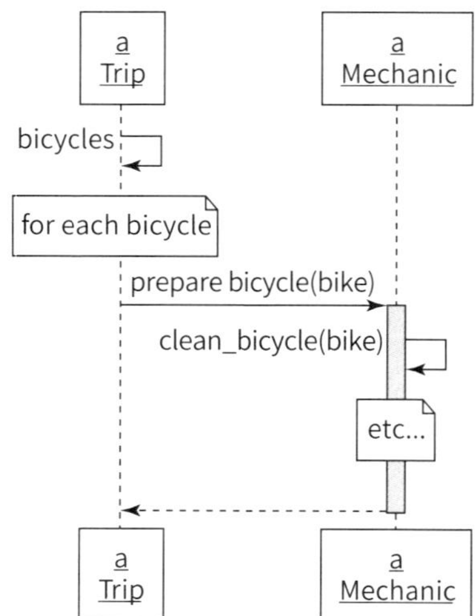

그림 4.6 Trip이 Mechanic에게 Bicycle을 준비하라고 요청한다

· Trip에게는 prepare_bicycle 메서드를 가지고 있는 객체가 필요하다.

여기서 Trip은 여러 책임을 Mechanic에게 넘겨주었다. Trip은 자전거가 준비되어 있기를 바라고 Mechanic이 이 작업을 제대로 수행하리라 믿고 있다. **어떻게**와 관련된 책임이 모두 Mechanic에게 넘어갔기 때문에 나중에 Mechanic을 보완하더라도 Trip는 언제나 원하는 결과를 얻을 수 있게 되었다.

Trip과 Mechanic에 대한 논의가 **어떻게**에서 **어떤 것**으로 바뀌었을 때 그 부수적인 효과 중 하나는 Mechanic에 포함된 퍼블릭 인터페이스의 양이 눈에 띄게 줄었다는 점이다. 그림 4.5에서 Mechanic은 여러 메서드를 노출하고 있었지만 그림 4.6에서는 퍼블릭 인터페이스 속에 단 하나의 메서드 밖에 없다. Mechanic은 자신의 퍼블릭 인터페이스가 안정적이고 잘 변하지 않을 것이라고 약속했기 때문에 작은 퍼블릭 인터페이스를 갖는다는 것은 다른 객체가 의존할 수 있는 메서드의 수가 적다는 사실을 뜻한다. 이는 Mechanic이 언젠가 자신의 퍼블릭 인터페이스를 변경해야 할 가능성을 낮춰준다. 만약 Mechanic이 다른 객체들과의 약속을 어기고 퍼블릭 인터페이스를 바꾸게 될 때는 연관된 객체들도 다 함께 수정해야 할 것이다.

머시지 패턴을 바꿔서 코드의 유지보수를 수월하게 만들었지만 Trip은 여전히 Mechanic에 대해 너무 많은 것을 알고 있다. Trip이 더 조금 알면서도 자신의 역할을 잘 수행할 수 있다면 코드는 보다 유연하고 유지보수하기 쉬워질 것이다.

4.3.5 주어진 맥락에서 독립적일 수 있게 하기

Trip이 다른 객체에 대해 알고 있다는 사실이 Trip이 속한 맥락(context)을 구성한다. 이렇게 이해해보자. 'Trip은 하나의 책임을 가지고 있지만, 특정한 맥락을 **필요로 한다**'고 말이다. 그림 4.6에서 Trip은 prepare_bicycle 메시지에 반응할 수 있는 Mechanic 객체를 필요로 한다.

맥락은 Trip이 어디에 가든 입고 있어야 하는 겉옷이다. Trip을 사용하려면 테스트를 위해서든 다른 용도에서든 맥락이 먼저 설정되어 있어야 한다. 여행을 준비하기 위해서는 **언제나** 자전거를 준비해야 하며 Trip은 언제나 Mechanic에게 prepare_bicycle 메시지를 전송해야 한다. 이 메서드에 반응하는 Mechanic처럼 작동하는 객체가 없다면 Trip을 재사용할 수 없다.

객체가 필요로 하는 맥락은 객체의 재사용성에 바로 영향을 미친다. 단순한 맥락 속에 위치한 객체는 사용하기 쉽고 테스트하기도 쉽다. 이런 객체는 자신을 둘러싼 환경에 기대하는 바가 적다. 복잡한 맥락 속에 위치한 객체는 사용하기도 어렵고 테스트하기도 어렵다. 이 객체들이 무엇을 하려고 하든 일단 복잡한 설정을 먼저 처리해야 한다.

가능한 최고의 상황은 객체가 자신의 맥락으로부터 완전히 독립되어 있는 것이다. 다른 객체가 누구인지, 그들이 무엇을 하는지를 전혀 모른 채로 협업할 수 있는 객체는 기대하지 않았던 방식으로 참신하게 재사용될 수 있다.

우리는 누구인지 모르는 객체와 협업하는 방법, 즉 의존성을 주입하는 방법을 알고 있다. 이제 새로운 문제는 Trip이 Mechanic이 무엇을 하는지 모르는 채로 Mechanic의 올바른 행동을 호출하도록 만드는 부분이다. Trip은 자신이 속한 맥락에서 독립적이면서도 Mechanic과 협업하고 싶다.

언뜻 불가능한 일처럼 보인다. Trip은 자전거를 가지고 있고 자전거를 꼭 준비해야 하는데 자전거를 준비하는 건 정비공이다. Trip이 Mechanic에게 Bicycle을 준비하라고 요청하는 건 피해갈 수 없어 보인다.

하지만 꼭 그런 건 아니다. 이 문제에 대한 해결책은 **어떤 것**과 **어떻게** 사이의 구분에 놓여 있고, 해결책을 찾기 위해서는 Trip이 원하는 것이 무엇인지 살펴봐야 한다.

Trip이 원하는 **어떤 것**은 준비되어야 한다. 이 무엇인가를 준비하는 것은 온전히 Trip의 책임이다. 하지만 **자전거**가 준비되어야 한다는 사실은 Mechanic이 처리해야 하는 영역에 속한다. '자전거를 준비해야 한다'는 것은 'Trip이 원하는 어떤 것'이라기보다 '여행(Trip)을 어떻게 준비해야 하는가'에 대한 것이다.

그림 4.7은 여행 준비를 위한 세 번째 대안을 보여주는 시퀀스 다이어그램이다. 이번 예시에서 Trip은 Mechanic에서 그저 자신이 원하는 것만 말한다. 여행을 준비해야 한다고만 말한다. 그리고 자기 자신을 인자로 넘겨준다.

이번 시퀀스 다이어그램에서 Trip은 Mechanic에 대해 아무것도 모르지만 Mechanic과 협업하고 자전거를 준비하도록 만들었다. Trip은 Mechanic에게 자신이 원하는 것을 말하면서 자기 자신을 인자로 넘겼고 바로 이어 Mechanic은 Trip을 호출해서 Trip이 정비하기를 원하는 Bicycle의 목록을 얻어왔다.

그림 4.7

· Trip의 퍼블릭 인터페이스는 bicycles를 포함하고 있다.

· Mechanic의 퍼블릭 인터페이스는 prepare_trip을 포함하고 있고, 아마도 pre-

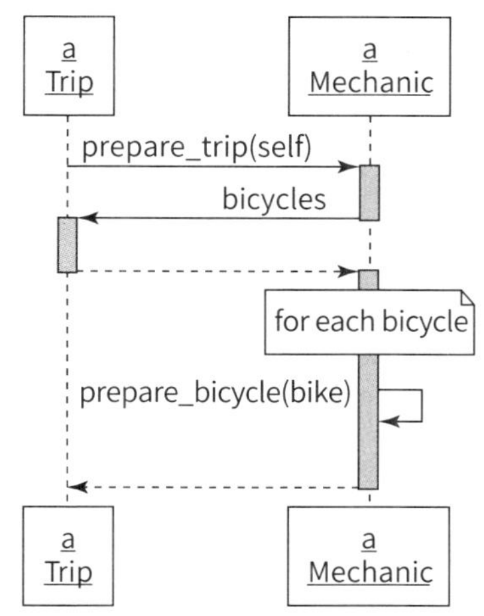

그림 4.7 Trip이 Mechanic에게 여행을 준비하라고 요청한다.

pare_bicycle도 포함하고 있을 것이다.

· Trip은 prepare_trip 메서드에 반응할 수 있는 객체가 필요하다.

· Mechanic은 prepare_trip의 인자로 bicycles에 반응할 수 있는 객체가 필요하다.

이제 정비공이 어떻게 여행을 준비하는지에 대한 지식은 Mechanic 속에 고립되었고 Trip이 속한 맥락은 줄어들었다. Trip과 Mechanic 모두 수정하기도, 테스트하기도, 다시 사용하기도 쉬워졌다.

4.3.6 다른 객체를 믿기

그림 4.5에서 4.7에 걸쳐 보여준 디자인은 좀 더 객체지향적인 코드로 나아가는 모습을 그려내고 있다. 그리고 각 단계는 초보 디자이너의 발전단계를 표현한다고 볼 수 있다.

그림 4.5는 다분히 절차적(procedural)이다. Trip은 Mechanic이 어떻게 Bycycle을 준비해야 하는지 알려준다. 마치 Trip이 메인 프로그램이고 Mechanic은 호출할 수 있는 함수(callable function)의 덩어리인 듯 보인다. 이 디자인에서, 자전거를 어떻게 준비해야 하는지 알고 있는 객체는 Trip뿐이다. 자전거를 준비하려면 Trip을 사용하거나 중복 코드를 만들 수밖에 없다. Trip은 거대한 맥락 속에 위치해 있다. Mechanic의 퍼블릭 인터페이스도 마찬가지다. 이 두 클래스는 다리로 연결되어 있는 독립적인 섬이 아니다. 하나의 직물 조각처럼 서로 들러붙어 있다고 봐야

한다.

많은 초보 객체지향 프로그래머는 이런 방식으로 코드를 작성하기 시작한다. 절차적인 코드(procedural code)를 작성한다. 이런 스타일은 이들이 기존에 사용하던 절차적 언어의 코딩 방식을 답습하고 있기 때문에 어쩔 수 없는 일이다. 하지만 불행히도, 절차적 스타일로 코딩하는 것은 객체지향을 추구하는 이유를 부정하는 것이다. 객체지향 프로그래밍을 통해 피해가려고 했던 바로 그 유지관리 이슈를 또다시 불러올 뿐이다.

그림 4.6은 조금 더 객체지향적이다. 여기서 Trip은 Mechanic에게 Bicycle을 준비하라고 **요구한다**. Trip의 맥락이 줄어들었고 Mechanic의 퍼블릭 인터페이스도 작아졌다. 추가적으로, Mechanic의 퍼블릭 인터페이스는 어떤 객체가 사용을 하든 도움이 된다. 자전거를 준비하기 위해 꼭 Trip이 있어야 하는 것은 아니다. 이 객체들은 잘 정의된 방식으로 서로 소통하고 있다. 이들은 덜 결합되어(coupled) 있고 손쉽게 재사용할 수 있다.

이런 스타일의 코딩은 객체의 책임을 올바른 자리에 위치시켜 놓는다. 이는 훌륭한 발전이지만 Trip은 여전히 불필요한 맥락 속에 싸여 있다. Trip은 **언제나** prepare_bicycle 메서드에 반응하는 객체를 필요로 한다.

그림 4.7은 훨씬 더 객체지향적이다. 이 예시에서 Trip은 Mechanic을 알지도 못하고 신경 쓰지도 않는다. 그리고 Mechanic이 무슨 일을 하는지도 전혀 모르고 있다. Trip에게는 prepare_trip 메시지를 보낼 객체만 있으면 된다. 이 메시지를 수신하는 객체가 적절히 행동하리라 믿고 있을 뿐이다.

이런 접근을 보다 확장시키면, Trip은 Mechanic 같은 객체들을 배열에 담아 놓고 각각에게 prepare_trip 메시지를 전송할 수도 있다. 이런 여행준비 담당 객체들(preparer)이 자신의 역할을 제대로 수행할 것이라 믿으면서 말이다. Trip이 어떻게 사용되는지에 따라 prepare_trip 메시지는 여러 개의 인자를 필요로 할 수 있고 몇 개의 인자면 충분할 수도 있다. 이런 패턴을 따르면, 새로운 여행준비 담당 객체(preparer)를 추가해도 전혀 코드를 수정할 필요가 없다. 다시 말해, Trip을 **변경**하지 않고도 확장할 수 있는 것이다.

객체가 인격을 가지고 있고 자신이 맺고 있는 관계를 설명할 수 있다면 그림 4.5의 Trip은 Mechanic에게 이렇게 말할 것이다. "나는 내가 원하는 것을 알고 있고, 네가 어떻게 해야 하는지도 알고 있다." 그림 4.6이라면, "나는 내가 원하는 것을 알고 있고, 네가 원하는 것도 알고 있다". 그림 4.7의 Trip이라면 "나는 내가 원하는 것을 알고 있고, 네가 주어진 역할을 제대로 하리라 믿고 있다."

이 맹목적인 믿음이 객체지향 디자인의 핵심이다. 이 믿음 덕분에 객체들은 맥락에 얽매이지 않고 협업할 수 있다. 계속 자라날 수 있고 변형될 수 있는 애플리케이션이라면 이런 믿음 체계를 가지고 있어야 한다.

4.3.7 새로운 객체를 찾아내기 위해 메시지를 사용하기

이제 우리는 어떤 것과 어떻게 사이의 차이도 알고 있고 맥락과 믿음이 왜 중요한지도 알고 있다. 그림 4.3과 4.4에서 맞닥뜨렸던 디자인 문제로 되돌아갈 시간이다.

이 문제의 유스케이스는 다음과 같았다. 여행객은, 여행길을 선택하기 위해서, 정해진 날짜에, 자신에게 맞는 난이도의, 자전거를 빌릴 수 있는, 여행길 목록을 보고 싶어 한다.

그림 4.3은 이 유스케이스를 문자 그대로 그려낸 모습이었는데 Trip은 너무 많은 책임을 지고 있었다. 그림 4.4는 빌릴 수 있는 자전거를 찾아야하는 책임을 Trip에서 Bicycle로 옮겨보았다. 하지만 이 과정에서 Customer는 자신에게 어울리는 여행에 대해 너무 많이 알아야만 했고 너무 많은 책임을 지게 되었다.

이 두 디자인 모두 재사용하기 어렵고, 변화를 받아들이기도 쉽지 않다. 시퀀스 다이어그램은 이런 문제를 잘 보여주었다. 이 둘 모두 단일 책임 원칙을 위반하고 있다. 그림 4.3에서 Trip은 너무 많은 것을 알고 있다. 그림 4.4에서는 Customer가 너무 많은 것을 알고 있고 다른 객체에게 어떻게 행동해야 하는지 알려주고 있으며 너무 많은 맥락 속에 들어가 있다.

Customer가 suitable_trips 메서드를 전송하는 일은 타당해 보인다. 두 개의 시퀀스 다이어그램 모두에서 이 메서드를 찾을 수 있는 이유는 이 메시지가 본질적으로 제자리를 점하고 있기 때문이다. 이 메시지는 Customer가 무엇을 원하는지 말해주고 있다. 문제는 송신자에게 있는 것이 아니라 수신자에게 있다. 우리는 이 메서드를 구현할 객체를 아직 찾지 못한 것이다.

우리의 애플리케이션에게는 Customer, Trip, Bicycle이 교차하는 지점에서 어울리는 여행을 찾아 줄 객체가 필요하다. suitable_trips 메서드는 이 객체의 퍼블릭 인터페이스의 한 부분을 이룰 것이다.

아직 정의되지 않은 새로운 객체가 필요하다는 인식은 여러 경로를 통해 얻을 수 있다. 시퀀스 다이어그램을 통해 이 사실을 깨닫게 되었을 때 얻을 수 있는 이점은

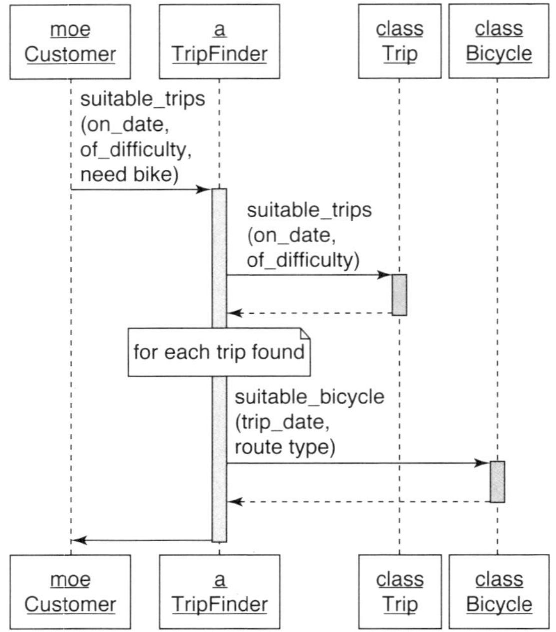

그림 4.8 모리스가 TripFinder에게 자신에게 어울리는 여행이 무엇인지 물어본다.

틀렸을 때 지불해야 하는 비용이 매우 낮고 다른 선택을 하는 데 걸림돌이 거의 없다는 것이다. 시퀀스 다이어그램은 실험적으로 사용해보고 버릴 수 있다. 다이어그램에 애정 따위를 가질 필요는 없다. 이 다이어그램이 궁극적인 디자인을 반영하고 있는 것도 아니다. 하지만 이 다이어그램을 통해서 디자인의 시작점, 그 의도를 만들어 낼 수는 있다.

어떻게 이런 인식에 도달했는지와는 무관하게 새로운 객체가 필요하다는 점은 확실하다. 우리는 메시지를 전송할 객체가 필요하다.

어쩌면 우리의 애플리케이션에는 TripFinder 클래스가 필요할지도 모르겠다. 그림 4.8의 시퀀스 다이어그램에서는 TripFinder가 어울리는 여행을 찾아주고 있다.

TripFinder는 여행을 여행객과 어울리게 만드는 것이 무엇인지 모두 알고 있다. 이 클래스는 어울리는 여행을 찾아내는 방법을 알고 있고 suitable_trips 메시지에 답하기 위해 가능한 모든 방법을 시도하는 것이 이 클래스의 역할이다. 내부적으로는 지저분하고 언제 변경될지 모르는 세부 구현사항을 숨기고 있을지 몰라도 이 클래스는 안정적인 퍼블릭 인터페이스를 제공한다.

suitable_trips 메서드를 TripFinder로 옮겼기 때문에 다른 객체들도 이 행동에 접근할 수 있게 되었다. 아직은 알 수 없지만 나중에는 다른 여행사가 TripFinder를 사용해서 고객에게 어울리는 여행을 추천해주는 웹 서비스를 만들 수 있을지도 모른다. 이제 이 행동이 Customer로부터 뽑혀져 나왔기 때문에 다른 객체도 독립적으로 suitable_trips를 사용할 수 있다.

4.3.8 메시지 기반 애플리케이션 만들기

앞 절은 시퀀스 다이어그램을 이용해서 디자인을 고민해 보고 퍼블릭 인터페이스를 정의해 보았으며 새로운 객체를 발굴해 냈다.

시퀀스 다이어그램을 임시적으로 사용하면 강력하고 유용한 효과를 얻을 수 있다. 시퀀스 다이어그램 없이는 미친 듯이 복잡할 수 있는 논의도 시퀀스 다이어그램 덕분에 이해하기 쉬워진다. 책장을 몇 쪽만 앞으로 넘기고 지금까지 논의한 내용을 다이어그램 없이 설명하려 했다면 어떠했을지 상상해 보자.

시퀀스 다이어그램은 매우 유용하지만, 그저 하나의 도구일 뿐 그 이상이 아니다. 이 도구는 우리가 메시지에 집중할 수 있도록 도와주고 첫 번째로 통과시켜야 하는 테스트의 합리적인 의도를 형성할 수 있도록 해준다. 우리의 관심을 객체에서 메시지로 옮기면서 퍼블릭 인터페이스를 기반으로 애플리케이션을 디자인하는 데 집중할 수 있게 되었다.

4.4 자신의 인터페이스를 드러내는 코드 작성하기

우리의 디자인 능력과 훈련 정도는 인터페이스의 명료함을 통해 드러난다. 디자인 능력은 계속해서 발전하고 결코 완벽할 수 없기 때문에 오늘의 멋진 디자인도 내일의 요구사항 앞에서는 끔찍한 모습으로 변해버릴 수 있다. 때문에 완벽한 인터페이스를 구현하는 것은 어려운 일이다.

그렇다고 해서 계속 노력하지 말아야 할 이유는 없다. 인터페이스는 계속 발전하려면, 일단 인터페이스가 있어야 한다. 잘 정의된 인터페이스가 있다는 것이 중요한 것이지, 인터페이스가 완벽해야 한다는 것이 중요한 것이 아니다.

인터페이스에 대해 고민해 보자. 명확한 의도를 가지고 구현해 보자. 우리의 애플리케이션의 특징을 드러내고 그 미래를 결정하는 것은 바로 인터페이스이다. 테스트보다도 다른 어떤 코드보다도 인터페이스가 중요하다.

이어지는 절에서는 인터페이스를 만들 때 염두에 두어야 하는 기본적인 원칙에 대해 다룬다.

4.4.1 명시적인 인터페이스 만들기

오늘 제대로 작동하고 다시 사용하기 쉬우며 미래의 예상치 못한 상황에도 적응할
수 있는 코드를 작성하는 것이 우리의 목표이다. 다른 사람이 우리가 작성한 메서
드를 실행할 때 우리는 어떤 메서드에 의존해도 괜찮은지 알려줄 의무가 있다.

새로운 클래스를 만들 때마다 우리는 그 클래스의 인터페이스를 선언한다. 퍼블
릭 인터페이스의 메서드는 다음과 같아야 한다.

· 일반적인 의미, 엄밀하고 명시적으로 규정되어 있어야 한다.
· **어떻게**보다는 **어떤** 것에 대해 말해야 한다.
· 예측할 수 있는 한도에서나마 바뀌지 않을 이름을 지어야 한다.
· 추가적인 인자(options parameter)를 해시로 받아라.

프라이빗 인터페이스도 의도를 가지고 명시적으로 만드는 것이 좋다. 테스트는 그
자체로 문서의 역할을 하기 때문에 이런 노력을 뒷받침해 줄 수 있다. 프라이빗 메
서드 테스트는 작성하지 않거나, 꼭 만들어야 한다면 퍼블릭 메서드 테스트와는 분
리해 놓는 편이 좋다. 다른 프로그래머가 테스트를 보고 본의 아니게 언제 바뀔지
모르는 프라이빗 메서드에 의존하지 않도록 해야 된다.

루비는 이와 관련해서 다음과 같은 세 가지 키워드로 public, protected, private
를 제공한다. 첫째로, 키워드는 메서드가 안정적인지 아닌지 알려준다. 둘째로, 애
플리케이션의 다른 객체들에게 해당 메서드가 얼마나 노출되는지 결정한다. 이 두
가지는 서로 다른 의미를 담고 있다. 메서드의 안정성을 알려주는 일과 다른 객체
가 해당 메서드를 어떻게 사용할지를 관리하는 일은 전혀 다른 것이다.

Public, Protected 그리고 Private 키워드

private 키워드는 가장 불안정하고 눈에 띄지 않는 종류의 메서드를 나타낸
다. 프라이빗 메서드는 수신자가 생략되어 있을 경우에만 호출할 수 있다.
또는 반대로 표현하자면, 수신자가 명시적으로 정해져 있을 때는 호출할 수
없다.

Trip 클래스가 프라이빗 메서드 fun_factor를 구현하고 있을 때 Trip 클래
스 내부에서 self.fun_factor라고 호출하거나 클래스 외부에서 a_trip.fun_

factor라고 메시지를 전송할 수 없다. 반면 Trip 또는 Trip의 자식 클래스의 인스턴스는 fun_factor라고 메서드를 전송할 수 있으며 이때 생략된 수신자는 self이다.

protected 키워드도 불안정한 메서드를 나타낸다. 하지만 그 노출 정도에서 private 키워드와 차이를 보인다. protected 메서드는 수신자가 self이거나 같은 클래스의 인스턴스 또는 self의 자식 클래스의 인스턴스일 경우에 한해서 명시적인 수신자를 지정할 수 있다.

따라서 Trip의 fun_factor 메서드가 protected라면 언제나 self.fun_factor의 형태로 메시지를 전송하는 것이 좋다. 또는 a_trip.fun_factor라는 형태로 전송해도 좋다.

루비는 이 세 가지 키워드뿐 아니라 private과 protected가 강제하는 노출 정도의 제약을 피해갈 수 있는 방법도 제공한다. 때문에 이 이슈는 좀 더 복잡해진다. 클래스의 사용자는 그 최초 선언이 어떠했는지와 상관없이 모든 메서드를 public으로 재정의할 수 있다. private과 protected 키워드는 강력한 제약조건이라기보다는 부드러운 방어막 같은 것이다. 누구나 이 방어막을 통과할 수 있고 좀 더 품을 들여야 하는지의 차이만 있다.

그렇기 때문에 이 키워드들을 이용해서 메서드에 접근하지 못하도록 막을 수 있다는 생각은 잘못된 것이다. 이 키워드들은 접근을 막지 않는다. 단지 조금 더 번거롭게 만들 뿐이다. 이 키워드들을 사용한다는 의미는 다음과 같다.

- 오늘의 내가 **미래의** 프로그래머보다 더 나은 정보를 알고 있다고 믿는다.
- 내가 지금 불안정한 메서드라고 생각한 것을 미래의 프로그래머가 실수로 사용하지 못하게 만들어야 한다고 생각한다.

이 믿음은 맞을 수도 있지만 미래는 저 멀리에 있고 그 누구도 확신할 수 없다. 가장 안정적이라고 생각했던 메서드가 정기적으로 수정될 수도 있고 처음에는 가장 불안정하리라 예상했던 부분이 많은 시간이 지난 후에도 살아남을지 모른다. 메서드에 대한 접근을 제어할 수 있다는 잘못된 생각이 어떤 편안함을 준다면 이 키워드들을 사용해도 좋다. 하지만 루비를 능숙하게 다루는 많은 프로그래머들은 이 키워드들을 사용하기보다는 주석을 달거나 메서드 이름에 나름의 관행을 적용해서 퍼블릭 인터페이스와 프라이빗 인터페이스를 구분한다.(예를 들어 Ruby on Rails

경우 프라이빗 메서드에 '_'로 시작하는 이름을 지어준다.)

이런 접근법은 아무런 문제가 없고 가끔은 더 나은 접근법일 수도 있다. 이 방법은 메서드 노출에 대한 제약을 강제하지 않으면서도 메서드의 안정성에 대한 정보를 전달한다. 이런 방식을 취하는 것은 미래의 프로그래머가 처한 환경에서 얻은 정보를 가지고 어떤 메서드에 의존하는 것이 더 나은지 올바르게 선택할 수 있다고 믿는 것이다.

어떤 방식으로 처리하든 메서드의 안정성에 대한 정보를 전달해 주었다면 우리는 미래에 대한 의무를 다한 것이다.

4.4.2 다른 이의 퍼블릭 인터페이스를 존중하자

다른 클래스와 협업할 때는 그 클래스의 퍼블릭 인터페이스만 사용하도록 노력해야 한다. 이 클래스의 저자가 지금의 우리만큼이나 의도를 가지고 퍼블릭 인터페이스를 만들었다고 생각하자. 이들은 시간과 공간을 넘어 우리에게 어떤 메서드가 안정적인지 말해주려고 열심히 노력했다. 이들이 만들어 놓은 퍼블릭/프라이빗의 구분은 우리를 도와주기 위한 것이다. 이 구분에 주의를 기울일 필요가 충분히 있다.

우리 디자인이 다른 클래스의 프라이빗 메서드를 사용하도록 유도한다면 일단 디자인에 대해 다시 한 번 생각해 보자. 좀 더 고민하면 다른 대안을 찾아낼 수 있을지 모른다. 프라이빗 메서드를 사용하지 않을 수 있는 방법을 찾기 위해 열심히 노력해 봐야 한다.

우리의 코드가 프라이빗 인터페이스에 의존하고 있다면 변화에 영향을 받을 위험이 증가한다. 우리가 사용하는 프라이빗 인터페이스가 외부 프레임워크의 한 부분이고 이 프레임워크가 정기적으로 릴리스되고 있다면 이 의존성은 언제 터질지 모르는 시한폭탄이 된다. 언젠가 이 의존성을 만든 프로그래머는 더 좋은 일자리를 찾아 떠나고 외부 프레임워크는 업데이트 되고 프라이빗 메서드에 의존하고 있던 코드가 변경되면 애플리케이션은 제대로 작동하지 않을 것이다. 유지보수를 담당하는 프로그래머를 매우 당혹스럽게 만드는 방식으로 오작동할 것이다.

외부 프레임워크의 프라이빗 메서드에 대한 의존은 기술적인 빚이다. 이런 의존성은 최대한 피해가야 한다.

4.4.3 프라이빗 인터페이스에 의존할 때는 특별히 주의를 기울어야 한다

아무리 열심히 노력해도 프라이빗 인터페이스에 의존할 수밖에 없는 순간은 있게 마련이다. 이 의존성은 매우 위험한 것이기 때문에 3장에서 설명했던 기술을 이용해서 이 의존성을 고립시켜 놓을 필요가 있다. 어쩔 수 없이 프라이빗 메서드를 사용하더라도 이 메서드를 애플리케이션 이곳저곳에서 사용하지 않도록 할 수는 있다. 프라이빗 인터페이스에 의존하는 것은 위험하다. 의존성을 고립시켜 이 위험을 최소화해야 한다.

4.4.4 최소한의 맥락 속에 위치시키기

퍼블릭 인터페이스를 구성할 때는 다른 객체들과의 연계되어 있는 맥락을 최소화할 수 있는 방향을 염두에 두자. **어떤** 것과 **어떻게** 사이의 구분을 기억하자. 송신자가 원하는 것을 클래스에 요청할 때 우리가 작성한 클래스의 구현과 작동방식에 대해 전혀 몰라도 되는 퍼블릭 메서드를 작성하자.

반대로, 퍼블릭 인터페이스가 없거나 퍼블릭 인터페이스가 잘못 정의된 클래스가 시키는 대로 따르지 말자. 그림 4.5의 Mechanic 클래스가 보여주는 이런 상황에 봉착했더라도 포기하지 말자. Mechanic의 모든 메서드들을 호출하면서 어떻게 행동해야 하는지 가르치려 하지 말자. 클래스를 만든 프로그래머가 퍼블릭 인터페이스를 정의해 놓지 않았더라도 우리가 직접 만들면 된다.

이 새로운 퍼블릭 인터페이스를 얼마나 자주 사용할지에 따라 인터페이스의 모습이 달라질 수 있다. Mechanic 클래스 안에 새로운 메서드를 정의할 수도 있고 Mechanic 클래스를 감싸는 새로운 클래스를 만들어서 Mechanic 대신 사용할 수도 있고 또는 우리가 만든 클래스 안에 Mechanic을 호출하는 부분을 감싸는 작은 메서드를 만들 수도 있다. 어떤 방식이든 사용하기 편한 방법을 선택하면 된다. 하지만 퍼블릭 인터페이스는 꼭 만들자. 이를 통해 클래스를 둘러싼 맥락이 줄어들고 다시 사용하기 쉬워지며 테스트하기도 편해진다.

4.5 데메테르의 원칙

이제 책임, 의존성, 인터페이스에 대해 알고 있으니 데메테르의 원칙을 살펴 볼 준비가 되었다.

데메테르의 원칙(LoD)은 객체들의 결합도를 낮추면서 코딩할 수 있도록 해주는 규칙이다. 낮은 결합(loosely coupled)을 갖도록 하는 것은 중요한 덕목이지만 또한 디자인의 여러 측면 중 하나일 뿐이다. 때문에 상반되는 디자인 이슈와 잘 조율

하는 능력도 필요하다. 데메테르의 원칙을 어겨도 아무런 문제가 되지 않을 때도 있다. 하지만 어떤 경우에는 퍼블릭 인터페이스를 제대로 정의하지 못했다는 것을 드러내는 징표이기도 하다.

4.5.1 데메테르 원칙 정의

이 원칙은 메서드가 메시지를 전송하지 말 것을 요구한다. 메시지를 전달받은 객체가 바로 이어 다른 타입의 객체에게 메시지를 전달하는 것을 금지한다. 이 원칙은 종종 "바로 옆에 있는 이웃하고만 소통하라" 또는 "점을 하나만 사용하라"와 같이 표현된다. Trip의 depart 메서드가 아래와 같은 코드를 포함하고 있다고 가정해보자.

```
customer.bicycle.wheel.tire
customer.bicycle.wheel.rotate
hash.keys.sort.join(', ')
```

각 줄의 메시지 연쇄는 점(마침표)을 여러 개 포함하고 있다. 이 연쇄를 흔히 고장 난 기차(train wrecks)에 비유하곤 한다. 각 메서드가 기차 한 량을 뜻하고 그 사이의 점이 기차들을 이어주고 있다. 이 기차 모양 메시지 연쇄는 우리가 데메테르의 원칙을 위반하고 있다는 사실을 보여준다.

4.5.2 위반의 결과

데메테르의 원칙이 '원칙'인 것은 그렇게 이름을 붙였기 때문이다. 이 거창한 이름에 속지 말자. 이 원칙은 "매일 치실로 이를 닦자"와 비슷한 원칙이지 중력의 법칙과 같은 수준은 아니다. 치과 의사의 조언은 따르는 것이 좋지만 가끔 치실을 사용하지 않았다고 해서 이 세계가 멸망하지는 않는다.

2장은 코드가 지녀야 하는 가치로 투명성(transparent), 적절성(reasonable), 사용가능성(usable), 모범성(exemplary)을 제시했다. 위의 메시지 연쇄는 이 TRUE에 비추어 보았을 때도 부적절하다.

· 만약 wheel이 tire나 rotate를 변경한다면 depart도 변경되어야 한다. Trip은 wheel과 아무런 상관이 없지만 wheel이 바뀌면 Trip도 바뀌는 것이다. 불필요한 영향력은 수정에 따르는 비용이 증가한다. 이 코드는 적합(reasonable)하지 않다.

- tire나 rotate를 수정하면 depart가 오작동할 수 있다. Trip과 wheel은 멀리 떨어져 있고 서로 연관되어 있어 보이지 않기 때문에 이 오작동은 예상하기 쉽지 않다. 이 코드는 투명(transparent)하지 않다.
- wheel과 tire를 가지고 있는 bicycle이 있지만 이 bicycle을 가지고 있는 customer가 없다면 Trip을 사용할 수 없다. Trip을 사용하려면 이런 맥락을 고려해야 하기에 사용(usable)하기 쉽지 않다.
- 이런 패턴의 메시지를 다른 프로그래머도 계속 만들 것이다. 비슷한 문제를 가지고 있는 코드가 재생산된다. 불행히도, 이런 코드는 자기가 알아서 번식해 나간다. 전혀 모범적(exemplary)이지 않다.

처음 두 개의 메시지 연쇄는 거의 같은 것이다. 둘 사이의 차이점은 전자가 먼 곳에 있는 어트리뷰트(tire)를 가져오고 후자가 멀리 있는 행동(rotate)을 호출한다는 것뿐이다. 경험이 많은 디자이너들도 **어트리뷰트**를 반환하는 메시지 연쇄에 데메테르의 원칙을 얼마나 강제할 수 있는가에 의견이 분분하다. **지금과 같은 특정한 상황**에서는 객체들의 연쇄를 타고 멀리 있는 어트리뷰트에 접근하는 것이 가장 효율적일 수 있다. 데메테르의 원칙을 따르는 비용과 미래의 수정 비용을 저울질해 볼 필요가 있다. 예를 들어, 우리가 연관된 객체들의 목록을 출력하려 한다면 가장 말이 되는 전략은 중간에 낀 객체를 명시적으로 표시하고 꼭 필요할 때에만 목록을 수정하는 것이다. 안정적인 어트리뷰트를 다루고 있을 때는 데메테르의 원칙을 위반해도 별 문제가 안 되기 때문이다. 이런 경우에는 메시지 연쇄를 사용하는 것이 가장 비용-효율적인 접근이 될 것이다.

메시지 연쇄를 통해 접근한 어트리뷰트의 값을 변경하지 않는다는 전제 아래서만 이런 접근은 허용된다. 만약 depart가 customer.bicycle.wheel.tire의 결과를 변경하려는 의도를 가지고 메시지를 전송한다면 이건 단순히 어트리뷰트를 가져오는 것이 아니다. 이건 Wheel에 속해야 하는 행동을 구현하고 있는 것이다. 이런 경우, customer.bicycle.wheel.tire는 customer.bicycle.wheel.rotate와 같아진다. 중간에 여러 객체를 끼고 있는 메시지 연쇄를 통해 멀리 있는 행동(behavior)에 접근하고 있는 것이다. 이런 코딩 스타일이 치러야 할 대가는 크다. 이럴 때는 데메테르의 원칙을 따라야 한다.

세 번째 메시지 연쇄, hash.keys.sort.join은 별 문제가 없다. 이 코드에는 점이 가득 있지만 데메테르의 원칙을 위반하고 있는 것이 전혀 아니다. 이 코드가 몇 개의 '점'을 가지고 있는지 세어가며 평가하지 말고 중간에 낀 객체들의 타입을 체크하면서 코드를 평가해 보자.

- hash.keys는 Enumerable을 반환한다.
- hash.keys.sort 역시 Enumerable을 반환한다.
- hash.keys.sort.join은 String을 반환한다.

이 로직에서는 데메테르의 원칙을 조금 위반했다. 하지만 hash.keys.sort.join이 사실 String의 Enumerable을 반환한다는 점을 생각하면 중간에 낀 모든 객체들은 같은 타입을 반환하고 있다. 데메테르의 원칙을 위반한 것은 아니다. 이 코드에서 점을 제거하려 한다면 유지보수 비용은 줄어들기는 커녕 늘어날 뿐이다.

지금까지 살펴 본 것처럼 데메테르의 원칙은 적용하기에 보기보다 애매한 경우가 많다. 이 원칙은 그 자체로 완결적인 것이 아니다. 다른 모든 디자인 원칙과 마찬가지로 우리가 궁극적인 목적을 달성하는 것을 **돕기 위해** 존재할 뿐이다. 데메테르의 원칙을 어기는 것이 충분히 말이 되는 경우도 있지만 어떤 경우에는 이 원칙을 따르는 것이 애플리케이션의 유연성을 높이고 유지보수 공수를 줄어줄 것이다.

4.5.3 데메테르의 원칙을 위반하지 않기

'고장난 기차' 형태의 코드를 피하기 위한 방법 중 하나는 위임(delegation)을 사용하는 방법이다. 객체지향 프로그래밍에서 메시지를 **위임한다는** 뜻은 메시지를 다른 객체에게 넘긴다는(pass) 뜻이다. 종종 래퍼 메서드(wrapper method)를 통해서 말이다. 이 래퍼 메서드는 메시지 연쇄에 포함되어 있는 지식을 캡슐화하거나 감춘다.

메시지를 위임하기 위한 방법은 여러 가지 있다. 루비는 delegate.rb와 forwardable.rb를 가지고 있고, 루비온레일스 프레임워크는 delegate 메서드를 제공한다. 이들은 모두 self에게 전송된 메시지를 가로채서 다른 객체에게 쉽게 전달할 수 있게 해준다.

위임은 데메테르의 원칙을 위반했다는 표시를 지워버리기 때문에 데메테르의 원칙을 따르기 위한 손쉬운 방법으로 생각될 수 있다. 이 기술은 가끔 유용하지만 또한 주의해서 사용해야 한다. 위임의 결과는 데메테르의 원칙을 문자 그대로 따르고 있지만 이 원칙이 존재하는 진짜 이유를 무시하고 있을 수도 있다. 위임을 통해 코드의 강한 결합을 감추는 것은 코드의 결합도를 낮추는 것이 전혀 아니다.

4.5.4 데메테르의 원칙에 귀 기울이기

데메테르의 원칙이 말하려는 것은 "위임을 많이 사용하자"가 아니다.

customer.bicycle.wheel.rotate 같은 메시지 연쇄는 우리의 디자인이 우리가 이미 잘 알고 있는 객체로부터 영향을 받을 때 만들어진다. 이미 알고 있는 객체의 퍼블릭 인터페이스에 익숙하기 때문에 긴 메시지 연쇄를 통해 멀리 있는 행동에 접근하곤 한다.

이질적인 객체를 사이에 두고 먼 곳에 있는 행동에 접근하는 것은 마치 다음과 같이 말하는 것이다. "저 멀리에 내가 원하는 행동이 있는데 **나는 이 행동을 어떻게 가져올지 알고 있다.**" 이 코드는 자신이 원하는 것이 **어떤 것**(rotate)인지 알고 있을 뿐 아니라 여러 객체들을 **어떻게** 타고가야 원하는 행동을 얻을 수 있는지도 알고 있다. 마치 초기의 Trip이 'Mechanic이 어떻게 자전거를 준비해야 하는지'를 알고 있었기 때문에 Mechanic과 강하게 결합되어 있었던 것과 비슷하다. 여기서 depart 메서드는 여러 객체들을 어떻게 타고가야 wheel을 만날 수 있고 wheel에게 rotate 하라는 메시지를 전달할 수 있는지 알고 있다. 결국 depart 메서드는 객체들의 전반적인 구조와 강하게 결합되어 있다.

이런 결합은 많은 문제를 낳는다. 가장 분명한 것은 메시지 연쇄의 한 부분을 변경하건 Trip도 변경해야 하는 위험성이 높아진다는 것이다. 그리고 더 심각한 문제도 있다.

depart 메서드가 이 객체들의 연쇄를 알고 있기 때문에, 이 객체들의 매우 구체적인 구현에 얽혀 있기 때문에, depart를 다른 맥락에서는 전혀 사용할 수 없다. Customer는 언제나 Bicycle을 가지고 있어야 하고 이 Bicycle은 rotate할 줄 아는 Wheel을 가지고 있어야 한다.

depart 메서드가 customer로부터 **어떤 것**을 원하는지 판단하면서 코드를 디자인했다면 어떠했을까? 메시지 기반의 관점에서 보면 해답은 자명하다.

```
customer.ride
```

ride 메서드는 세부적인 구현을 Trip으로부터 감추고 맥락과 의존성을 모두 줄여준다. 디자인이 눈에 띄게 좋아졌다. 패스트핏이 하이킹 여행을 제공하기 시작한다면 custcmer.ride를 customer.depart나 customer.go로 일반화하는 쪽이 이 복잡한 메시지 연쇄를 풀어내는 방식보다 훨씬 수월할 것이다.

데데테르의 원칙을 위반했기 때문에 만들어지는 고장난 기차 모양은 어딘가에 퍼블릭 인터페이스가 없는 객체가 있다고 말해준다. 데메테르의 원칙에 귀 기울인다는 것은 우리의 관점을 다시 검토해 보는 것이다. 메시지 기반의 관점을 취하면 새로운 메시지를 발견할 수 있고 이 메시지가 곧 퍼블릭 인터페이스가 된다. 그리고 이 퍼블릭 인터페이스를 정의할 새로운 객체를 발견할 수 있다. 반면 도메인 객체(domain objects)의 족쇄를 벗어버리지 못하면 이 객체들의 퍼블릭 인터페이스를 이용해 기다란 메시지 연쇄를 작성하게 될 것이다. 유연한 퍼블릭 인터페이스를 구성할 기회를 잃는다.

4.6 요약

객체 지향 애플리케이션은 객체들이 서로 주고받는 메시지를 통해 정의된다. 이 메시지들은 '퍼블릭' 인터페이스를 타고 흐른다. 잘 정의된 퍼블릭 인터페이스는 안정적인 메서드들로 구성되어 있고 안정적인 메서드는 해당 클래스의 책임을 제대로 드러내준다. 또한 최소한의 비용으로 최대한의 이익을 얻을 수 있도록 해준다.

메시지에 집중하면, 예전에는 미처 파악하지 못했던 객체를 찾을 수 있다. 메시지가 '수신자가 어떻게 행동해야 하는지'를 알려주기보다 수신자를 믿고 전송자가 원하는 바를 말해준다면, 객체는 자연스럽게 퍼블릭 인터페이스를 발전시키게 된다. 보다 유연한 인터페이스, 세련되고 기대치 않았던 방식으로도 재사용할 수 있는 인터페이스를 만들 수 있다.

5장

오리 타입으로 비용 줄이기

객체지향 디자인의 목표는 코드의 수정 비용을 줄이는 것이다. 우리는 애플리케이션 디자인의 핵심은 메시지라는 점도 알고 있고 엄격하게 정의된 퍼블릭 인터페이스를 구축하는 과정이 왜 중요한지도 알고 있다. 이제 이 둘을 종합한 강력한 디자인 기술을 연마하면 수정 비용을 더욱 줄일 수 있다.

이 기술의 이름은 **오리 타입**(duck typing)이다. 오리 타입은 특정 클래스에 종속되지 않은 퍼블릭 인터페이스이다. 여러 클래스를 가로지르는 이런 인터페이스는 클래스에 대한 값비싼 의존을 메시지에 대한 부드러운 의존으로 대치시킨다. 그리고 애플리케이션을 굉장히 유연하게 만들어 준다.

오리 타입 객체는 객체의 클래스보다는 행동에 의해 규정되는 카멜레온이다. 여기서 이 기술의 이름이 나왔다. 객체가 오리처럼 꽥꽥대고 오리처럼 걷는다면 이 객체는 오리가 맞다. 객체의 클래스는 중요치 않다.

이번 장은 오리 타입을 찾아내고 오리 타입의 특성을 최대한 발휘해 애플리케이션을 더욱 유연하고 수정하기 쉽도록 만드는 방법을 보여줄 것이다.

5.1 오리 타입 이해하기

프로그래밍 언어들은 '타입'이라는 개념을 통해 변수의 내용물이 어떤 카테고리에 속하는지 설명하려 한다. 절차적 언어는 보통 **데이터**의 종류를 표시하기 위해 적은 수의 고정된 타입을 제공한다. 가장 변변치 않은 언어도 문자열(string), 숫자(numbers), 배열(arrays)을 저장하기 위한 타입을 제공한다.

변수의 내용물이 어떤 카테고리에 속하는지 알기 때문에, 또는 타입 덕분에 애플리케이션은 그 내용물이 어떻게 행동하는지 예측할 수 있다. 애플리케이션은 숫자(number)를 더하거나 뺄 수 있고 문자열(strings)을 이어 붙일 수 있고 배열(arrays)이 인덱스를 갖는 것이 매우 당연하다고 생각한다.

루비에서 객체들의 '타입'을 예측할 수 있는 이유는 객체들의 퍼블릭 인터페이스를 믿기 때문이다. 한 객체가 다른 객체의 타입을 알고 있다면 대상 객체가 반응할 수 있는 메시지를 알고 있는 것이다.

당연한 말이지만, Mechanic 클래스의 인스턴스는 Mechanic의 퍼블릭 인터페이스를 전부 가지고 있다. Mechanic의 인스턴스를 사용하는 객체는 이 인스턴스 자체가 Mechanic인 것처럼 취급할 수 있다. 이것은 너무나 명백하다. Mechanic의 인스턴스가 Mechanic 클래스의 퍼블릭 인터페이스를 표현하고 있다는 것은 이 인스턴스의 본질적인 특성이다.

하지만 어떤 객체가 **하나**의 인터페이스에만 반응할 수 있다고 생각할 필요는 없다. 루비 객체는 가면무도회의 주인공처럼 주제에 맞춰 가면을 바꿔 쓸 줄 안다. 모든 관객에게 각각 다른 얼굴을 보여줄 수 있다. 서로 다른 여러 개의 인터페이스를 구현할 수 있다.

사람마다 아름다움에 대한 생각에 다르듯이 애플리케이션의 세계에서 객체의 타입은 객체를 사용하는 사람의 쓰임에 따라 달라질 수 있다. 객체를 사용하는 사람은 객체의 클래스가 무엇인지 신경 쓸 필요도 없고 신경 써서도 안 된다. 클래스는 객체가 퍼블릭 인터페이스를 갖추기 위한 하나의 수단일 뿐이다. 객체가 클래스를 통해 얻게 된 퍼블릭 인터페이스는 이 객체가 가진 여러 개의 퍼블릭 인터페이스 중 하나에 불과할 수 있다. 애플리케이션은 특정 클래스에 종속되지 않은 퍼블릭 인터페이스를 정의할 수 있다. 이런 인터페이스는 여러 클래스들 사이를 관통해서 존재한다. 객체를 사용하는 사람은 모든 객체가 자신이 구현하고 있는 어떤 인터페이스 또는 모든 인터페이스에 맞춰 행동하리라 믿어도 된다. 진짜 중요한 것은 객체가 무엇인가가 아니라 어떻게 **행동**하는가이다.

모든 상황에서 모든 객체가 예상한 바대로 움직인다고 믿을 수 있다면, 그리고 모든 객체가 어떤 타입이든 될 수 있다고 믿을 수 있다면 디자인의 무한한 가능성이 열릴 것이다. 이 가능성은 창의성의 신기원을 보여주는 유연한 디자인을 만드는 데 이용될 수도 있고 반대로 해독할 수 없는 혼란으로 가득한 끔찍한 디자인을 만들어낼 수도 있다.

이런 유연성을 현명하게 사용하기 위해서는 클래스를 가로지르는 타입(across-class types)을 알아 볼 수 있어야 한다. 그리고 4장의 클래스 안의 타입(within-class types)에서처럼, 이런 타입의 퍼블릭 인터페이스도 최대한 의도를 가지고 구축해야 한다. 클래스를 가로지르는 타입, 다시 말해 오리 타입은 명시적이고 잘 정리된 계약서와 같은 퍼블릭 인터페이스를 가지고 있어야 한다.

오리 타입을 설명하기 위한 가장 좋은 방법은 오리 타입을 사용하지 않았을 때를 보여주는 것이다. 이번 절은 하나의 예시를 가지고 여러 번의 리팩터링을 진행한다. 이 과정에서 오리 타입을 찾고 구현하며 지저분한 디자인 문제를 해결한다.

5.1.1 오리 타입 무시하기

아래 코드에서 Trip의 prepare 메서드는 자신이 인자로 받은 mechanic 객체에게 prepare_bicycles 메시지를 전송한다. Mechanic 클래스를 참조하는 객체가 없다는 점에 주목하자. 비록 인자의 이름이 mechanic이지만 이 인자가 품고 있는 객체는 어떤 클래스의 인스턴스라도 상관없다.

```
01  class Trip
02    attr_reader :bicycles, :customers, :vehicle
03
04    # 무엇이든 이 'mechanic' 인자의 클래스가 될 수 있다.
05    def prepare(mechanic)
06      mechanic.prepare_bicycles(bicycles)
07    end
08
09    # ...
10  end
11
12  # 우연히 *아래* 클래스의 인스턴스를 넘겨준다면,
13  # 제대로 작동할 것이다.
14  class Mechanic
15    def prepare_bicycles(bicycles)
16      bicycles.each {|bicycle| prepare_bicycle(bicycle)}
17    end
18
19    def prepare_bicycle(bicycle)
20      #...
21    end
22  end
```

그림 5.1은 위 코드에 상응하는 시퀀스 다이어그램이다. Trip 외부의 객체가 Trip에게 prepare 메시지와 인자를 전송하면서 모든 것이 시작된다.

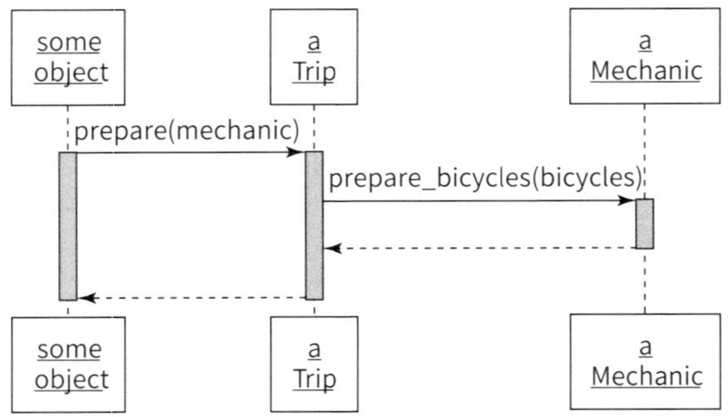

그림 5.1 Trip은 mechanic에게 bicycles를 준비(prepare)하라고 말하면서 스스로도 준비를 한다.

prepare 메서드 자체는 Mechanic 클래스에 의존하고 있지 않다. 하지만 pre-pare_bicycles이라는 메서드에 반응할 수 있는 객체를 수신해야 한다는 사실에 의존하고 있다. 이 의존성은 너무 근본적이기 때문에 쉽게 무시되곤 한다. 그러나 이 의존성은 분명 존재한다. Trip의 prepare 메서드는 여행준비를 담당하는 객체(pre-parer)를 인자로 받았다고 확신하고 있다.

5.1.2 문제가 더 복잡해지면

이 예시가 4장 그림 4.6의 시퀀스 다이어그램과 비슷하다는 점을 알아차렸을지 모르겠다. 4장에서는 '여행을 어떻게 준비해야 하는지', 이 지식을 Mechanic에게 넘겼다. 덕분에 코드가 더 좋아졌다. 이번에 이어지는 코드에서는, 슬프게도, 아무것도 좋아지지 않을 것이다.

요구사항이 변경되었다고 상상해 보자. 여행 준비에 정비공(mechanic)만 있으면 되는 것이 아니라 여행 보조인(trip coordinator)와 운전수(driver)도 필요해졌다. 이미 정립된 패턴을 따라 TripCoordinator와 Driver 클래스를 만들고 각각에게 어울리는 책임을 지워준다. 그리고 Trip의 prepare 메서드가 인자로 넘어온 객체 각각에게 알맞은 행동을 호출하도록 수정한다.

아래 코드는 이런 수정이 반영된 결과이다. 새로 만든 TripCoordinator와 Driver 클래스는 간단하고 괜찮아 보인다. 하지만 Trip의 prepare 메서드는 문제가 있어 보인다. 이 메서드는 세 개의 서로 다른 클래스를 참조하고 있고 각 클래스가 구현하고 있는 메서드의 이름을 정확히 알고 있다. 위험도가 급격히 상승했다. 코드의 다른 곳을 변경하면 Trip의 prepare 메서드 역시 변경해야 할 가능성이 높아졌

다. 먼 곳의 연관되지 않은 코드를 수정하면서 prepare가 오작동할 가능성도 높아
졌다.

```ruby
01  # 여행 준비 과정이 복잡해졌다.
02  class Trip
03    attr_reader :bicycles, :customers, :vehicle
04
05    def prepare(preparers)
06      preparers.each {|preparer|
07        case preparer
08        when Mechanic
09          preparer.prepare_bicycles(bicycles)
10        when TripCoordinator
11          preparer.buy_food(customers)
12        when Driver
13          preparer.gas_up(vehicle)
14          preparer.fill_water_tank(vehicle)
15        end
16      }
17    end
18  end
19
20  # TripCoordinator와 Driver 클래스를 만들었다.
21  class TripCoordinator
22    def buy_food(customers)
23      # ...
24    end
25  end
26
27  class Driver
28    def gas_up(vehicle)
29      #...
30    end
31
32    def fill_water_tank(vehicle)
33      #...
34    end
35  end
```

이 코드와 함께 우리를 궁지에 몰아넣기 위한 작업이 시작되었다. 프로그래머가 애
플리케이션에 어떤 클래스가 있는지 잘 모르고 중요한 메시지를 파악하지 못했을
때 이런 코드가 나온다. 이렇듯 의존성이 켜켜이 쌓여 있는 코드는 클래스 기반 관
점이 자연스럽게 발전한 모양새이다.

특별히 악의를 가지고 있었기 때문에 이런 문제가 발생한 것은 아니다. 원래의
prepare 메서드를 보고 실제 Mechanic의 인스턴스를 인자로 받을 것이라 생각해
버리기가 너무 쉽기 때문이다. 명석한 공학도의 두뇌는 prepare 메서드가 어떤 클
래스의 인스턴스든 인자로 받을 수 있다고 생각할 줄 안다. 하지만 별 도움이 안 된

다. 마음 깊숙한 곳에서 우리는 prepare의 인자가 수리공(Mechanic)이라고 이미 생각하고 있기 때문이다.

우리는 이미 Mechanic이 prepare_bicycle를 이해한다는 사실도 알고 이 Mechanic을 인자로 넘긴다는 사실도 알고 있다. 처음에는 이런 지식이 문제가 되지 않았다. 변경사항이 생기고 prepare의 인자로 새로운 클래스의 인스턴스를 넘기면서 문제가 발생한다. 갑자기 prepare가 prepare_bicycle 메서드를 이해하지 못하는 객체를 처리해야만 한다.

우리가 구현한 디자인은 클래스에 종속적인데, 우리가 전송하고 있는 메시지를 이해하지 못하는 클래스를 다뤄야 하는 상황. 이런 예상치 못한 상황에 봉착하면 우리는 새로운 객체가 **이해할 수 있는** 메시지를 찾아 헤매곤 한다. 지금처럼 Trip Coordinator와 Driver의 인스턴스를 인자로 받았다면, 이 클래스들의 퍼블릭 인터페이스를 살펴보게 된다. 그리고 buy_food, gas_up, fill_water_tank와 같은 메서드를 발견한다. 이 메서드들이 바로 prepare가 필요로 하는 행동들이다.

이 행동을 실행하는 가장 명확한 방법은 바로 그 메시지를 전송하는 것이다. 하지만 여기서 문제가 생긴다. 인자들은 모두 다른 클래스의 인스턴스이고 서로 다른 메서드를 구현하고 있다. 인자의 클래스를 알아야 어떤 메시지를 전송할지 알 수 있다. 클래스에 따라 다르게 작동하는 case 구분을 가지고 객체들에게 올바른 메시지를 전송할 수는 있지만 이럴 경우 여기서 의존성의 분출을 목격하게 될 것이다.

prepare 메서드가 새로운 의존성을 몇 군데 갖게 되었는지 세어 보자. 다른 사람은 알 수 없는 특정한 클래스에 기대고 있다. 클래스의 명시적인 이름에 기대고 있다. prepare는 각 클래스가 이해하는 메시지의 이름이 무엇인지, 그리고 이 메시지와 함께 전송해야 하는 인자가 무엇인지도 알고 있다. 이 모든 지식은 위험성을 높인다. 먼 곳의 변경사항이 이 코드에 어떤 작용을 할지 모른다.

더 심각한 것은 이런 코딩 스타일 자체가 재생산된다는 점이다. 여행을 준비하는 데 또 다른 준비객체(preparer)가 필요해진다면 누군가는 이 case 구분에 새로운 when 절을 추가할 것이다. 수많은 클래스 이름을 알고 있고 클래스에 꼭 맞는 메시지를 전송할 줄 아는 메서드, 애플리케이션에는 이런 메서드가 계속 쌓여 갈 것이다. 이런 프로그래밍 스타일의 논리적인 결과는 뻣뻣하고 유연하지 못한 애플리케이션이다. 어느 하나를 바꾸기보다는 전체를 다시 작성하는 것이 훨씬 쉬운 그런 애플리케이션이다.

그림 5.2는 새로운 시퀀스 다이어그램을 보여준다. 지금까지 그려 본 시퀀스 다

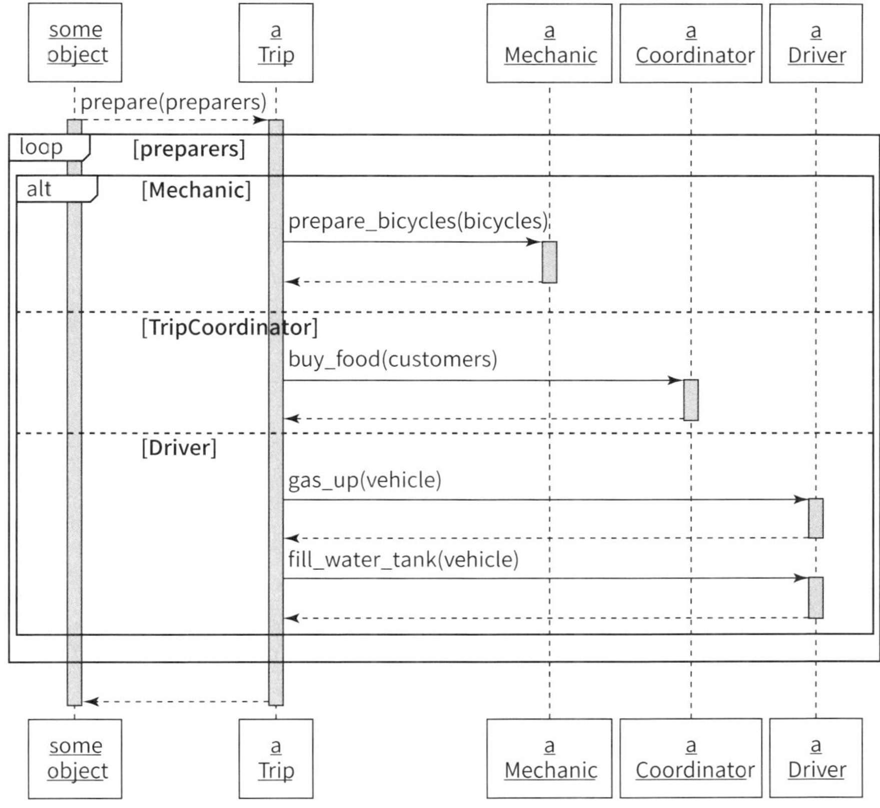

그림 5.2 Trip이 구체 클래스와 메서드를 너무 많이 알고 있다.

이어그램에서는 코드보다 다이어그램이 훨씬 간단했다. 하지만 이번 다이어그램은 미친 듯이 복잡하다. 이 복잡성은 경고음이다. 시퀀스 다이어그램은 언제나 코드보다 간단해야 한다. 그렇지 않다면 디자인에 뭔가 문제가 있다는 뜻이다.

5.1.3 오리 타입 찾기

이런 의존성을 제거하기 위해서는 한 가지 중요한 사실을 이해해야 한다. Trip의 prepare 메서드는 하나의 목적을 갖고 있기 때문에 prepare의 인자 역시 이 목표를 이루기 위해 협업하는 객체라는 사실이다. 모든 인자는 똑같은 사명을 띠고 이곳에 모였다. 그리고 이들이 모인 이유와 이들의 클래스는 아무런 상관이 없다.

우리는 '인자의 클래스가 무엇을 할 줄 아는지' 이미 알기 때문에 자꾸 옆길로 샌다. 그러지 말고 'prepare가 무엇을 원하는지'에 집중하자. prepare의 관점에서 생

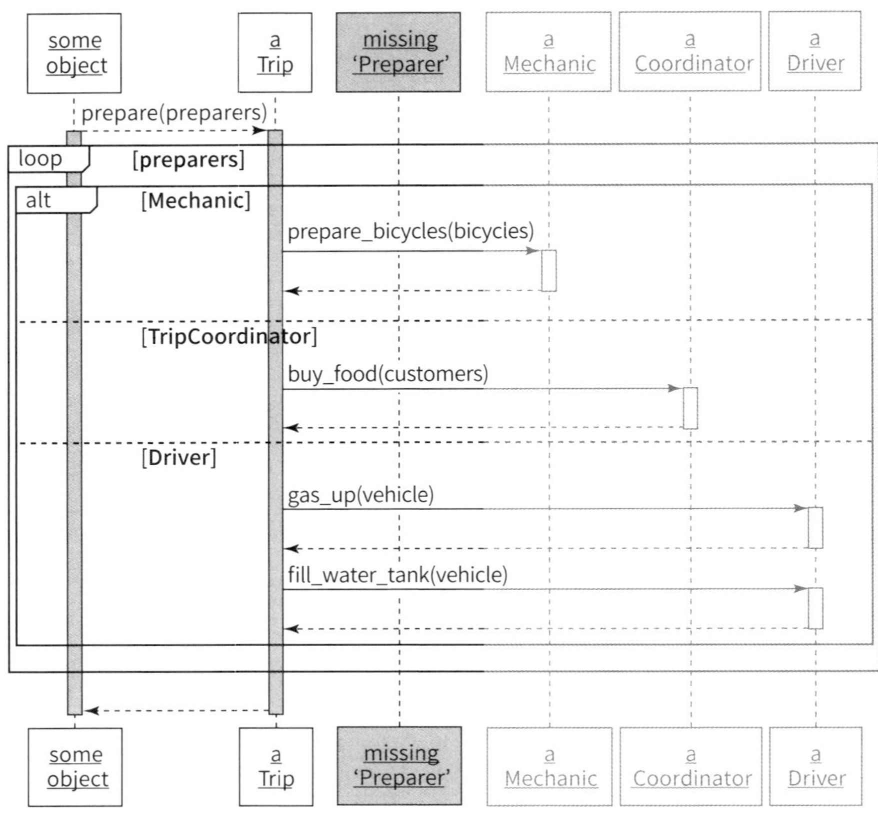

그림 5.3 Trip은 모든 인자가 '여행을 준비하는 객체(preparer)'처럼 동작하기를 바란다.

각하면 문제는 매우 명확하다. prepare 메서드는 여행을 준비(prepare)하고 싶어 한다. 이 메서드의 인자는 여행 준비에 동참하기 위해 여기에 왔다. 인자가 주어진 작업을 제대로 할 줄 안다고 prepare가 믿기만 하면 디자인은 훨씬 간단해질 것이다.

그림 5.3은 이런 생각을 보여준다. 여기서 prepare 메서드는 인자의 클래스에게 아무것도 기대하지 않는다. 반면 이 인자가 '여행을 준비하는 객체(Preparer)'이기만을 바랄 뿐이다.

이 새로운 바람은 문제를 180도 바꿔버린다. 우리는 기존 클래스로부터 자유로워졌고 오리 타입을 만들어 냈다. 다음 문제는 prepare 메서드가 Preparer에게 어떤 메시지를 전송할지 생각하는 것이다. 이 관점을 따를 경우 답은 이미 나와 있다. prepare_trip.

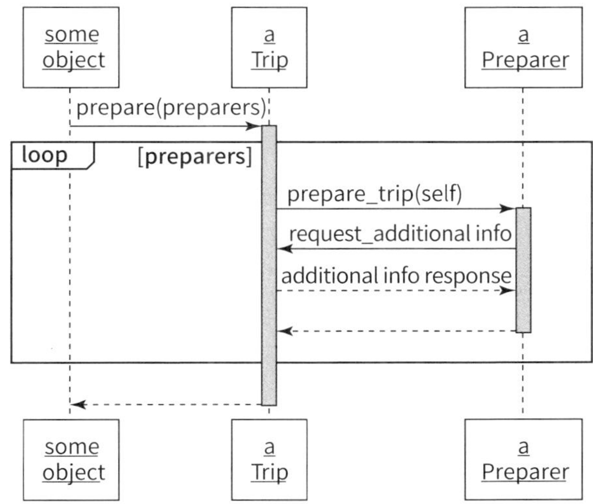

그림 5.4 Trip은 준비할 줄 아는 오리 타입 객체(preparer duck)와 협업한다.

그림 5.4에는 새로운 메시지가 추가되었다. Trip의 prepare 메서드는 자신의 모든 인자가 Preparer이고 prepare_trip을 이해할 수 있기를 바란다.

그런데 Preparer란 무엇일까? 현재 시점에서 이런 객체는 구체적으로 존재하지 않는다. 추상적인 생각일 뿐이다. 이 객체의 퍼블릭 인터페이스는 아이디어로만 존재하고 디자인이 만들어낸 허구에 불과하다.

prepare_trip을 구현하고 있는 객체가 곧 Preparer이다. 반대로 이야기해서, Preparer와 협업하는 객체는 이 객체들이 Preparer의 퍼블릭 인터페이스를 구현하고 있다고 믿어야 한다. 이 추상화를 이해하고 나면 코드를 수정하는 것은 매우 쉽다. Mechanic, TripCoordinator, Driver는 모두 Preparer처럼 행동해야 한다. prepare_trip을 구현하고 있어야 한다.

아래 코드는 새로운 디자인을 적용한 결과이다. prepare 메서드는 모든 인자가 모두 Preparer일 것이라 기대하고 인자의 클래스는 모두 새로운 인터페이스를 구현하고 있다.

```
01  # 여행 준비 과정이 간단해졌다.
02  class Trip
03    attr_reader :bicycles, :customers, :vehicle
04
05    def prepare(preparers)
06      preparers.each {|preparer|
07        preparer.prepare_trip(self)}
```

```
08     end
09   end
10
11   # 모든 preparer가 오리 타입일 때,
12   # 이 객체들은 모두 prepare_trip 메서드를 이해한다.
13   class Mechanic
14     def prepare_trip(trip)
15       trip.bicycles.each {|bicycle|
16         prepare_bicycle(bicycle)}
17     end
18
19     # ...
20   end
21
22   class TripCoordinator
23     def prepare_trip(trip)
24       buy_food(trip.customers)
25     end
26
27     # ...
28   end
29
30   class Driver
31     def prepare_trip(trip)
32       vehicle = trip.vehicle
33       gas_up(vehicle)
34       fill_water_tank(vehicle)
35     end
36     # ...
37   end
```

이제 prepare 메서드를 수정하지 않고도 새로운 Preparer를 추가할 수 있다. 여행 준비가 복잡해져도 손쉽게 새로운 Preparer를 추가할 수 있다.

5.1.4 오리 타입을 사용해서 얻을 수 있는 이점

새로운 코드에는 나름의 대칭성이 있다. 이 대칭은 우리가 제대로 된 디자인을 구현했다는 것을 보여주는 기분 좋은 대칭이다. 하지만 오리 타입을 사용해서 얻을 수 있는 이점은 이것뿐만이 아니다.

최초 코드에서 prepare 메서드는 구체 클래스에 의존하고 있었다. 마지막 코드에서 prepare는 오리 타입에 의존한다. 우리는 복잡하고 의존성으로 가득한 코드의 덤불을 헤치고 첫 번째 코드에서 마지막 코드로 넘어왔다.

첫 번째 코드는 구체적이기 때문에 이해하기 쉽지만 확장하기에는 위험하다. 마지막 오리 타입 코드는 보다 추상적이다. 코드를 이해하기 위해 좀 더 노력해야 하지만, 대신 손쉬운 확장성을 제공한다. 이제 오리 타입을 찾았기 때문에 기존 코드를 수정하지 않고도 애플리케이션에서 새로운 행동을 이끌어낼 수 있다. 다른 객체를 Preparer로 객체로 바꾸고 Trip의 prepare 메서드를 전송할 때 인자로 딸려 보내면 된다.

객체지향 다자인은 구체적인 코드를 작성하는 비용 그리고 추상적인 코드를 작성하는 비용 사이의 긴장에서 결코 자유로울 수 없다. 구체적인 코드는 이해하기 쉽지단 확장비용이 높다. 추상적인 코드는 처음에는 불명확해 보이지만 한번 이해하고 나면 수정하기가 훨씬 쉽다. 오리 타입을 사용하면 코드는 구체적인 것에서 추상적인 것으로 바뀐다. 확장하기 쉬워지지만 그 아래 숨겨진 클래스를 파악하는 데 더 많은 노력을 기울여야 한다.

클래스의 애매한 속성을 소화할 수 있는 능력은 확신에 찬 디자이너의 전형적인 특징이다. 객체를 클래스에 의해 정의된 것이 아니라 그 행동을 통해 정의된 것으로 이해하기 시작할 때 우리는 표현력 있고 유연한 디자인의 새로운 세계에 발을 딛을 수 있다.

폴리모피즘

객체지향 다자인에서 폴리모피즘(polymorphism)이라는 개념은 빈번하게 사용되지만 이 단어의 일상적인 활용법은 그 뜻을 충분히 전달해주지 못한다.

폴리모피즘의 뜻은 매우 명확하다. 그리고 사용자의 의도에 따라, 실제 소통하기 위해 사용되기도 하고 겁을 주기 위해 사용되기도 한다. 어떤 식으로 사용하든 그 뜻을 제대로 이해하는 것이 중요하다.

일단 일반적인 정의는 다음과 같다. "Morph는 형태를 뜻하는 그리스어이다. morphism은 형태를 가지고 있는 상태를 뜻하며 polymorphism은 여러 형태를 가지고 있는 상태를 의미한다. 생물학자들이 이 단어를 사용한다. 다윈의 저 유명한 핀치새류는 폴리모픽하다. 하나의 종이 여러 형태를 가지고 있다."

객체지향 프로그래밍에서 사용하는 폴리모피즘은 같은 메시지에 반응할 수 있는 여러 객체의 능력을 의미한다. 메시지의 송신자는 수신자의 클래스를 신경 쓸 필요가 없다. 수신자는 주어진 행동에 걸맞은 자신만의 행동을 제공한다.

결국 하나의 메시지가 여러 개의(poly) 형태(morphs)를 갖게 된다.

폴리모피즘을 구현하기 위한 방법은 여러 가지가 있다. 쉽게 예상할 수 있 듯이 오리 타입도 그중 하나다. 상속이나 루비의 모듈을 이용해서 행동을 공유하는 방법도 있다. 이 주제는 다음 장에서 다룬다.

폴리모픽 메서드는 암묵적인 합의를 중시한다. 송신자의 관점에서 보자면 이들은 상호 대체적이다. 폴리모픽 메서드를 구현하고 있는 모든 객체는 서로가 서로를 대체할 수 있다. 송신자는 이런 대체에 대해 알 필요도 없고 신경 쓸 필요도 없다.

이런 대체가 마법처럼 이루어지는 것은 아니다. 폴리모피즘을 사용할 때 모든 객체가 제대로 작동하도록 만드는 것은 프로그래머의 몫이다. 이런 내용은 7장 '모듈을 이용해 역할 공유하기'에서 다룰 것이다.

5.2 오리 타입을 사용하는 코드 작성하기

오리 타입을 사용하려면 클래스를 가로지르는 인터페이스(across-class interface) 를 사용하면 좋은 지점을 찾아내는 안목부터 갖춰야 한다. 오리 타입을 구현하는 일은 상대적으로 쉽다. 디자인 관점에서 문제가 되는 일은 오리 타입이 필요하다는 사실을 인지하고 인터페이스를 추상화시키는 부분이다.

이번 절은 오리 타입이 필요한 곳을 찾도록 도와주는 패턴을 보여주고자 한다.

5.2.1 숨겨진 오리 타입 알아보기

코드 속에는 미처 파악하지 못한 오리 타입이 이미 숨겨져 있는 경우가 종종 있다. 몇 가지 일반적인 코딩 패턴은 오리 타입이 숨겨져 있다는 사실을 알려준다. 아래와 같은 경우에 오리 타입을 적용할 수 있다.

- 클래스에 따라 변경되는 case 구분
- kind_of?와 is_a?
- responds_to?

클래스에 따라 변경되는 case 구분

오리 타입이 숨겨져 있다고 알려주는 가장 일반적이고 명확한 패턴은 우리가 다룬 예시, 즉 도메인 객체의 클래스 이름에 따라 다르게 작동하는 case 구분이다. 이어지는 prepare 같은 메서드(앞의 것과 같음)를 발견하면 마치 이 메서드가 큰 소리라도 지르고 있는 듯이 바로 관심을 기울여야 한다.

```
01  class Trip
02    attr_reader :bicycles, :customers, :vehicle
03
04    def prepare(preparers)
05      preparers.each {|preparer|
06        case preparer
07        when Mechanic
08          preparer.prepare_bicycles(bicycles)
09        when TripCoordinator
10          preparer.buy_food(customers)
11        when Driver
12          preparer.gas_up(vehicle)
13          preparer.fill_water_tank(vehicle)
14        end
15      }
16    end
17  end
```

이 패턴은 모든 Preparer가 무언가를 공유하고 있다는 사실을 바로 알려준다. 이들이 공유하고 있는 무언가 때문에 이 객체들이 여기에 모여 있는 것이다. 코드를 검토하고 스스로에게 물어보자. "preapre가 인자로부터 얻고자 하는 것은 무엇인가?"

이 질문에 대한 답변이 우리가 전송해야 하는 메시지를 알려준다. 이 메시지가 숨어 있는 오리 타입을 찾아내기 위한 출발점이 된다.

여기서 prepare 메서드는 자신의 인자가 여행을 준비하기를 바라고 있다. 때문에 오리 타입 Prepare의 퍼블릭 인터페이스는 prepare_trip 메서드를 가져야 한다.

kind_of?와 is_a?

객체의 클래스를 확인할 수 있는 방법은 여러 가지가 있다. 위의 case 구문은 그중 하나이다. kind_of?와 is_a? 메시지(이 둘은 똑같다) 역시 클래스를 확인해준다. 위의 코드를 아래와 같은 방식으로 작성해도 코드는 전혀 좋아지지 않는다.

```
01  if preparer.kind_of?(Mechanic)
02    preparer.prepare_bicycles(bicycle)
03  elsif preparer.kind_of?(TripCoordinator)
04    preparer.buy_food(customers)
05  elsif preparer.kind_of?(Driver)
06    preparer.gas_up(vehicle)
07    preparer.fill_water_tank(vehicle)
08  end
```

kind_of?를 사용해도 클래스에 따라 변경되는 case 구문을 사용하는 것과 아무런 차이가 없다. 이 둘은 똑같은 것이고 똑같은 문제를 안고 있다. 그리고 같은 기술을 이용해서 수정해야 한다.

responds_to?

아직 오리 타입에 익숙지 않은 프로그래머라면, 클래스 이름에 의존하지 말아야 한다고 생각하면서, kind_of? 대신 responds_to?를 사용하려 할지 모른다. 예를 들어 아래 코드를 보자.

```
01  if preparer.responds_to?(:prepare_bicycles)
02    preparer.prepare_bicycles(bicycle)
03  elsif preparer.responds_to?(:buy_food)
04    preparer.buy_food(customers)
05  elsif preparer.responds_to?(:gas_up)
06    preparer.gas_up(vehicle)
07    preparer.fill_water_tank(vehicle)
08  end
```

의존성의 개수가 아주 조금 줄어들기는 했지만, 여전히 의존성이 너무 많이 있다. 클래스 이름은 없어졌지만 여전히 클래스에 얽혀 있다. Mechanic말고 prepare_bicycles을 이해하는 객체가 뭐가 있을까? 클래스를 명시적으로 참조하지 않았다는 사실에 속지 말자. 이 예시 역시 특정한 클래스를 꼭 필요로 한다.

하나 이상의 클래스가 prepare_bicycles이나 buy_food 메서드를 구현하고 있더라도 이 코드 패턴은 여전히 불필요한 의존성을 가지고 있다. 이 메서드는 다른 객체를 믿기보다는 명령하려 든다.

5.2.2 오리 타입을 믿기

kind_of?, is_a?, responds_to? 그리고 클래스에 따라 변경되는 case 구분은 모두 숨겨진 오리 타입이 있다고 말해준다. 이 모든 경우 코드는 이렇게 말하고 있다. "나는 네가 누구인지 알고 있고, 그렇기 때문에 네가 무엇을 하는지도 알고 있다." 이 지식은 협업하는 객체에 대한 믿음이 부족하다는 사실을 말해 줄 뿐이고 부족한 믿음은 협업 객체가 운신할 수 있는 폭을 줄인다. 그리고 코드를 수정하기 어렵게 만드는 의존성을 불러온다.

데메테르의 원칙을 위반했을 때처럼 이런 스타일의 코드는 어떤 객체 하나를 놓치고 있다는 사실을 말해준다. 아직 퍼블릭 인터페이스를 발굴해내지 못한 어떤 객체가 있다는 뜻이다. 이 객체가 구체 클래스가 아니라 오리 타입이라는 사실은 전혀 중요치 않다. 중요하는 것은 발굴하지 못한 인터페이스가 있다는 점이지, 이 인터페이스를 구현하고 있는 클래스가 아니다.

유연한 애플리케이션이란 믿을 수 있는 객체로 이루어져 있다. 객체를 믿을 만하게 간드는 일은 우리의 몫이다. 위에서 소개한 코드 패턴을 발견한다면 문제가 있는 코드가 무엇을 원하는지 살펴보자. 그리고 그 코드가 원하는 바를 이용해서 오리 타입을 찾아야 한다. 일단 오리 타입을 머릿속에 그려낼 수 있다면 그 인터페이스를 정의하자. 이 인터페이스를 필요로 하는 곳에 인터페이스를 구현하고 인터페이스를 구현하고 있는 객체들이 제대로 행동하리라 믿어야 한다.

5.2.3 오리 타입 문서 작성하기

가장 단순한 형태의 오리 타입은 퍼블릭 인터페이스에 대한 합의만으로 존재한다. 이번 장의 예시들이 이런 종류의 오리 타입을 보여준다. 여러 클래스가 prepare_trip를 구현하고 있다. 덕분에 클래스를 Preparer처럼 취급할 수 있다.

Preparer 오리 타입과 그 퍼블릭 인터페이스는 디자인의 매우 구체적인 한 부분이지만 코드의 관점에서는 가상의 것에 지나지 않는다. Preparer는 추상적이기에 매우 강력한 디자인 도구가 될 수 있지만 이 추상성 자체가 코드 속에서 오리 타입을 잘 드러나지 않게 만든다.

오리 타입을 만들었다면 문서도 작성하고 오리 타입의 퍼블릭 인터페이스 역시 테스트해야 한다. 다행히도, 좋은 테스트는 그 자체로 최고의 문서일 수 있다. 이미 절반은 완성해 놓은 것이다. 테스트만 작성하면 된다.

오리 타입을 테스트하는 방법에 대해서는 9장 '비용-효율적인 테스트 디자인하기'를 보라.

5.2.4 오리 타입끼리 코드 공유하기

이번 장에서 보여준 Preparer 오리 타입은 모두 자신의 클래스에 필요한 행동만 구현하고 있다. Mechanic, Driver, TripCoordinator 모두 각자의 prepare_trip을 구현하고 있다. 오리 타입이 서로 공유하고 있는 것은 이 메서드 시그너처뿐이다. 인터페이스만을 공유할 뿐, 그 구현은 공유하지 않는다.

하지만 오리 타입을 사용하다 보면 오리 타입 클래스끼리는 종종 같은 행동을 공유할 필요가 있다는 사실을 발견한다. 코드를 공유하는 오리 타입을 작성하는 방법은 7장에서 다룰 주제 중 하나다.

5.2.5 현명하게 오리 타입 선택하기

지금까지 보여준 모든 예시는 어떤 메시지를 전송해야 할지 결정하기 위해 kind_ of?나 responds_to?를 사용하지 말라고 이야기해 주었다. 하지만 kind_of?나 responds_to?가 필요하지 않은 코드가 어떤 모습인지는 살펴보지 않았다.

아래 코드는 루비온레일스 프레임워크(active_record/ relations/finder_ methods.rb)에서 가져온 예시이다. 이 예시는 입력 값을 어떻게 처리해야 할지 결정하기 위해 클래스를 확인하고 있다. 지금까지 논의한 내용과 명백히 반대되는 방식이다. 첫 번째 메서드는 인자의 클래스에 기반해서 어떻게 행동해야 할지 결정하고 있다.

수신된 객체의 클래스를 확인하고 이 결과에 따라 어떤 메시지를 전송할지 결정하는 방식. 이런 방식이 애플리케이션에 문제가 있다는 사실을 알려주는 신호라면 왜 아래와 같은 코드가 괜찮은 걸까?

```ruby
01  # A convenience wrapper for <tt>find(:first, *args)</tt>.
02  # You can pass in all the same arguments to this
03  # method as you can to <tt>find(:first)</tt>.
04  def first(*args)
05    if args.any?
06      if args.first.kind_of?(Integer) ||
07          (loaded? && !args.first.kind_of?(Hash))
08        to_a.first(*args)
09      else
10        apply_finder_options(args.first).first
11      end
12    else
13      find_first
14    end
15  end
```

이 예시와 앞의 코드 사이의 가장 큰 차이점은 코드가 확인하고 있는 클래스의 안정성이다. 전자는 루비의 코어 클래스인 Integer와 Hash에 의존하고 있기 때문에 자기 자신보다 훨씬 안정적인 클래스에 의존하고 있는 것이다. Integer와 Hash가 변경되어서 첫 번째 예시에 영향을 미칠 가능성은 매우 낮다. 이 의존성은 안전하다. 이 코드 어딘가에 오리 타입이 숨겨져 있을 수는 있지만 이 오리 타입을 찾아 구현한다고 해서 애플리케이션 전체의 유지보수 비용을 줄여주지는 않을 것이다.

여기서 알 수 있듯이, 새로운 오리 타입을 만들지 말지는 우리의 판단에 달려있다. 디자인의 목표는 비용을 줄이는 것이다. 모든 상황에 이 기준을 적용해야 한다. 오리 타입을 만들어서 불안정한 의존성을 줄일 수 있다면, 만들면 된다. 잘 생각해서 판단하도록 하자.

이 예시에서 오리 타입은 Integer와 Hash 속에 숨어 있기 때문에 오리 타입을 구현하려면 루비의 기본 클래스(base classes)를 수정해야 한다. 기본 클래스를 수정하는 방법은 **몽키패칭**(monkey patching)이라고 불리는데, 루비의 멋진 기능 중 하나이다. 하지만 어설프게 시도했다가는 큰 봉변을 당할 수 있다.

우리가 만든 클래스를 가지고 오리 타입을 구현하는 일과 루비의 기본 클래스를 가지고 오리 타입을 만드는 일은 전혀 다른 이야기다. 그 대가도 사뭇 다르다. 후자의 위험성이 훨씬 크다. 이런 고민 때문에 루비를 몽키패칭하면 안 된다는 것은 아니지만, 루비를 몽키패칭하기로 마음 먹었다면 이 디자인 결정에 대해 꽤나 설득력 있게 설명할 수 있어야 한다.

5.3 오리 타입을 무서워하지 않고 사용하기

이번 장은 동적 타입(dynamic typing)과 정적 타입(static typing) 사이의 싸움터에 발을 딛는 일을 조심스럽게 피해왔다. 하지만 이제 이 문제를 피해 가기 힘들어졌다. 만약 당신이 정적 타입 언어 프로그래밍 경험이 있는 독자이고 오리 타입을 활용하는 것이 문제가 있다고 생각한다면, 이번 절은 당신을 위한 내용이다.

만약 이 논쟁에 익숙하지 않고 루비를 즐겁게 사용하는 있으며 오리 타입에 대한 지금까지의 이야기가 설득력 있게 느껴졌다면, 이번 절은 건너뛰어도 좋다. 중요한 내용을 놓칠지 모른다고 걱정할 필요도 없다. 하지만 정적 언어를 사용하는 친구들과 논쟁할 일이 있다면 이어지는 내용이 유용할 것이다.

5.3.1 정적 타입으로 오리 타입 거부하기

이 장의 도입부에서 **타입**을 변수 내용물의 카테고리라고 정의했다. 프로그래밍 언어는 정적 타입 언어거나 동적 타입 언어다. 대부분(모두 그런 것은 아니다)의 정적 타입 언어는 변수와 메서드 파라미터의 타입을 명시적으로 선언할 것을 요구한다. 동적 타입 언어에서는 이런 선언을 생략할 수 있다. 별도의 선언 없이도 어떤 변수에든 아무 값이나 넣을 수 있고 어떤 메서드에든 아무 인자나 넘길 수 있다. 물론 루비는 동적 언어이다.

어떤 프로그래머들은 동적 타입을 가지고 작업하는 데 불편함을 느낀다. 이 중 일부는 동적 언어를 사용해 본 경험이 부족하기 때문에 이런 불편함을 느낀다. 다른 일부는 정적 타입이 보다 안정적이라고 믿기 때문에 불편해한다.

경험이 부족한 부분은 시간이 지나면 해결된다. 하지만 정적 타입이 근본적으로 더 좋다는 믿음은 종종 남아 있곤 한다. 왜냐하면 이런 믿음은 믿음 자체가 믿음을 강화시켜주는, 자기충족적인 믿음이기 때문이다. 동적 언어를 두렵게 느끼는 프로그래머들은 객체의 클래스를 확인하는 습관이 있다. 이런 확인 자체가 동적 언어의 힘을 반감시킨다. 오리 타입을 사용할 수 없도록 만들어 버린다.

프로그래머가 인자의 클래스를 알고 있어야만 제대로 작동하는 메서드, 이런 메서드는 새로운 클래스가 등장했을 때 타입 에러(type error)를 발생시키고 실패(fail)한다. 정적 타입 언어를 믿는 프로그래머들은 이 실패(failures)가 타입을 확인해야 하는 이유라고 믿는다. 타입 확인을 추가하면 할수록 코드는 점점 덜 유연해지고 점점 더 클래스에 의존하게 된다. 새로운 의존성은 또 다시 타입 실패(type failures)를 만들어 내고, 이 실패에 대응해서 새로운 타입 확인을 추가한다. 이 악순환에 빠져있는 프로그래머는 타입 문제를 해결하는 방법이 모든 타입 확인을 지워버리는 것이라는 사실을 믿지 못한다.

오리 타입은 이런 함정에서 빠져나올 수 있는 방법을 제시한다. 오리 타입이 클래스에 대한 의존성을 제거하면 타입 실패 역시 제거된다. 오리 타입은 코드가 안정적으로 의존할 수 있는 추상화를 드러내준다.

5.3.2 정적 타입 vs 동적 타입

이번 절에서는 동적 타입과 정적 타입을 비교해 보려고 한다. 이를 통해 동적 타입에 대한 두려움을 모두 가라앉히고 동적 타입을 완전히 받아들일 수 있기를 바란다.

동적 타입과 정적 타입은 모두 약속하는 바가 있고, 나름의 이점과 비용을 가지고 있다. 정적 타입 애호가들은 다음과 같은 이점을 이야기한다.

- 컴파일 시점에 컴파일러가 타입 에러를 잡아낼 수 있다.
- 눈에 보이는 타입 정보가 문서의 역할을 한다.
- 컴파일된 코드는 빠르게 동작할 수 있도록 최적화되어 있다.

이런 이점들은 각각에 상응하는 가정을 받아들일 경우에만 의미가 있다.

- 컴파일러가 타입을 확인하지 않으면 런타임 타입 에러(runtime type errors)가 발생할 것이다.
- 프로그래머는 전체 맥락에서 객체의 타입을 추측할 수 없고, 코드를 이해하지 못할 것이다.
- 이러한 최적화를 거치지 않으면 애플리케이션이 너무 느릴 것이다.

동적 타입 지지자들은 아래와 같은 이점을 제시한다.

- 코드가 해석되면(interpreted) 동적으로 로드(load)될 수 있다. compile/make 과정을 거칠 필요가 없다.
- 소스 코드에 명시적인 타입 정보를 포함할 필요가 없다.
- 메타프로그래밍이 손쉽다.

다음과 같은 가정을 받아들인다면 이런 이점은 보다 강화된다.

- compile/make 과정이 없으면 전체 애플리케이션 개발이 보다 빠르게 진행된다.
- 타입을 선언하는 코드가 없으면 프로그래머가 코드를 이해하기 쉽다. 맥락 속에서 객체의 타입을 추측할 수 있다.
- 메타프로그래밍은 프로그래밍 언어의 바람직한 기능이다.

5.3.3 동적 타입 받아들이기

위에서 제시한 이점과 가정 중 일부는 경험적 사실에 기반하고 있으며 쉽게 검토할 수 있다. 특정 애플리케이션의 경우, 최적화된 정적 타입 코드가 동적 타입 구현보다 훨씬 나은 결과를 내리라는 사실은 의심의 여지가 없다. 동적 타입 애플리케이션이 충분한 성능을 낼 수 있을 만큼 최적화되지 않는다면, 정적 타입만이 대안이다. 꼭 정적 타입을 써야 하는 상황에서는 당연히 정적 타입을 사용해야 한다.

타입 선언이 문서의 의미를 갖는다는 주장은 좀 더 주관적이다. 동적 타입을 경험해 본 사람들은 타입 선언이 방해만 된다고 생각한다. 정적 타입에 익숙한 사람이라면 타입 정보가 없기 때문에 혼란스럽게 느낄 것이다. 만약 당신이 Java나 C++ 같은 정적 타입 언어에 익숙한 프로그래머이고 명시적인 타입 선언이 없는 루비에 불편함을 느낀다면, 조금만 기다려 보라. 일단 익숙해지고 나면 장황하지 않은 코드가 훨씬 읽기 쉽고 쓰기 쉽고 이해하기 쉽다는 사실을 알게 된다.

메타프로그래밍(코드를 작성하는 코드 짜기)에 대해서는 프로그래머마다 확고한 입장을 가지고 있는 경향이 있다. 그리고 개개인의 과거 경험이 메타프로그래밍에 대한 선호를 가른다. 간단하고 우아한 코드 한 조각으로 커다란 문제를 해결한 경험이 있는 사람이라면 평생토록 메타프로그램 지지자가 된다. 반면 어떤 사람은 쓸데없이 잘난 척하고 너무나 불명확하고 어쩌면 불필요한 메타프로그래밍 코드를 디버깅했던 끔찍한 경험을 가지고 있을 수도 있다. 이런 사람이라면 메타프로그래밍이란, 문제를 다른 사람에게 떠넘기고 싶어 하는 프로그래머를 위한 도구라고 생각할 수도 있다.

그림 5.5 유용하지만 모두에게 유용하진 않은 날카로운 도구

메타프로그래밍은 수술용 메스 같은 것이다. 잘못 사용하면 매우 위험하지만 좋은 프로그래머라면 결코 마다하지 않을 도구이다. 강한 힘에는 그에 상응하는 책임이 따른다. 날카로운 칼을 쥐어 주면 안 되는 사람이 있다는 사실만으로 모든 이로부터 칼을 빼앗을 수는 없다. 메타프로그래밍을 현명하게 사용한다면 큰 이득을 얻을 수 있다. 메타프로그래밍을 쉽게 할 수 있다는 점은 동적 타입이 왜 좋은지에 대한 강력한 근거가 된다.

남아 있는 두 개의 이점은 정적 타입이 컴파일 할 때 타입을 확인한다는 것과 동적 타입은 compile/make 과정을 거치지 않는다는 점이다. 정적 타입 지지자들은 실행시점(runtime)에 예기치 않은 타입 에러를 방지하는 것이 필요할 뿐 아니라 그 가치는 컴파일러를 제거하면서 얻을 수 있는 프로그래밍 효율을 훨씬 능가한다고 말한다.

이 주장의 근거는 다음과 같다.

- 컴파일러는 의도치 않은 타입 에러를 확실히 방지해 줄 수 있다.
- 컴파일러가 도와주지 않으면 타입 에러는 분명 발생할 것이다.

정적 타입 언어로 수년간 개발해 왔다면 이런 주장을 금과옥조처럼 여기고 있을지 모른다. 하지만 동적 타입은 이 믿음을 뿌리째 뽑기 위해 여기에 왔다. 동적 언어는 이런 믿음에 대해 "컴파일러는 타입 에러를 방지해 줄 수도 없고, 방지해 주지도 않는다"라고 말한다.

컴파일러는 의도치 않은 타입 에러로부터 우리를 구해주지 **못한다**. 변수의 타입 변형(casting)을 지원하는 모든 언어는 타입 에러의 위험에 노출되어 있다. 타입 변형을 사용하는 순간 모든 확신은 사라진다. 이제 컴파일러는 도움이 되지 않고 프로그래머 스스로가 자신을 믿을 수밖에 없다. 코드는 우리가 작성한 테스트만큼만 믿을 수 있을 뿐이고 런타임 실패(runtime failtures)는 여전히 발생할 수 있다. 정적 타입이 안전을 보장해 준다는 주장은 듣는이에게 편안함을 줄 수 있을지는 몰라도 그저 환상일 뿐이다.

더 나아가, 컴파일러가 우리를 도와줄 수 있는지 여부는 사실 중요하지 않다. 우리는 컴파일러의 도움이 필요하지 않다. 실제 개발 현장에서 컴파일러가 방지해 줄 수 있는 런타임 타입 에러(runtime type errors)는 거의 **발생하지 않는다**. 그냥 이런 어러는 발생하지 않는다.

여기서 런타임 타입 에러를 경험할 일이 전혀 없다고 주장하지는 않겠다. 초기화 되지 않은 변수에 메시지를 전송한다든가 비어 있는 배열 속에 어떤 내용이 들어있다고 가정한다든가 하는 실수를 경험해보지 않은 프로그래머는 없다. 하지만 nil이 특정 메시지를 수신하고 이해하지 못하는 상황을 런타임에서야 알게 되는 상황. 이런 상황은 컴파일러가 방지해 줄 수 없다. 정적 타입이든 동적 타입이든 이런 문제에는 똑같이 노출되어 있다.

동적 타입은 컴파일 순간의 타입 확인(compile time type checking)과 상당한 수준의 개발 효율성을 맞바꿀 수 있게 해준다. 전자는 비싼 대가를 치루고 낮은 이익을 얻는 제약사항이며, 후자는 compile/make 과정을 생략하면서 얻을 수 있는 이득이다. 이건 남는 게 많은 교환이다. 오리 타입은 정적 타입 위에서 만들어진다. 오리 타입을 사용하기 위해서는 동적 타입을 **받아들여야만** 한다.

5.4 요약

객체지향 디자인의 핵심에는 메시지가 있다. 메시지는 퍼블릭 인터페이스를 따라 객체들 사이를 오간다. 오리 타입은 이 퍼블릭 인터페이스를 클래스로부터 분리해 낸다. 그리고 '객체가 누구인지'가 아니라 '객체가 무엇을 하는지'에 따라 가상의 타입을 만들어 낸다.

오리 타입은 오리 타입이 없었다면 발견하지 못했을 추상화를 볼 수 있게 해준다. 이 추상화에 의존할 때 애플리케이션의 위험성은 줄어들고 유연성은 증가한다. 유지보수 비용이 줄어들고 쉽게 수정할 수 있게 된다.

6장

상속을 이용해 새로운 행동 얻기

잘 디자인된 애플리케이션은 재사용하기 쉬운 코드로 이루어져 있다. 작고 믿을 수 있고 최소한의 맥락만을 가지며 인터페이스가 분명하고 본질적으로 재사용할 수 있는 의존성만 주입된(injected), 그런 객체들로 이루어져 있다. 지금까지 이 책에서는 이런 특징을 갖는 객체를 만드는 방법에 주목했다.

하지만 대부분의 객체지향 언어들은 코드를 공유할 수 있는 또 다른 방법을 제공한다. 언어의 문법 자체에 내장된 이 기능은 '상속'이다. 이번 장은 상속을 제대로 사용하려면 어떻게 해야 하는지 보여주는 상세한 예시를 제공한다. 이번 장의 목표는 기술적으로 올바른 상속의 위계구조를 만드는 법을 알려주는 것이다. 상속이 필요한 순간이 왔을 때 어떻게 해야 할지 알 수 있게 해주려는 것이다.

일단 고전적 상속(classical inheritance)을 이해하고 나면, 이 개념을 다른 상속 시스템에 적용하는 것은 어렵지 않다. 그렇기 때문에 상속에 대해서는 두 장에 걸쳐 다룬다. 이번 장에서는 상속을 사용하는 코드를 어떻게 작성해야 하는지 튜토리얼을 통해 보여준다. 7장 '모듈을 이용해 역할 공유하기'에서는 이 기술을 확장하여 루비의 모듈을 사용하는 방법을 다룬다.

6.1 고전적 상속 이해하기

상속이라는 개념이 복잡해 보일 수 있다. 하지만 모든 복잡한 것이 그러하듯 간단한 설명도 있다. 기본적으로 상속이란 자동화된 메시지 전달(automatic message delegation) 시스템이다. 상속 시스템은 객체가 이해하지 못한 메시지를 어디로 전달(forward)해야 하는지를 정의한다. 특정 객체가 이해할 수 없는 메시지를 전달받았을 경우 그 객체는 이 메시지를 다른 객체에게 전달한다. 이런 전달의 관계를 만드는 것이 상속이다. 명시적으로 메시지를 위임(delegate)하는 코드를 작성하지 않아도 두 객체 사이의 상속 관계를 정의하면 자동으로 메시지 전달이 이루어진다.

고전적인 상속 관계는 하위클래스(subclasses)를 만드는 것을 통해 정의된다. 메시지는 하위클래스(subclass)에서 상위클래스(superclass)로 전달된다. 클래스의 위계관계가 공유되는 코드를 정의하는 것이다.

고전적이라는 개념은 클래스라는 단어와 맞짝을 이룰 뿐, 낡은 기술이라는 뜻이 아니다. 다른 방식의 상속 시스템과 상위/하위클래스를 통한 상속 시스템을 구분하기 위해 사용할 뿐이다. 예를 들어, 자바스크립트는 프로토타입 상속(prototypical inheritance)을 가지고 있고 루비는 다음 장에서 다루게 될 모듈(module)을 제공한다. 이 둘 모두 자동화된 메시지 전달 시스템을 통해 코드를 공유할 수 있게 해준다.

상속의 올바른 사용과 잘못된 사용은 예시를 통해 가장 잘 이해할 수 있다. 그리고 이번 장의 예시들은 고전적 상속을 이해하기 위한 기초지식을 제공해 줄 것이다. 하나의 클래스에서 시작해서 여러 번의 리팩터링을 거쳐 만족스런 하위클래스의 모음을 만들어낼 것이다. 각 단계는 작고 이해하기 쉽도록 구성되어 있지만 그 함의를 모두 설명하기 위해서는 한 장 전체를 할애해서 코드를 설명할 필요가 있다.

6.2 상속을 사용해야 하는 지점을 알기

첫 번째 과제는 상속이 필요한 곳이 어디인지 아는 것이다. 이번 절은 특정 문제가 상속을 통해 해결할 수 있는 문제인지 알아내는 방법을 살펴본다. 패스트핏에서 로드 자전거(road bike)를 빌려준다고 가정해 보자. 로드 자전거는 무게가 가볍고, 휘어져있는 핸들바(드롭바)와 얇은 타이어를 장착한 자전거로, 포장된 도로를 달리기에 적합하다. 그림 6.1은 로드 자전거의 모습을 보여주고 있다.

고객들이 얼마나 험하게 자전거를 사용했든 자전거를 사용할 수 있는 상태로 유지하는 일이 정비공의 역할이다. 이를 위해 정비공들은 예비부품을 가지고 다닌다. 어떤 부품을 추가로 가지고 다닐지는 자전거의 종류에 따라 다르다.

그림 6.1 무게가 가볍고, 드롭바와 얇은 타이어를 장착한 로드 자전거

6.2.1 구체 클래스에서 시작하기

패스트핏의 애플리케이션에는 아래 코드와 같이 이미 Bicycle 클래스가 있다. 모든 로드 자전거는 이 클래스의 인스턴스이다.

자전거에는 전반적인 크기, 핸들바 테이프 색상, 타이어 크기(tire size), 체인 종류가 있다. 타이어와 체인은 꼭 필요한 부품이기 때문에 언제나 여분을 챙겨둬야 한다. 핸들바 테이프는 덜 중요해 보일지 모르지만 실제 운행에서는 이 역시 꼭 필요한 부품이다. 자전거를 제대로 타는 사람이라면 낡고 더러운 핸들바 테이프를 그냥 두고 보지 않는다. 정비공은 언제나 어울리는 색상의 핸들바 테이프를 하나 더 챙겨야 한다.

```
01  class Bicycle
02    attr_reader :size, :tape_color
03
04    def initialize(args)
05      @size = args[:size]
06      @tape_color = args[:tape_color]
07    end
08
09    # 모든 자전거가 동일한 크기의
10    # 타이어와 체인을 기본값으로 갖는다.
11    def spares
12      { chain:         '10-speed',
```

```ruby
13          tire_size:    '23',
14          tape_color:   tape_color }
15    end
16
17    # 다른 메서드들도 많이 있다...
18  end
19
20  bike = Bicycle.new(
21          size: 'M',
22          tape_color: 'red' )
23
24  bike.size      # -> 'M'
25  bike.spares
26  # -> {:tire_size   => "23",
27  #     :chain       => "10-speed",
28  #     :tape_color  => "red"}
```

Bicycle 인스턴스는 spares, size, type_color 메시지를 이해할 수 있고, Mechanic 은 각각의 Bicycle에게 어떤 예비부품이 필요한지 spares 메시지를 통해 물어 볼 수 있다. spares 메서드가 코드 안에 기본값을 적어 놓는 죄를 범했지만 위 코드는 충분히 타당하다. 이 자전거 모델에는 몇몇 부분이 빠져있고 우리가 실제로 탈 수 는 없지만 이번 장의 예시로 사용하기에는 충분하다.

이 클래스는 무언가 수정되기 전까지는 아주 잘 작동한다. 패스트핏에서 마운틴 자전거 여행도 제공하기 시작했다고 가정해 보자.

마운틴 자전거와 로드 자전거는 여러모로 비슷하지만 명확히 다른 점이 있다. 마 운틴 자전거는 포장도로가 아니라 비포장도로를 달리기 위해 만들어진 자전거다. 튼튼한 프레임과 두꺼운 타이어, 일직선 모양 핸들바(테이프 대신 고무 손잡이를 갖고 있다), 서스펜션을 갖추고 있다. 그림 6.2의 자전거는 서스펜션이 앞부분에만 있지만 어떤 마운틴 자전거는 앞뒤에 모두 서스펜션이 있거나, '풀' 서스펜션을 갖 추고 있다.

우리의 디자인 목표는 패스트핏 애플리케이션에서 마운틴 자전거를 지원하도록 하는 것이다.

우리에게 필요한 기능 중 상당수는 이미 만들어져 있다. 마운틴 자전거도 일단은 자전거다. 전반적인 크기, 체인, 타이어 크기는 이미 구현되어 있다. 로드 자전거에 는 핸들바 테이프가 필요하고 마운틴 자전거에는 서스펜션이 필요하다는 점만 다 를 뿐이다.

그림 6.2 우람하며 일자 핸들바, 앞 서스펜션, 두꺼운 타이어를 갖춘 마운틴 자전거

6.2.2 자전거 종류 추가하기

우리에게 필요한 대부분의 행동을 이미 구현해 놓은 구체 클래스가 있기 때문에 이 클래스에 코드를 조금 추가해서 문제를 해결하고 싶은 유혹에 빠지기 쉽다. 다음 예시는 이런 방식으로 문제를 해결하고 있다. 기존의 Bicycle 클래스를 수정해서 spares 메서드가 로드 자전거와 마운틴 자전거 모두에 적용될 수 있도록 수정한다.

아래 코드를 보면, 세 개의 변수와 변수들 각각에 조응하는 엑세서(accessors)가 새로 추가되었다. front_shock와 rear_shock 변수는 마운틴 자전거에 필요한 부품 때문에 추가되었다. style 변수는 spares 메서드 속에서 어떤 리스트를 보여줄지 결정하기 위해 추가되었다. 새로 추가된 변수들은 initialize 메서드에서 제대로 처리되고 있다.

새로운 변수 세 개를 추가하는 코드는 간단히 작성할 수 있다. 너무 간단해서 재미가 없을 정도다. spares 메서드가 수정된 방식은 좀 더 흥미로운데, spares 메서드는 style 변수를 확인하는 if문을 포함하게 되었다. 이 sytle 변수는 Bicycle의 인스턴스를 두 개의 카테고리로 구분한다. style이 :road인 것과 그 외의 것(else)으로 구분한다.

코드를 살펴보면서 무언가 이상하다고 느꼈더라도 걱정하지 말자. 조금 있다 수정할 예정이다. 이 예시는 안티패턴(antipattern)을 보여주기 위한 간단한 우회로에 불과하다. 여기서 안티패턴이란 겉보기에는 괜찮을 것 같지만 실제로는 문제가 많은 패턴으로, 더 나은 방식으로 작성할 수 있는 대안도 잘 알려져 있는 패턴을 의미한다.

> **메모**
>
> 아래의 타이어 크기(tire size)를 보면서 뭔가 혼란스럽다면, 자전거 타이어 크기의 단위가 일관적이지 않다는 점을 알아야 한다. 로드 자전거는 유럽에서 만들어졌기 때문에 미터법에 따라 크기를 표시한다. 23밀리미터 타이어는 1인치보다 조금 더 얇다. 산악 자전거는 미국에 그 기원을 두고 있기 때문에 인치로 타이어 크기를 표시한다. 아래 예시에서, 2.1인치의 산악 자전거 타이어는 23밀리미터 로드 자전거 바퀴보다 두 배가량 두껍다.

```ruby
01  class Bicycle
02    attr_reader :style, :size, :tape_color,
03                :front_shock, :rear_shock
04
05    def initialize(args)
06      @type = args[:style]
07      @size = args[:size]
08      @tape_color = args[:tape_color]
09      @front_shock = args[:front_shock]
10      @rear_shock = args[:rear_shock]
11    end
12
13    # "style"을 체크하면서 안 좋은 길로 들어선다.
14    def spares
15      if style == :road
16        { chain:      '10-speed',
17          tire_size:  '23',         # milimeters
18          tape_color: tape_color }
19      else
20        { chain:      '10-speed',
21          tire_size:  '2.1',        # inches
22          rear_shock: rear_shock
23      end
24    end
25  end
26
27  bike = Bicycle.new(
28          style:        :mountain,
29          size:         'S',
30          front_shock:  'Manitou',
31          rear_shock:   'Fox')
32
33  bike.spares
34  # -> {:tire_size   => "2.1",
35  #     :chain       => "10-speed",
36  #     :rear_shock  => 'Fox'}
```

이 코드는 style 변수가 가지고 있는 값을 확인하고 어떤 예비부품이 필요한지 결정한다. 이런 방식으로 코드를 구성하면 여러 가지 좋지 않은 결과를 낳는다. 새로운 style을 추가할 경우 if문을 수정해야 한다. 이 코드처럼 if문의 마지막 옵션이 기본값일 경우, 이런 조심성 없는 if문은 잘못된 style이 입력되더라도 **어떤 방식으로든** 작동한다. 하지만 우리가 원하는 방식으로 작동하지는 않을 것이다. 뿐만 아니라, spares 메서드는 기본 문자열(default string)을 가지고 있는데, 이 문자열 중 몇몇은 if문의 조건마다 반복되고 있다.

Bicycle은 spares, size 그리고 그 외 여러 부품의 이름으로 만든 퍼블릭 인터페이스를 제공한다. size 메서드는 문제없고 spares도 별 문제가 없다. 하지만 부품 이름을 따서 만든 다른 메서드들은 더 이상 신뢰할 수 없다. 주어진 자전거가 어떤 부품을 가지고 있는지 예상할 수 없기 때문이다. Bicycle의 인스턴스와 협업하는 객체는 tape_color나 rear_shock와 같은 메시지를 전송하기 전에, 일단 자전거의 style을 체크하려 들 것이다.

처음부터 훌륭하지 않은 코드였지만 새로 수정하고 나서도 전혀 좋아지지 않았다.

Bicycle 클래스의 초기 상태도 불완전했지만 적어도 이 불완전함은 클래스 속에 캡슐화되어 숨어 있었다. 코드를 수정하면서 만들어낸 새로운 문제점은 훨씬 심각한 결과를 낳을 수 있다. 이제 Bicycle은 하나 이상의 책임을 지고 있으며 수정요청에 노출되기 쉬운 코드를 품고 있으며 그 자체로는 재사용이 불가능하다.

이런 패턴의 코딩은 나중에 큰 고통을 안겨줄 것이다. 하나의 위안은 이 코드가 안티패턴을 뚜렷하게 보여준다는 점이다. 안티패턴을 인식할 수 있을 때 안티패턴은 좀 더 나은 디자인의 방향을 알려준다.

이 코드는 자기가 **어떤 종류인지 알고 있는** 어트리뷰트를 확인하는 if문을 포함하고 있다. 이 어트리뷰트를 통해 자기 자신에게 어떤 메시지를 보낼지 결정한다. 여기서 앞 장에서 오리 타입에 대해 이야기하면서 언급했던 패턴을 떠올릴 수 있을 것이다. 객체의 클래스를 확인하고 이 객체에게 어떤 메시지를 전송할지 결정하는 if문이 있었다.

이 두 개의 패턴 모두에서, 객체는 수신자가 어떤 종류인지를 확인하고 어떤 메시지를 전송할지 결정한다. **객체의 클래스를 자기가 어떤 종류인지 알고 있는 어트리뷰트의 특수한 경우라고 생각할 수 있다.** 이런 관점에서 보면 두 패턴은 동일하다. 만약 각 패턴의 송신자가 말을 할 수 있다면 다음과 같이 말할 것이다. "나는 네가 누구인지 알고 있다. 때문에 네가 무엇을 하는지도 안다." 이 지식은 수정 비용을 높이는 의존성이다.

이 패턴을 유의하자. 가끔은 별 문제 없고 어쩔 수 없이 사용해야 하는 패턴일 수도 있지만 우리의 디자인에 문제점이 있다고 말해주는 신호일 수도 있다. 5장 '오리 타입으로 비용 줄이기'에서는 이 패턴을 통해 숨겨진 오리 타입을 찾을 수 있었다. 여기서는 숨겨진 하위타입(subtype), 흔히 하위클래스(subclass)라 말하는 것을 드러내주고 있다.

6.2.3 숨겨진 타입 찾아내기

spares 메서드의 if문은 style이라는 이름의 변수에 따라 선택적으로 작동한다. 하지만 이 변수의 타입 또는 카테고리를 직접 호출하는 것도 충분히 가능하다. style과 같은 이름의 변수는 숨겨진 패턴을 찾기 위한 단서가 된다. Type이나 Category라는 단어도 클래스 이름으로 사용하기 쉽지만 문제 있는 단어이다. 그런데 타입이나 카테고리가 아닌 클래스란 무엇일까?

변수 style은 Bicycle을 서로 다른 두 종류로 구분하고 있다. 이 두 종류는 행동의 상당한 부분을 공유하고 있지만 style의 관점에서는 서로 다르다. Bicycle의 어떤 행동은 모든 자전거에 적용될 수 있지만 다른 행동은 로드 자전거에만, 그리고 또 다른 행동은 마운틴 자전거에만 적용될 수 있다. 하나의 클래스가 여러 개의 서로 다른, 하지만 연관된 타입을 가지고 있다.

이것이 바로 상속을 통해 해결할 수 있는 문제이다. 다시 말해서, 밀접히 연관된 타입들이 같은 행동을 공유하고 있지만 특정한 관점에서는 다른 경우인 것이다.

6.2.4 상속을 선택하기

다음 예시로 넘어가기 전에 상속에 대해 좀 더 구체적으로 검토할 필요가 있다. 상속은 짐짓 마술처럼 보일 수 있다. 하지만 많은 디자인 아이디어가 그렇듯이 올바른 관점에서 바라보면 사실 간단하다.

당연한 말이지만 객체는 메시지를 수신한다. 코드가 얼마나 복잡하든 메시지를 수신하는 객체는 다음의 두 가지 방법 중 하나로 메시지를 처리한다. 메시지를 직접 처리하거나 다른 객체가 처리할 수 있도록 메시지를 넘기거나.

상속은 두 객체 사이의 관계를 정의한다. 첫 번째 객체가 이해할 수 없는 메시지를 수신하면 이 객체는 다음 객체에게 **자동으로** 메시지를 전달한다. 또는 위임한다. 상속은 두 객체가 이와 같은 관계를 맺도록 정의해준다. 상속이란 이렇게 간단한 것이다.

상속이라는 단어는 몇몇 조상이 위쪽에 있고 그 아래 자식들이 이어져 있는 생물학적 가계도를 연상시킨다. 하지만 이 가계도의 이미지는 잘못된 인상을 심어줄 수 있다. 생물학의 세계에서 자식은 두 명의 조상을 가질 수 있다. 예를 들어, 당신도 두 명의 부모가 있을 것이다. 객체가 여러 명의 부모를 갖도록 허용하는 언어를 다중상속(multiple inheritance)을 지원하는 언어라고 말한다. 그리고 이런 언어로 코드를 디자인하는 프로그래머는 흥미로운 이슈들과 마주하게 된다. 여러 부모를 가지고 있는 객체가 자신이 이해할 수 없는 메시지를 수신했을 때 과연 어느 부모에게 메시지를 넘겨야할까? 둘 이상의 부모가 이 메시지에 대한 처리를 구현하고 있다면 어느 부모에게 우선권이 있는가? 우리가 쉽게 예상할 수 있듯이 문제는 금방 복잡해진다.

여러 객체지향 언어들은 이런 복잡함을 피해가기 위해 **단일상속**(single inheritance)을 지원한다. 하나의 하위클래스가 하나의 상위클래스만을 가질 수 있다. 상위클래스는 여러 하위클래스를 가질 수 있지만 하위클래스는 하나의 상위클래스만 가질 수 있다.

고전적 상속을 통한 메시지 전달은 클래스들 사이에서 이루어지는 작업이다. 오리 타입은 클래스들을 가로지르기 때문에 공통의 행동을 공유하기 위해 고전적 상속을 사용하지 않는다. 오리 타입은 루비의 모듈을 이용해서 코드를 공유한다.(모듈에 대해서는 다음 장에서 상세히 다룬다.)

직접 클래스들의 상속 관계를 구현한 적이 없더라도 우리는 이미 상속을 사용하고 있다. 상위클래스를 특정하지 않고 새로운 클래스를 생성했다면 루비는 Object 클래스를 이 클래스의 상위클래스로 등록시킨다. 우리가 만드는 모든 클래스는 정의(definition)에 의하면 어떤 클래스의 하위클래스이다.

우리는 이미 메시지의 자동 전달 시스템을 이용하고 있다. 어떤 객체가 이해할 수 없는 메시지를 수신하면 루비는 자동으로 이 메시지를 상위클래스의 연쇄(superlcass chain) 속으로 전달한다. 이 메시지를 처리할 수 있는 메서드를 구현하고 있는 상위클래스를 찾는다. 그림 6.3은 루비 객체가 nil? 메시지에 어떻게 반응하는지를 간단히 보여준다.

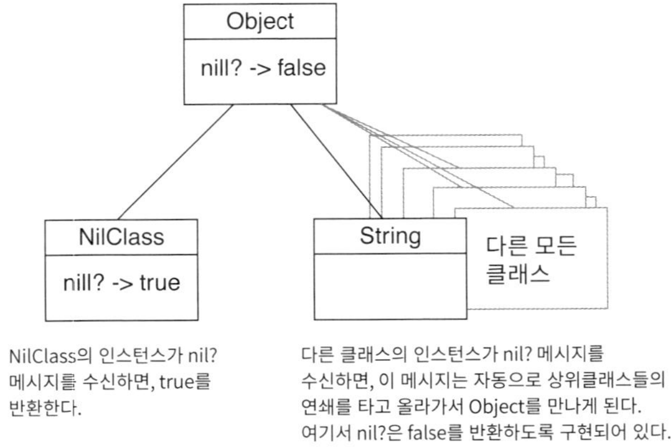

그림 6.3 NilClass는 nil?에 대해 true라고 답한다. string 및 NilClass의 인스턴스가 아닌 모든 객체는 false라고 답한다.

루비에서 nil은 NilClass의 인스턴스라는 점을 기억하자. nil은 다른 여타 객체들처럼 그저 하나의 객체일 뿐이다. 루비는 nil? 메시지를 두 군데서 구현하고 있다. 하나는 NilClass 클래스 안에 있고, 다른 하나는 Object 클래스 안에 있다. NilClass에서는 무조건 true를 반환하도록 구현되어 있고 Object에서는 false를 반환한다.

NilClass의 인스턴스에게 nil?를 전송하면 당연히 true라고 답한다. 다른 객체에 nil?을 전송하면 메시지는 상위클래스의 연쇄를 쭉 따라 올라가서 Object를 만난다. 여기서 nil?의 구현을 발견하고 false라는 답변을 얻는다. 결국, nil은 스스로가 nil이라고 말하게 되고 다른 모든 객체는 자기 자신이 nil이 아니라고 말하게 된다. 이 우아하고 간결한 해결책은 상속의 강력한 힘과 유용함을 보여준다.

이해하지 못하는 메시지가 상위클래스의 연쇄를 타고 올라간다는 사실은, 하위클래스는 상위클래스의 모든 행동을 갖고 있다는 점, 그리고 여기서 추가적인 행동을 더 가지고 있다는 사실을 말해준다. String의 인스턴스는 String이며 또한 Object이다. 모든 String은 Object의 모든 퍼블릭 메서드를 가지고 있으며 이 인터페이스에서 구현된 메시지에 반응한다. 결국 하위클래스는 상위클래스의 특수한 형태이다.

Bicycle 클래스 예시는 클래스 속에 여러 타입을 가지고 있다. 이제 조금 전에 작성한 코드를 모두 버리고 원래 상태의 Bicycle로 되돌아가자. 마운틴 자전거는 Bicycle의 특수한 형태일지도 모르겠다. 이 문제는 상속을 통해 해결할 수 있을 것 같다.

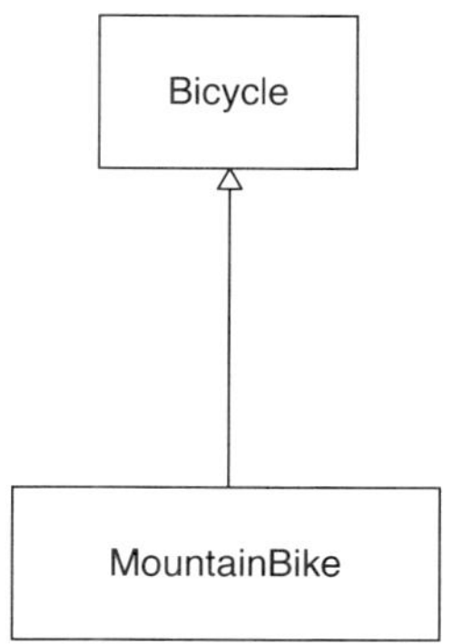

그림 6.4 MountainBike는 Bicycle의 하위클래스이다.

6.2.5 상속 관계 그리기

4장 유연한 인터페이스 만들기에서 UML 시퀀스 다이어그램을 사용했던 것처럼 클래스 사이의 관계를 도식화하기 위해 UML 클래스 다이어그램을 사용할 수 있다.

그림 6.4는 클래스 다이어그램이다. 다이어그램의 박스는 클래스를 의미한다. 둘 사이를 연결하는 실선은 두 클래스가 서로 연관되어 있다고 말해준다. 속이 비어 있는 화살표는 이 관계가 상속 관계라는 사실을 뜻한다. 화살표의 방향은 상위 클래스를 가리킨다. 결국, 이 그림은 Bicycle이 MountainBike의 상위클래스라는 사실을 보여준다.

6.3 상속의 잘못된 사용

여행의 과정이 그 목적지보다 중요하고 흔히 범할 수 있는 실수를 직접 경험하기보다는 예시를 통해 경험해보는 것이 낫다. 때문에 이번 절에서도 따라해서는 안 되는 잘못된 코드를 보여주고자 한다. 다음 코드는 초보자들이 흔히 경험하는 어려움을 보여준다. 상속을 별 어려움 없이 익숙하게 사용할 줄 아는 독자라면 이번 절을 읽지 않고 넘어가도 괜찮다. 하지만 상속을 처음 접하는 독자이거나 몇 번 시도해 보았지만 만족스럽지 못한 결과만 얻었던 독자라면 천천히 읽어보면 좋다.

다음 코드는 하위클래스 MountainBike를 만들어 보려는 첫 번째 시도이다. 이 하위클래스는 원래 있던 Bicycle 클래스를 바로 상속받고 있고 두 개의 메서드, initialize와 spares를 구현하고 있다. 이 메서드는 모두 Bicycle이 이미 구현하고 있다. 때문에 MountainBike에서는 재정의(overrride)되고 있다.

아래 코드에서 재정의된 메서드들은 super를 전송하고 있다.

```ruby
01  class MountainBike < Bicycle
02    attr_reader :front_shock, :rear_shock
03
04    def initialize(args)
05      @front_shock = args[:front_shock]
06      @rear_shock = args[:rear_shock]
07      super(args)
08    end
09
10    def spares
11      super.merge(rear_shock: rear_shock)
12    end
13  end
```

메서드 안에서 super를 전송하면 이 메시지를 상위클래스의 연쇄 속으로 넘겨주게 된다. 결국 예를 들어, 7번 줄의 initialize 메서드가 super를 전송하면 여기서 상위 클래스 Bicycle의 initialize 메서드를 실행한다.

별 생각 없이 코드를 작성하면 새로운 MountainBike 클래스를 기존의 Bicycle 클래스 밑에 쑤셔 넣게 된다. 그리고 예상컨대 여러 가지 문제가 발생할 것이다. MountainBike의 인스턴스는 그냥 봐도 말이 안 되는 행동을 가지고 있다. 이어지는 예시는 MountainBike에 size와 spares를 요청하면 어떻게 되는지 보여준다. 이 코드는 제대로 된 타이어 크기(size)를 잘 알려준다. 하지만 얇은 타이어를 가지고 있다고 말하고 핸들바 테이프가 필요한 듯 말한다. 이건 모두 잘못된 정보이다.

```ruby
01  mountain_bike = MountainBike.new(
02                    size: 'S',
03                    front_shock:  'Manitou',
04                    rear_shock:   'Fox')
05
06  mountain_bike.size # -> 'S'
07
08  mountain_bike.spares
09  # -> {:tire_size   => "23",          <- 틀렸다!
10  #     :chain       => "10-speed",
11  #     :tape_color  => nil,           <- 해당 사항 없음
12  #     :front_shock => 'Manitou',
13  #     :rear_shock  => "Fox"}
```

MountainBike의 인스턴스가 로드 자전거와 마운틴 자전거의 행동을 뒤죽박죽으로 가지고 있는 것은 당연하다. Bicycle 클래스는 상위클래스 용도로 만들어진 클래스가 아니라 구체 클래스이다. 여기에는 일반적인 자전거의 행동과 로드 자전거

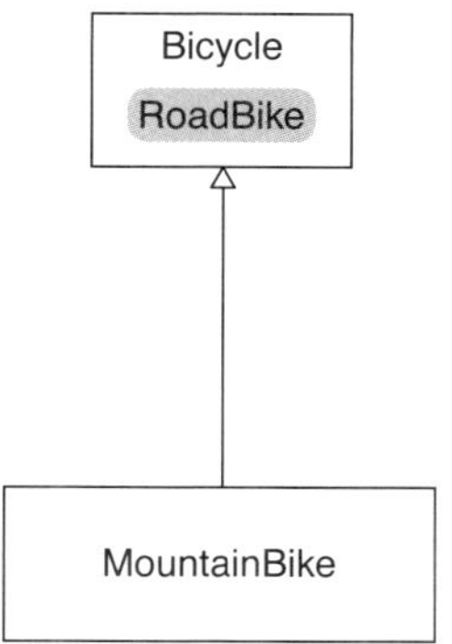

그림 6.5 Bicycle에는 자전거의 일반적인 행동과 로드 자전거의 특수한 행동이 섞여 있다.

의 특수한 행동이 섞여 있다. Bicycle 밑에 MountainBike를 억지로 끼워 넣는다면 일반적인 행동과 특수한 행동 모두를 상속받게 된다. 마운틴 자전거에 어울리는 행동이든 아니든 모든 행동을 상속받는다.

그림 6.5는 이런 상태를 클래스 다이어그램을 통해 잘 보여주고 있다. 여기서 로드 자전거의 행동은 Bicycle 속에 포함되어 있다. 이렇게 코드가 배치될 때 MountainBike는 자신이 원하지도 않고 필요로 하지도 않는 행동을 상속받는다.

Bicycle 클래스는 MountainBike의 형제 클래스에게 어울리는 행동과 Mountain Bike의 부모 클래스에게 어울리는 행동을 모두 가지고 있다. Bicycle의 어떤 행동은 MountainBike에 적용해도 괜찮지만 어떤 행동은 그렇지 않다. 또 다른 행동은 적용하는 것 자체가 말이 안 된다. 이렇듯 Bicycle은 MountainBike의 상위클래스일 수 없다.

디자인은 발전해 나가는 것이기 때문에 이런 상황은 계속해서 발생한다. 이 문제는 클래스들의 이름에서부터 이미 시작되었다.

6.4 추상화 찾아내기

코드를 처음 작성할 때부터 자전거라는 관념을 가지고 있었고 자전거는 Bicycle이라는 하나의 클래스로 모델링되었다. 처음 디자인했던 사람이 특수한 형태의 객체에게 일반적인 이름을 부여한 것이다. 이미 만들어진 Bicycle 클래스는 사실 모든 종류의 자전거를 표현하고 있지 않다. 이 클래스는 자전거의 특수한 형태, 즉 로드 자전거를 표현하고 있다.

Bicycle 클래스의 이름은 애플리케이션이 다루는 모든 자전거가 로드 자전거였을 때는 충분히 어울리는 이름이었다. 한 종류의 자전거 밖에 없었던 시절에 클래스 이름을 RoadBike라고 짓는 것은 쓸데없는 짓이다. 어쩌면 지나치게 구체적인 이름이라고도 볼 수 있다. 언젠가 마운틴 자전거를 지원해야 한다고 생각했더라도, Bicycle은 첫 번째 클래스의 이름으로 손색이 없다. 그리고 지금까지 충분히 잘 사용해 왔다.

하지만 MountainBike가 만들어지면서부터 Bicycle이라는 이름은 잘못된 정보를 주고 있다. 이 두 클래스의 이름이 둘 사이의 상속 관계를 **암시한다**. 우리는 MountainBike가 Bicycle의 특수한 형태라고 바로 생각해 버리고 만다. Mountain Bike를 Bicycle의 하위클래스라고 생각하면서 코드를 작성하는 건 매우 자연스러운 결과이다. 이건 제대로 된 구조이고 클래스 이름도 올바르다. 하지만 Bicycle 속의 코드에는 문제가 많다.

하위클래스는 상위클래스의 **특수한 형태**(specialization)이다. MountainBike는 Bicycle의 모든 행동을 갖고 있고 추가적인 행동을 더 가지고 있어야 한다. Bicycle과 협업할 수 있는 모든 객체는 MountainBike에 대해 아무것도 모른 채 MountainBike와 협업할 수 있어야 한다.

이건 상속의 기본 원칙이다. 이 원칙을 훼손하면 안 된다. 상속이 제대로 작동하려면 두 가지가 언제나 충족되어야 한다. 첫째, 모델링하는 객체들이 명백하게 일반-특수 관계를 따라야 한다. 둘째, 올바른 코딩 기술을 사용해야 한다.

마운틴 자전거를 자전거의 특수한 형태로 모델링하는 것은 매우 합당하다. 이 관계 설정은 올바르다. 하지만 위의 코드는 엉망이고 이 코드가 계속 전파된다면 끔찍한 결과에 봉착할 것이다. 현재의 Bicycle 클래스에는 일반적인 자전거의 코드와 특수한 로드 자전거의 코드가 뒤섞여 있다. 이제 이 둘을 분리해내야 할 시점이 왔다. 로드 자전거 코드를 Bicycle에서 걷어내고 하위클래스 RoadBike 속으로 옮겨야 한다.

6.4.1 추상화된 상위클래스 만들기

그림 6.6은 Bicycle이 MountainBike와 RoadBike의 상위클래스인 경우를 클래스 다이어그램으로 보여주고 있다. 이것이 우리의 목표이다. 이것이 우리가 만들고자 하는 상속 구조이다. Bicycle은 공통된 행동을 가지고 있고 MountainBike와 RoadBike에는 각자의 특수한 행동만 추가할 것이다. Bicycle의 퍼블릭 인터페이

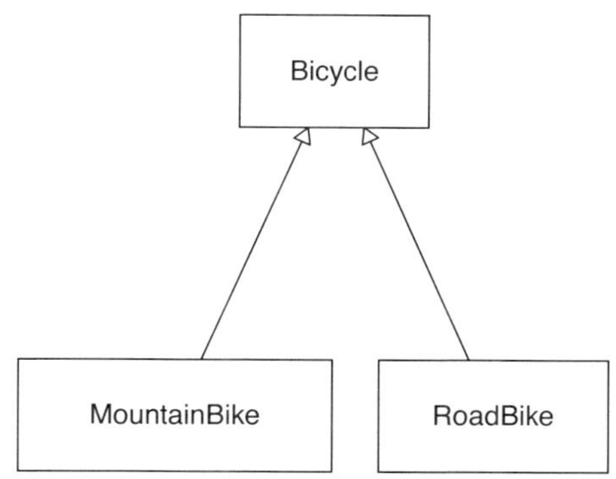

그림 6.6 MountainBike와 RoadBike의 상위클래스인 Bicycle

스에는 spares와 size가 포함되어 있어야 하고 하위클래스의 인터페이스에는 하위
클래스만의 고유한 부품이 추가될 것이다.

이제 Bicycle은 **추상 클래스**가 되었다. 3장 '의존성 관리하기'에서 우리는 추상성
(abstract)을 모든 구체적인(specific) 것으로부터 분리된 것이라고 정의했다. 이 정
의는 여전히 유효하다. 새로운 Bicycle 클래스는 자전거의 모든 것을 정의하고 있
지 않다. 단지 모든 자전거가 공유하는 부분들만 정의한다. 우리는 MountainBike
와 RoadBike의 인스턴스를 생성할 수 있지만 Bicycle은 new 메시지를 전송할 수
있는 클래스가 아니다. 이건 말이 안 된다. Bicycle은 더 이상 자전거 하나를 통째
로 재현하고 있지 않다.

어떤 객체지향 프로그래밍 언어는 특정 클래스를 명시적으로 추상 클래스로 선
언할 수 있도록 해주는 문법을 제공한다. 예를 들어 Java는 abstract 키워드를 제공
한다. Java 컴파일러는 이 키워드가 적용된 클래스의 인스턴스를 생성하지 못하도
록 방지해 준다. 루비는, 프로그래머를 믿는 그 본성을 따라, 이런 키워드를 제공하
지도 않으며 이런 종류의 제한도 두지 않는다. 좋은 코딩 센스가 Bicycle의 인스턴
스를 생성하는 것을 막을 수 있을 뿐이다. 현실 세계에서 이런 방법은 매우 잘 작동
한다.

추상 클래스는 상속받기 위해서 존재한다. 이것이 추상 클래스의 존재 이유다.
이 클래스는 하위클래스들이 공유하는 공통된 행동들의 저장소이고 이 추상 클래
스를 상속받은 하위클래스들은 구체적인 형태를 제공할 수 있다.

하나의 하위클래스만을 갖는 추상화된 상위클래스를 만드는 것은 거의 대부분의
경우 말이 안 된다. 원래의 Bicycle 클래스가 일반적인 행동과 특수한 행동을 모두

가지고 있었고 여기서 두 개의 클래스를 모델링하는 것을 상상해 볼 수 있었더라도, 이렇게 하지 말자. 언젠가 다른 종류의 자전거가 필요할 것이라고 아무리 쉽게 예상할 수 있더라도, 영원히 새로운 종류의 자전거가 필요한 순간이 오지 않을 수 있다. 다른 종류의 자전거를 다뤄야 하는 구체적인 요청에 직면하기 전까지는 현재의 Bicycle 클래스면 충분하다.

두 종류의 자전거를 다뤄야 하는 상황이라도 상속을 사용해야 하는 시점은 아닐 수 있다. 상속 관계를 만드는 데는 높은 비용이 든다. 이 비용을 최소화하는 가장 좋은 방법은 하위클래스가 추상 클래스를 필요로 하기 바로 직전에 추상 클래스를 만드는 것이다. 두 종류의 자전거는 추상화할 수 있는 공통된 행동에 대해 많은 정보를 제공해 줄 수 있을 것이다. 하지만 세 번째 종류의 자전거는 더 많은 정보를 제공해 준다. 패스트핏이 세 번째 종류의 자전거를 요구하기 전까지 추상 클래스를 만들지 않고 버틸 수 있었다면 좀 더 적절한 추상화를 찾아낼 수 있는 가능성은 훨씬 증가할 것이다.

아직은 Bicycle 상속 관계를 만들지 않기로 결정한다면 MountainBike와 Road Bike 클래스는 상당한 양의 중복 코드를 갖게 될 것이다. 상속 관계를 만들기로 결정한다면 아직 올바른 추상화를 위한 충분한 정보를 가지고 있지 않을지도 모른다는 위험을 감수하는 것이다. 상속 관계를 만들지 말지를 선택하는 것은 '세 번째 종류의 자전거가 얼마나 빨리 필요하게 될지' 그리고 '중복 코드를 관리하는 비용이 얼마인지' 사이에 달려 있다. 곧 세 번째 종류를 구현해야 할 것 같다면 코드 중복을 감내하고 더 나은 정보를 얻을 때까지 기다리는 것이 낫다. 반면, 이 중복 코드를 매일매일 변경해야 한다면 상속 관계를 만드는 것이 보다 나은 선택일 수 있다. 기다릴 수 있다면 기다리는 것이 좋다. 하지만 두 개의 구체적인 종류가 있고 상속 관계를 만드는 것이 올바른 선택인 듯 보인다면 두려워하지 말고 만들자.

일단 지금은 두 종류의 자전거밖에 없지만 상속 관계를 만들 충분한 이유가 있다고 가정하자. 새로운 상속 관계를 만들기 위한 첫 단추는 그림 6.6이 보여주는 클래스 구조를 만드는 일이다. 얼마나 올바른 코드인지에 대한 판단은 잠시 미뤄두자. 가장 손쉬운 수정은 Bicycle의 이름을 RoadBike로 바꾸고 Bicycle 클래스를 새로 만드는 방법이다. 다음 코드는 이런 작업을 보여준다.

```
01  class Bicycle
02      # 이 클래스에는 아무 내용이 없다.
03      # 여기 있던 코드는 모두 RoadBike로 옮겼다.
04  end
```

```
05
06  class RoadBike < Bicycle
07    # 이제 Bicycle의 하위클래스가 되었다.
08    # 기존의 Bicycle 클래스가 가지고 있던 모든 코드를 갖고 있다.
09  end
10
11  class MountainBike < Bicycle
12    # 여전히 Bicycle의 하위클래스이다.(비어 있지 않다.)
13    # 코드가 수정되지 않았다.
14  end
```

새로 만든 RoadBike 클래스는 Bicycle의 하위클래스이다. 기존의 MountainBike 클래스는 이미 Bicycle의 하위클래스였다. 이 클래스의 코드는 하나도 바뀌지 않았다. 하지만 이 클래스의 상위클래스가 아무런 내용을 갖고 있지 않기 때문에 클래스의 행동은 변경되었다. MountainBike가 의존하던 코드들은 부모 클래스에서 형제 클래스 속으로 옮겨갔다.

이런 식으로 코드를 재배치하는 것은 단순히 문제의 지점을 옮기는 것에 불과하다. 이제 Bicycle는 너무 많은 행동을 갖고 있는 것이 아니라 아무런 행동도 갖고 있지 않다. 모든 자전거가 공유해야 하는 공통된 행동들은 RoadBike 속에 갇혀 있고 MountainBike는 이 행동들에 접근할 수 없다.

이런 재배치가 의미 있는 이유는 하위클래스의 코드를 상위클래스로 올리는 것이 상위클래스의 코드를 하위클래스로 내리는 것보다 수월하기 때문이다. 왜 그런지는 아직 명쾌하기 다가오지 않겠지만 이어지는 예시들을 따라가다 보면 알게 될 것이다.

이어지는 일련의 작업은 공통되는 행동을 Bicycle로 옮기는 것을 통해 새로운 클래스 구조를 만들고 하위클래스가 Bicycle의 행동을 적절히 사용하도록 만든다.

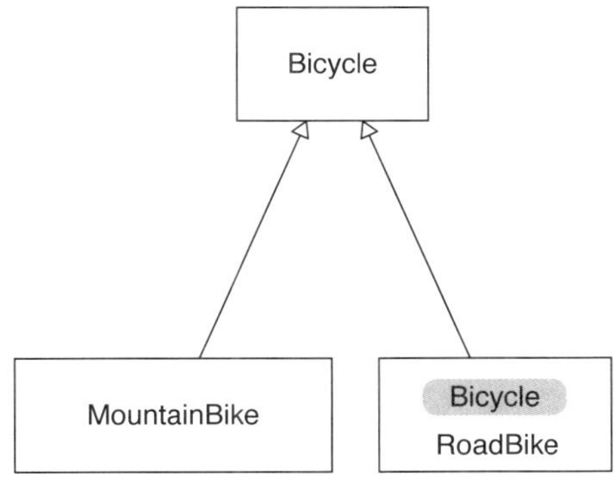

그림 6.7 이제 RoadBike가 모든 공통된 행동을 가지고 있다.

RoadBike는 필요한 모든 행동을 가지고 있기 때문에 제대로 작동하지만 MountainBike는 완전히 고장나 버렸다. 예를 들어, 각 하위클래스의 인스턴스를 만들어서 size를 물어보면 어떻게 되는지 살펴보자. RoadBike는 제대로 응답하지만 MountainBike는 제대로 동작하지 않는다.

```
01  road_bike = RoadBike.new(
02             size:        'M',
03             tape_color: 'red' )
04
05  road_bike.size  # => "M"
06
07  mountain_bike = MountainBike.new(
08                  size:        'S',
09                  front_shock:  'Manitou',
10                  rear_shock:   'Fox')
11
12  mountain_bike.size
13  # NoMethodError: undefined method 'size'
```

이런 에러가 발생하는 이유는 매우 명백하다. MountainBike뿐 아니라 그 상위클래스에서도 size를 구현하고 있지 않기 때문이다.

6.4.2 추상적인 행동을 위로 올리기

size와 spares는 모든 자전거에 적용될 수 있는 메서드이다. 이 행동은 Bicycle의 퍼블릭 인터페이스에 속한다. 현재 이 메서드들은 RoadBike에 묶여 있는데, 지금 해야 할 일은 이 둘을 Bicycle로 옮겨서 모든 자전거가 사용할 수 있는 공통 행동으로 바꾸는 것이다. size가 가장 간단한 메서드이기 때문에 이것부터 작업하는 것이 가장 자연스럽다.

아래 예시에서 볼 수 있는 것처럼 size 행동을 상위클래스로 올리기 위해서는 세 가지 수정이 필요하다. 어트리뷰트 리더(attr_reader)와 초기화 코드(initialize)를 RoadBike에서 Bicycle로 옮겨야 한다.(2번, 5번 줄) 그리고 RoadBike의 initialize 메서드에서 super를 전송해야 한다.(14번 줄)

```
01  class Bicycle
02    attr_reader :size # <- RoadBike에서 가져왔다.
03
04    def initialize(args={})
05      @size = args[:size] # <- RoadBike에서 가져왔다.
06    end
07  end
08
```

```ruby
09  class RoadBike < Bicycle
10    attr_reader :tape_color
11
12    def initialize(args)
13      @tape_color = args[:tape_color]
14      super(args) # <- 이제 RoadBike는 super를 전송해야만 한다.
15    end
16  # ...
17  end
```

이제 RoadBike는 size 메서드를 Bicycle로부터 상속받고 있다. RoadBike가 size를 수신하면 루비는 이 메시지를 상위클래스 연쇄로 전달(delegate)하여 Bicycle에서 해당 메시지를 구현하고 있는 부분을 찾는다. RoadBike는 Bicycle의 하위클래스이기 때문에 이 메시지 전달(message delegation)은 자동으로 이루어진다.

반면 @size 변수에 값을 할당하는 초기화 코드(initialize)를 공유하기 위해서는 약간의 수작업이 필요하다. @size 변수는 Bicycle의 initialize 메서드에서 값이 할당되고 있는데, RoadBike도 같은 initialize 메서드를 구현하고 있다. 또는 재정의하고 있다.

RoadBike가 initialize 메서드를 재정의하고 있기 때문에 루비는 RoadBike를 initialize 메시지의 정당한 수신자라고 생각한다. 루비는 이 메시지를 Bicycle로 전달하지 않는다. 두 클래스의 initialize 메서드가 모두 실행되어야 한다면 이제 RoadBike가 직접 메시지를 전달해야 한다. 명시적으로 super를 전송하는 것을 통해 이 메시지를 Bicycle로 전달해야 하는 것이다. 이 작업을 14번 줄에서 행하고 있다.

이번 수정 전에는, RoadBike는 size에 제대로 반응할 수 있었지만 MountainBike는 그러지 못했다. 이제는 두 자전거가 공유하는 행동이 Bicycle, 즉 공통의 상위클래스에 정의되어 있다. 마법 같은 상속 덕분에 이제 두 자전거 모두 size에 제대로 반응할 수 있게 되었다. 아래 코드를 보자.

```ruby
01  road_bike = RoadBike.new(
02              size:       'M',
03              tape_color: 'red' )
04
05  road_bike.size  # -> """M"""
06
07  mountain_bike = MountainBike.new(
08              size:        'S',
09              front_shock: 'Manitou',
10              rear_shock:  'Fox')
11
12  mountain_bike.size # -> 'S'
```

꼼꼼한 독자라면 자전거의 size를 처리하는 코드가 두 번 옮겨졌다는 점을 눈치챘을 것이다. 처음에는 원래의 Bicycle 클래스 안에 있다가 RoadBike로 **내려갔으며** 이제 다시 Bicycle 클래스로 끌어 **올려졌다**. 코드 자체는 변경되지 않았다. 그저 위치만 두 번 바뀌었을 뿐이다.

아마 중간 과정을 생략하고 처음부터 코드를 Bicycle에 남겨 놓고 싶은 사람도 있을 것이다. 하지만 '모두 아래로 내리고 그 다음에 필요한 것만 위로 올리기' 전략이 이번 리팩터링의 핵심이다. 상속을 구현하는 데 따르는 여러 어려움은 구체적인 것과 추상적인 것을 제대로 구분하지 못하는 데서 기인한다. Bicycle의 원래 코드는 이 두 가지를 모두 구현하고 있었다. 우리가 원래 Bicycle 코드를 가지고 구체적인 구현을 RoadBike로 **내려** 보내는 방향으로 작업했다면 작은 실수 한 번만으로도 구체적인 구현을 상위클래스에 남겨 놓게 될 것이다. 반면, Bicycle의 모든 코드를 일단 RoadBike로 내려놓으면 구체적인 구현을 남겨 놓을 걱정을 하지 않을 수 있다. 이런 상태에서 조심스럽게 추상화 코드를 찾아서 차근차근 위로 올리면 된다.

리팩터링 전략을 선택할 때, 물론 일반적인으로 디자인 전략을 선택할 때도 마찬가지인데, 다음과 같은 질문을 던져 보면 좋다. "내가 실수하면 어떤 일이 벌어질까?" 비어 있는 상위클래스를 만들고 추상화 코드를 위로 올리는 전략을 취할 때 발생할 수 있는 최악의 경우는 무엇일까? 추상화할 수 있는 코드를 하나도 찾지 못하는 것이다.

'위로 올리기' 전략은 실패했더라도 수정하기 쉬운 문제를 발생시킨다. 문제는 쉽게 찾을 수 있고 쉽게 고칠 수 있다. 추상화하지 않고 빼먹은 코드가 있더라도 다른 하위클래스가 해당 행동을 필요로 할 때가 오면 이 문제는 바로 눈에 띈다. 모든 하위클래스가 이 행동을 할 수 있도록 하기 위해서는 여러 개의 중복 코드를 양산하거나 이 행동을 상위클래스로 올리는 수밖에 없다. 가장 초보적인 프로그래머도 중복 코드를 작성하지 말라고 배웠기 때문에 나중에 누가 이 애플리케이션을 관리하든 이 문제는 쉽게 눈에 띈다. 위로 올리기에서 실수하더라도 추상화할 코드는 눈에 띄고 결국 상위클래스로 올려지면서 코드의 질이 높아진다. 이는 매우 자연스러운 과정이다. 위로 올리기에서 발생하는 실수는 그 대가가 크지 않다.

하지만 이 리팩터링을 반대 방향으로 진행한다면, 다시 말해 구체적인 구현을 아래로 내리는 방식으로 현재 클래스를 구체 클래스에서 추상 클래스로 변경하려 한다면 작은 실수 한 번으로도 구체적인 행동을 상위클래스에 남겨 놓게 된다. 추상 클래스에 구체적인 행동이 남아 있지만 이 행동은 문자 그대로 구체적인 것이기에 새로운 하위클래스에게 적용될 수 있는 행동이 아니다. 이제 하위클래스는 상속의 기본 법칙을 위반하게 된다. 하위클래스는 더 이상 상위클래스의 특수화된 형태가 아니다. 이 상속 관계는 믿을 수 있는 것이 아니다.

신뢰할 수 없는 상속 관계와 협업하는 객체는 이 상속 관계의 문제점에 대해 알고 있어야 한다. 경험이 부족한 프로그래머는 잘못된 상속 관계를 이해하기 어려워하고 문제를 수정하지 못한다. 이런 상속 관계를 사용해야 하는 상황이 닥치면, 상속 관계가 가지고 있는 문제를 자신의 코드 속으로 가지고 들어와 버린다. 종종 객체의 클래스를 확인하는 방식으로 말이다. 상속 관계의 구조를 알고 있어야 한다는 점, 이 지식 자체가 애플리케이션 곳곳에 스며들고 수정하기 힘든 의존성을 만들어낸다. 좋은 프로그래머라면 이런 문제를 남겨둬서는 안 된다. 아래로 내리기를 실패했을 때 그 결과는 여러 곳에 영향을 미치고 매우 치명적일 수 있다.

새로운 상속 관계를 만드는 리팩터링을 진행할 때 유념해야 하는 기본 원칙은, 구체적인 것을 내리기보다는 추상적인 것을 끌어올리는 방식을 취하라는 것이다.

이상의 논의에 비추어 본다면 몇 문단 전에 제기했던 질문의 의미를 더 잘 이해할 수 있을 것이다. "내가 실수하면 어떤 일이 벌어질까?" 우리가 한 번 결정을 내릴 때마다 애플리케이션은 두 번의 작업 비용을 지불해야 한다. 첫 번째는 코드를 작성하는 비용이 있고 잘못된 결정을 내렸다면 코드를 수정하는 비용이 추가된다. 선택의 순간에 이 두 비용을 염두에 둔다면 우리는 코드 수정 비용이 적게 드는 안정적인 선택을 할 수 있다.

이 점을 기억하고 이제 spares에 대해 이야기해 보자.

6.4.3 구체적인 것들 속에서 추상적인 것 분리해내기

RoadBike와 MountainBike 모두 각자의 spares 메서드를 구현하고 있다. RoadBike의 spares는 원래 있던 구체적인 Bicycle 클래스에서 가져온 것(아래 코드) 그대로이다. 여기에는 필요한 것이 다 들어있었기 때문에 여전히 제대로 작동한다.

```
01  class RoadBike < Bicycle
02    # ...
03    def spares
04      { chain:        '10-speed',
05        tire_size:    '23',
06        tape_color:   tape_color }
07    end
08  end
```

MountainBike의 spares는 하위클래스를 만들려는 첫 번째 시도 후에 남겨진 것(아래 코드)이다. 이 메서드는 super를 전송하고 상위클래스 역시 spares 메서드를 구현하고 있다고 믿고 있다.

```
01  class MountainBike < Bicycle
02    # ...
03    def spares
04      super.merge({rear_shock: rear_shock})
05    end
06  end
```

하지만 Bicycle은 아직 spares 메서드를 구현하고 있지 않다. 때문에 Mountain-Bike에 spares 메서드를 전송하면 다음과 같은 NoMethodError가 발생한다.

```
01  mountain_bike.spares
02  # NoMethodError: super: no superclass method 'spares'
```

이 문제를 해결하기 위해서는 Bicycle에 spares 메서드를 추가해야만 한다. 하지만 이건 RoadBike에 이미 존재하는 코드를 끌어 올리는 것으로는 해결되지 않는다.

RoadBike의 spare 메서드는 너무 많은 것을 알고 있다. chain과 tire_size 어트리뷰트는 모든 자전거에 공통된 것이지만 tape_color는 로드 자전거만 알고 있어야 하는 내용이다. 하드코딩되어 있는 chain과 tire_size 값도 모든 하위클래스에 적용될 수 있는 올바른 기본값이 아니다. 이 메서드는 많은 문제점을 가지고 있기에 이 코드를 그대로 끌어 올릴 수는 없다.

여기에는 여러 가지가 잔득 섞여 있다. 이 곤란한 혼합이 하나의 클래스 속에 있는 하나의 메서드 속에 숨겨져 있었을 때는 그냥 이대로 두어도 괜찮았다. 우리가 이 정도 혼란을 참을 수 있다면 무시할 수도 있었다. 하지만 이제 이 행동의 특정 부분만을 공유하려 하기 때문에 이 얽힘을 정리하고 구체적인 것과 추상적인 것을 분리해야 한다. 추상적인 것은 Bicycle로 올려 보내야 하고 구체적인 것은 Road-Bike에 남아 있어야 한다.

spares 메서드 전체에 대한 생각은 잠시 미뤄두고 일단 모든 자전거가 공유해야 하는 부분을 위로 올리는 것에 집중해 보자. chain과 tire_size에 집중해 보자. 이것들은 size처럼 어트리뷰트이다. 엑세서(accessors)와 세터(setters)를 통해 접근해야지 하드코딩된 값이어서는 안 된다. 아래의 요구사항을 따를 수 있어야 한다.

- Bicycle은 체인(chain)과 타이어 크기(tire size)를 갖는다.
- 모든 자전거는 chain의 기본값을 공유하고 있다.
- 하위클래스는 자신만의 타이어 크기(tire size) 기본값을 갖는다.
- 하위클래스의 구체적인 인스턴스는 기본값을 무시하고 인스턴스 고유의 값을 설정할 수 있다.

비슷한 것을 다루는 코드는 비슷한 패턴을 따른다. 아래는 size, chain, tire_size를 비슷한 방식으로 처리하는 새로운 코드이다.

```
01  class Bicycle
02    attr_reader :size, :chain, :tire_size
03
04    def initialize(args={})
05      @size = args[:size]
06      @chain = args[:chain]
07      @tire_size = args[:tire_size]
08    end
09    #... .
10  end
```

RoadBike와 MountainBike는 Bicycle의 attr_reader 정의를 상속받고 있고 둘 모두 initialize에서 super를 전송한다. 이제 모든 자전거는 size, chain, tire_size가 무엇인지 이해하고 있고 자전거가 어느 하위클래스에 속하는지에 따라 자신에게 맞는 특수한 값을 이 어트리뷰트에 넣어둘 수 있다. 위 목록의 첫 번째와 마지막 요구사항이 해결되었다.

사실 위 코드에는 특별한 것이 아무것도 없다. 처음부터 이런 식으로 코드를 작성했다면 좋았겠지만 지금이 이런 방식으로 코드를 발전시킬 만한 적당한 때이기도 하다. 이 코드는 하위클래스에 상속된다. 하지만 이 코드의 어디에도 이 코드를 상속하기 위해 작성했다는 사실을 보여주는 내용은 없다.

기본값과 관련된 두 개의 요구사항을 충족시켰으니 이쯤에서 흥미로운 것을 더 해 보자.

6.4.4 템플릿 메서드 패턴 사용하기

이어지는 수정은 Bicycle의 initialize 메서드가 기본값을 가져오는 메시지를 전송하도록 할 것이다. 여기서는 두 개의 새로운 메시지 default_chain과 default_tire_size가 각각 6, 7번 줄에 등장한다.

기본값을 메서드로 감싸는 것이 일반적으로 좋은 습관이기도 하지만 여기서 등
장한 새로운 메시지는 또 다른 의미를 가지고 있다. Bicycle이 이 메시지를 전송하
는 궁극적인 목표는 하위클래스가 이 메서드를 재정의하는 것을 통해 하위클래스
만의 특수한 행동을 추가할 수 있도록 하기 위함이다.

기본 구조를 상위클래스가 정의하고 상위클래스에서 메시지를 전송하여 하위클
래스의 특수한 값을 얻는 기술을 템플릿 메서드(template method) 패턴이라고 부
른다.

아래 코드에서 MountainBike와 RoadBike는 이 두 메서드 중 하나를 사용해서
하위클래스의 특수한 행동을 추가하고 있다. 둘 모두 default_tire_size를 구현하고
있지만 default_chain을 구현하고 있지는 않다. 이 두 하위클래스는 자신만의 고유
한 타이어 크기(tire size)를 갖지만 모두 동일한 체인(chain)을 사용한다.

```
01  class Bicycle
02    attr_reader :size, :chain, :tire_size
03
04    def initialize(args={})
05      @size = args[:size]
06      @chain = args[:chain] || default_chain
07      @tire_size = args[:tire_size] || default_tire_size
08    end
09
10    def default_chain              # <- 모두의 기본값
11      '10-speed'
12    end
13  end
14
15  class RoadBike < Bicycle
16    # ...
17    def default_tire_size          # <- 하위클래스 기본값
18      '23'
19    end
20  end
21
22  class MountainBike < Bicycle
23    # ...
24    def default_tire_size          # <- 하위클래스 기본값
25      '2.1'
26    end
27  end
```

이제 Bicycle은 그 하위클래스에게 구조를 제공한다. 또는 공통의 알고리즘이라고
말해도 좋다. 그리고 메시지 전송을 통해 하위클래스가 알고리즘에 개입할 수 있
는 여지도 남겨준다. 하위클래스는 해당 메서드 구현을 통해 알고리즘에 개입할 수

있다.

이제 모든 자전거는 동일한 체인(chain)을 사용하지만 서로 다른 타이어 크기 (tire size)를 갖는다. 아래 코드를 보자.

```
01  road_bike = RoadBike.new(
02                  size:        'M',
03                  tape_color: 'red' )
04
05  road_bike.tire_size      # => '23'
06  road_bike.chain          # => "10-speed"
07
08  mountain_bike = MountainBike.new(
09                  size:         'S',
10                  front_shock:  'Manitou',
11                  rear_shock:   'Fox')
12
13  mountain_bike.tire_size # => '2.1'
14  road_bike.chain          # => "10-speed"
```

여전히 코드에는 문제점이 남아 있기 때문에 성공을 자축하기는 이르다. 우리의 코드에는 잠시 한눈을 팔면 쉽게 빠져버리는 함정이 남아 있다.

6.4.5 모든 템플릿 메서드 구현하기

Bicycle의 initialize 메서드는 default_tire_size 메서드를 전송하지만 스스로는 이 메서드를 구현하고 있지 않다. 이 생략이 나중에 문제가 될 수 있다. 패스트핏이 또 새로운 종류의 자전거, 리컴벤트(recumbent) 자전거를 추가한다고 가정해 보자. 리컴벤트 자전거는 낮고 긴 자전거로, 누워서 타는 자전거이다. 이 자전거는 속도가 빠르고, 자전거를 타는 사람의 등과 목에 무리를 주지 않는다.

어떤 프로그래머가 RecumbentBike 하위클래스를 만들면서 default_tire_size 메서드를 구현하지 않았다면 어떻게 될까? 아래와 같은 에러를 보게 될 것이다.

```
01  class RecumbentBike < Bicycle
02    def default_chain
03      '9-speed'
04    end
05  end
06
07  bent = RecumbentBike.new
08  # NameError: undefined local variable or method
09  #   'default_tire_size'
```

이 상속 관계를 처음 만들었던 디자이너는 이런 실수를 범하지 않을 것이다. Bicycle을 만든 사람이고 하위클래스가 갖춰야 하는 것을 잘 알고 있기 때문이다. 현재는 코드가 잘 작동하지만 문제는 나중에 발생한다. 새로운 요구사항을 추가하는 과정에서 발생한다. 이때는 처음 코드를 작성한 사람보다 코드에 대한 이해도가 훨씬 부족한 사람이 이 문제와 마주하게 된다.

Bicycle은 코드의 필수 요소를 하위클래스가 구현하도록 해 놓았지만 코드를 한 번 훑어보고 이 사실을 알아채기는 힘들다. 여기에 문제의 핵심이 있다. Bicycle의 구조는 하위클래스가 default_tire_size를 **필수적으로** 구현하도록 되어 있다. RecumbentBike 같은 적절한 이름의 하위클래스가 이 사실을 인지하지 못했을 때 문제가 발생한다.

문제가 발생할 여지가 있는 것은 문제가 발생하기 전에 해결하는 것이 좋다. 이를 위해서는 다음의 간단한 원칙을 따르면 된다. 템플릿 메서드 패턴을 사용하는 클래스는 자신이 전송하는 메서드를 직접 구현해 놓아야 한다. 그 내용이 아래와 같더라도 말이다.

```
01  class Bicycle
02    #...
03    def default_tire_size
04      raise NotImplementedError
05    end
06  end
```

하위클래스가 이 메시지를 구현해야 한다고 명시적으로 말해주는 것은 그 자체로 훌륭한 문서가 된다. 또한 이 내용을 미처 파악하지 못한 사람에게도 유용한 에러 메시지를 제공한다.

Bicycle이 default_tire_size 메서드를 구현해 놓으면 새로운 RecumbentBike 인스턴스를 만들려는 시도는 아래와 같은 에러를 낳는다.

```
01  bent = RecumbentBike.new
02  # NotImplementedError: NotImplementedError
```

이 에러를 보여주고 스택 트레이스를 통해 에러가 발생한 지점을 찾도록 하는 것도 좋지만 추가적인 정보를 제공할 수도 있다. 아래 코드의 5번 줄을 보자.

```
01  class Bicycle
02    #...
03    def default_tire_size
04      raise NotImplementedError,
05            "This #{self.class} cannot respond to:"
```

```
06    end
07  end
```

이 추가 정보는 문제를 너무나 명확하게 드러내준다. 이 코드의 실행결과를 보면 알 수 있듯이 RecumbentBike는 default_tire_size를 구현해야 한다.

```
01  bent = RecumbentBike.new
02  # NotImplementedError:
03  #    This RecumbentBike cannot respond to:
04  #             'default_tire_size'
```

RecumbentBike를 작성한지 이 분이 지났든 아니면 두 달이 지났든 이 에러는 아주 명확하며 문제를 쉽게 해결할 수 있도록 해준다.

에러 상황에서 도움이 되는 에러 메시지를 제공하는 코드를 작성하면 지금 당장 별로 힘을 들이지 않고도 나중에는 큰 보상을 받을 수 있다. 영원히. 각각의 에러 메시지는 사소한 것이지만 사소한 것들이 모여 큰 결과를 낳는다. 그리고 사소한 것들에 대한 이런 관심이 우리를 진짜 프로그래머이게 해준다. 템플릿 메서드 패턴을 사용할 때는 언제나 호출되는 메서드를 작성하고 유용한 에러 메시지를 제공해야 한다. 이런 문서화는 꼭 필요하다.

6.5 상위클래스와 하위클래스 사이의 커플링 관리하기

이제 Bicycle은 자전거의 추상적인 행동을 모두 포함하고 있다. 자전거의 전체적인 크기, 체인 그리고 타이어 크기를 관리하는 코드를 갖추고 있고, 하위클래스가 이 어트리뷰트들에 기본값을 넣을 수 있는 구조도 제공한다. 상위클래스는 거의 완성되었고 spares만 구현하면 된다.

상위클래스의 spares 메서드는 여러 가지 방법으로 구현할 수 있다. 각 방법은 상위클래스와 하위클래스 사이의 결합(couple)이 모두 다르다. 결합을 관리하는 것은 중요하다. 강하게 결합된 클래스는 서로 들러붙어 있어서 독립적으로 수정할 수 없을 수도 있다.

이번 절에서는 spares를 구현하는 두 가지 방법을 보여줄 것이다. 하나는 쉽고 명료한 방법이고 다른 하나는 좀 더 기교를 부린 방식이지면 이 또한 훌륭한 방법이다.

6.5.1 커플링 이해하기

이번에 보여주는 첫 번째 구현 방식은 가장 간단히 작성할 수 있지만, 클래스 사이의 가장 강력한 결합을 만들어 낸다.

RoadBike는 현재 spares를 아래와 같이 구현하고 있다.

```
01  class RoadBike < Bicycle
02    # ...
03    def spares
04      { chain:         '10-speed',
05        tire_size:     '23',
06        tape_color:    tape_color}
07    end
08  end
```

이 메서드에는 이것저것이 다 섞여 있고 이 문제를 해결하려는 시도는 다른 코드를 정비하는 작업을 먼저 진행하게 만들었다. 이 과정에서 하드코딩된 체인과 타이어 값을 변수와 메시지로 뽑아냈으며, 이 부분만을 Bicycle로 올려놓았다. 자전거 체인과 타이어 크기와 관련된 코드는 이제 상위클래스 속에 있다.

MountainBike의 현재 spares 구현은 아래와 같다.

```
01  class MountainBike < Bicycle
02    # ...
03    def spares
04      super.merge({rear_shock: rear_shock})
05    end
06  end
```

MountainBike의 spares 메서드는 super를 전송한다. 이 클래스는 상위클래스가 spares를 구현하고 있다고 생각한다. MountainBike는 자신의 예비부품 해시(spare parts hash)를 super가 반환한 결과와 합친다. 여기서 super가 반환하는 결과가 해시라고 가정하고 있다.

이제 Bicycle은 chain, tire_size 메시지를 전송할 수 있고, spares 구현이 해시를 반환해야 하기 때문에 아래와 같이 spares 메서드를 구현하면 MountainBike의 요청에 부응할 수 있다.

```
01  class Bicycle
02    #...
03    def spares
04      { tire_size: tire_size,
05        chain:     chain }
06    end
07  end
```

이 메서드를 Bicycle에 넣어주면 모든 MountainBike가 제대로 작동한다. Road Bike도 작동하도록 만드는 것은 RoadBike의 spares 메서드를 MountainBike의 것과 비슷하게 바꾸면 그만이다. 체인과 타이어 크기를 얻어오는 부분을 super를 전송하는 방식으로 바꾸고 로드 자전거의 특수한 부분을 최종 결과 해시에 추가하면 된다.

이 마지막 수정사항이 완료하면 지금까지 작성한 코드 전체는 아래와 같이 된다. 그리고 이것이 우리가 구현한 첫 번째 상속 관계이다.

이 코드는 알아보기 쉬운 패턴을 가지고 있다는 점에 주목하자. Bicycle이 전송하는 모든 템플릿 메서드는 Bicycle 내에서 구현되어 있다. MountainBike와 RoadBike 모두 initialize와 spares 메서드에서 super를 전송한다.

```ruby
01  class Bicycle
02    attr_reader :size, :chain, :tire_size
03
04    def initialize(args={})
05      @size = args[:size]
06      @chain = args[:chain] || default_chain
07      @tire_size = args[:tire_size] || default_tire_size
08    end
09
10    def spares
11      { tire_size: tire_size,
12        chain:      chain}
13    end
14
15    def default_chain
16      '10-speed'
17    end
18
19    def default_tire_size
20      raise NotImplementedError, "This #{self.class} cannot respond to:"
21    end
22  end
23
24  class RoadBike < Bicycle
25    attr_reader :tape_color
26
27    def initialize(args)
28      @tape_color = args[:tape_color]
29      super(args)
30    end
31
32    def spares
33      super.merge({ tape_color: tape_color})
34    end
35
36    def default_tire_size
```

```ruby
37       '23'
38     end
39   end
40
41   class MountainBike < Bicycle
42     attr_reader :front_shock, :rear_shock
43
44     def initialize(args)
45       @front_shock = args[:front_shock]
46       @rear_shock = args[:rear_shock]
47       super(args)
48     end
49
50     def spares
51       super.merge({rear_shock: rear_shock})
52     end
53
54     def default_tire_size
55       '2.1'
56     end
57   end
```

이 클래스 상속 관계는 잘 작동한다. 때문에 여기서 작업을 완료하고 싶을지 모르겠다. 하지만 제대로 작동한다고 해서 충분하다는 것은 아니다. 여전히 제거해야 하는 함정이 있다.

MountainBike와 RoadBike 하위클래스가 비슷한 패턴을 따른다는 점을 주목하자. 이들 모두 자기 자신에 대해 아는 것이 있고(자신만의 고유한 예비부품들), 자신의 상위클래스에 대해 아는 것도 있다(상위클래스의 spares 구현이 해시를 반환한다는 점 그리고 initialize 메서드에 반응한다는 점).

다른 클래스에 대해 알고 있다면 여기서 의존성이 만들어진다. 그리고 의존성은 객체를 강하게 결합시킨다. 위 코드가 보여주는 의존성은 그 자체로 함정이다. 이 의존성은 하위클래스가 super를 전송하면서 만들어진다.

여기서 이야기하는 함정이 어떤 것인지 설명해 보자. 어떤 프로그래머가 하위클래스를 만들면서 initialize 메서드에서 super를 전송하는 것을 깜빡 잊었다면 아래와 같은 문제를 만날 것이다.

```ruby
01   class RecumbentBike < Bicycle
02     attr_reader :flag
03
04     def initialize(args)
05       @flag = args[:flag] # super를 전송하지 않았다.
06     end
07
08     def spares
```

```
09       super.merge({flag: flag})
10     end
11
12     def default_chain
13       '9-speed'
14     end
15
16     def default_tire_size
17       '28'
18     end
19 end
20
21 bent = RecumbentBike.new(flag: 'tall and orange')
22 bent.spares
23 # -> {:tire_size => nil, <- 초기화되지 않았다.
24 #     :chain     => nil,
25 #     :flag      => "tall and orange"}
```

리컴벤트 자전거가 initialize에서 super를 전송하지 않을 경우, Bicycle이 제공하는
공통의 초기화 과정을 빼먹게 된다. 때문에 size, chain, tire_size이 유효한(valid)
값을 얻어오지 못했다. 이 에러는 지금부터 훨씬 나중에 발생할 수도 있고 전혀 엉
뚱한 곳에서 발생할 수도 있다. 찾아내기 힘든 버그가 될 수 있다.

RecumbentBike가 spares 메서드에서 super를 전송하지 않았을 경우에도 비슷
하게 치명적인 문제가 발행한다. 당장 아무런 문제도 발생하지 않는다. 대신 잘못
된 예비부품(spares) 해시가 만들어졌다. 그리고 이 잘못된 해시는 정비공이 고장
난 자전거를 길가에 세워 두고, 있지도 않은 예비 부품을 찾아 헤매는 순간이 와서
야 그 모습을 드러낼지도 모른다.

어떤 프로그래머든 super를 전송하는 것을 깜빡 잊을 수 있고 이런 에러를 발생
시킬 수 있다. 하지만 에러는 다음 사람이 수정해야 한다. 코드를 속속들이 알고 있
지 못하지만 Bicycle의 하위 클래스를 새로 만들어야만 하는 미래의 프로그래머가
에러를 수정해야 한다.

이 상속 관계 속에서 하위클래스는 자신이 무엇을 해야 하는지 알아야 할 뿐 아
니라, 자신의 상위클래스와 어떻게 소통해야 하는지도 알고 있어야 한다. 하위클래
스가 자신과 관련된 특수한 부품에 대해 알고 있어야 하는 것은 당연하다. 하지만
하위클래스가 추상화된 상위클래스와 어떻게 소통해야 하는지도 알아야할 때, 문
제가 발생한다.

이 패턴은 알고리즘에 대한 지식을 하위클래스가 알아야 한다고 말한다. 하위클
래스에게 명시적으로 super를 전송하라고 강제한다. 모든 하위클래스들이 정확히

같은 지점에서 super를 전송하는 코드 중복이 발생하고, 미래의 프로그래머가 새
로운 하위클래스를 만들면서 실수할 수 있는 가능성을 높인다. 왜냐하면 프로그래
머는 하위클래스만의 특수한 행동을 추가하면 충분하다고 생각하고, super를 전송
하는 것을 쉽게 잊어버릴 수 있기 때문이다.

하위클래스가 super를 전송한다는 것은 스스로 알고리즘에 대해 알고 있다고 말
하는 것이다. 이 지식에 의존하고 있는 것이다. 만약 알고리즘이 바뀐다면, 하위
클래스의 고유한 특징은 아무것도 바뀌지 않았더라도, 제대로 작동하지 않을 수
있다.

6.5.2 훅 메시지를 사용해서 하위클래스의 결합 없애기

이 모든 문제는 마지막 리팩터링을 통해 해결할 수 있다. 하위클래스가 알고리즘을
알고 있고 super를 전송하는 대신 훅(hook) 메시지를 전송할 수 있다. 훅 메시지는
정해진 메서드 구현을 통해 하위클래스가 정보를 제공할 수 있도록 만들어주는 메
시지이다. 이 방법을 사용하면 하위클래스는 알고리즘에 대해 몰라도 되며, 상위클
래스가 모든 권한을 가질 수 있게 된다.

이어지는 예시에서는 하위클래스가 초기화 과정에 개입하기 위해 이 기술을 사
용한다. Bicycle의 initialize 메서드는 post_initialize 메서드를 전송한다. 그리고
이 메서드를 직접 구현한다. Bicycle은 아무것도 하지 않는 메서드를 만든다.

RoadBike는 post_initialize 메서드를 재정의하는 것을 통해 자신만의 고유한 초
기화 과정을 갖출 수 있다. 아래 코드를 보자.

```
01  class Bicycle
02
03    def initialize(args={})
04      @size = args[:size]
05      @chain = args[:chain] || default_chain
06      @tire_size = args[:tire_size] || default_tire_size
07
08      post_initialize(args)        # Bicycle이 전송한다.
09    end
10
11    def post_initialize(args)      # 이 메서드를 구현한다.
12      nil
13    end
14    # ...
15  end
16
17  class RoadBike < Bicycle
18
```

```
19    def post_initialize(args)          # 필요하다면
20      @tape_color = args[:tape_color]   # RoadBike가
21    end                                 # 재정의할 수 있다.
22    # ...
23  end
```

이 변화는 RoadBike의 initialize 메서드에서 super를 제거했을 뿐 아니라 initialize 메서드 자체를 제거해주었다. 이제 RoadBike는 초기화 과정에 관여하지 않는다. 대신 좀 더 크고 추상적인 알고리즘에 자신만의 특수한 내용을 추가한다. 이 알고리즘은 추상화된 상위클래스 Bicycle에서 정의되어 있고, post_initialize를 전송하는 것은 Bicycle의 책임이다.

RoadBike는 여전히 자기 자신에게 필요한 초기화 방식을 알고 있고 그 역할을 담당하고 있다. 하지만 초기화가 언제 이루어져야 하는지는 결정하지 않는다. 이번 변경 덕분에 RoadBike는 Bicycle에 대해 덜 알게 되었고 둘 사이의 결합이 줄어들었다. 그리고 두 클래스 모두 미래의 변경사항에 보다 유연하게 대처할 수 있게 되었다. RoadBike는 언제 post_initialize 메서드가 호출되는지 모르고 누가 이 메시지를 전송하는지도 신경 쓰지 않는다. Bicycle(또는 다른 어떤 객체)은 언제든 이 메시지를 전송할 수 있다. 객체가 초기화될 때 전송되어야 한다는 제약도 없다.

언제 전송할지를 상위클래스가 관리한다는 것은 하위클래스를 변경하지 않고도 알고리즘을 수정할 수 있다는 뜻이다.

같은 기술을 spares 메서드에서 super를 전송하는 부분을 제거하는 데도 사용할 수 있다. Bicycle이 spares를 구현하고 있고, 그 결과가 해시를 반환한다는 사실을 하위클래스가 알고 있을 필요 없이, 훅을 구현해서 Bicycle에게 관리 권한을 되돌려 주면 클래스 사이의 결합도를 낮출 수 있다.

이어지는 예시는 Bicycle의 spares 메서드가 local_spares를 전송하도록 수정한 것이다. Bicycle은 빈 해시를 반환하는 기본구현(default implementation)을 제공하고 있다. RoadBike는 이 훅을 이용하고 재정의해서 자기에게 필요한 local_spares를 반환한다. 로드 자전거에만 필요한 부품을 추가한 것이다.

```
01  class Bicycle
02    # ...
03    def spares
04      { tire_size: tire_size,
05        chain:     chain}.merge(local_spares)
06    end
07
08    # hook for subclasses to override
```

```
09     def local_spares
10       {}
11     end
12
13   end
14
15   class RoadBike < Bicycle
16     # ...
17     def local_spares
18       {tape_color: tape_color}
19     end
20
21   end
```

RoadBike의 local_spares 메서드는 기존의 spares 메서드를 대체하고 있다. 이 변화를 거쳐도 RoadBike만의 특수한 부품 정보를 제공하는 내용은 그대로 남아 있다. 하지만 Bicycle과의 결합은 훨씬 느슨해졌다. RoadBike는 Bicycle이 spares 메서드를 구현하고 있다는 사실을 알 필요가 없다. 그저 자신의 local_spares가 언젠가 어떤 객체에 의해 호출될 것이라는 점만 알고 있다.

MountainBike도 비슷하게 수정하고 나면 마지막 상속 관계 코드는 아래와 같이 된다.

```
01   class Bicycle
02     attr_reader :size, :chain, :tire_size
03
04     def initialize(args={})
05       @size = args[:size]
06       @chain = args[:chain] || default_chain
07       @tire_size = args[:tire_size] || default_tire_size
08       post_initialize(args)
09     end
10
11     def spares
12       { tire_size: tire_size,
13         chain:     chain}.merge(local_spares)
14     end
15
16     def default_tire_size
17       raise NotImplementedError
18     end
19
20     # 하위클래스가 재정의 할 수 있다
21     def post_initialize(args)
22       nil
23     end
24
25     def local_spares
26       {}
```

```ruby
27     end
28
29     def default_chain
30       '10-speed'
31     end
32
33   end
34
35   class RoadBike < Bicycle
36     attr_reader :tape_color
37
38     def post_initialize(args)
39       @tape_color = args[:tape_color]
40     end
41
42     def local_spares
43       {tape_color: tape_color}
44     end
45
46     def default_tire_size
47       '23'
48     end
49   end
50
51   class MountainBike < Bicycle
52     attr_reader :front_shock, :rear_shock
53
54     def post_initialize(args)
55       @front_shock = args[:front_shock]
56       @rear_shock = args[:rear_shock]
57     end
58
59     def local_spares
60       {rear_shock: rear_shock}
61     end
62
63     def default_tire_size
64       '2.1'
65     end
66   end
```

RoadBike와 MountainBike는 구체적인 구현만 가지고 있기 때문에 훨씬 읽기 쉽다. 한눈에 훑어봐도 이 클래스가 어떤 일을 하는지 알 수 있고 Bicycle의 특수한 형태라는 것도 명확하다.

새로운 하위클래스는 템플릿 메서드만 구현하고 있으면 된다. 마지막 예시는 애플리케이션에 익숙하지 않은 사람에게도 새로운 하위클래스를 만드는 것이 얼마나 간단한지 보여준다. RecumbentBike 클래스는 Bicycle의 새로운 형태, 특수한 형태이다.

```
01  class RecumbentBike < Bicycle
02    attr_reader :flag
03
04    def post_initialize(args)
05      @flag = args[:flag]
06    end
07
08    def local_spares
09      {flag: flag}
10    end
11
12    def default_chain
13      "9-speed"
14
15    end
16    def default_tire_size
17      '28'
18    end
19
20  end
21  bent = RecumbentBike.new(flag: 'tall and orange')
22  bent.spares
23  # -> {:tire_size => "28",
24  #      :chain      => "10-speed",
25  #      :flag       => "tall and orange"}
```

RecumbentBike의 코드는 뚜렷하고 명백하며, 규격화되어 있고 예측가능하다. 마치 컨베이어 벨트에서 바로 나온 제품 같다. 이 코드는 상속의 강력한 힘과 가치를 잘 보여주고 있으며, 상속이 제대로 정립되었을 경우 누구나 성공적으로 새로운 하위클래스를 만들 수 있다고 말해주고 있다.

6.6 요약

공통된 행동을 많이 공유하고 있지만 특정 관점에서만 다르고, 동시에 서로 연관된 타입들을 다루는 문제. 상속은 이런 문제를 해결해 준다. 공통된 코드를 고립시키고 공통의 알고리즘을 추상 클래스가 구현할 수 있도록 해준다. 동시에 하위클래스가 자신만의 특수한 행동을 추가할 수 있는 여지도 남겨 놓는다.

추상화된 상위클래스를 만드는 가장 좋은 방법은 구체적인 하위클래스의 코드를 위로 올리는 것이다. 최소한 세 개의 서로 다른 구체 클래스를 가지고 있다면 올바른 추상을 찾아내는 것은 어려운 일이 아니다. 이번 장의 간단한 예시는 두 개의 클래스를 가지고 작업했지만 실생활에서는 세 개의 타입이 제공하는 충분한 정보를 얻을 때까지 기다리는 것이 더 좋을 수 있다.

추상화된 상위클래스는 템플릿 메서드 패턴을 이용해서 하위클래스가 자신의 특수한 내용을 추가할 수 있도록 돕는다. 그리고 훅 메서드를 통해 super를 전송하지 않고도 특수한 내용을 전달할 수 있도록 해준다. 훅 메서드를 이용하면 하위클래스가 추상화 알고리즘을 알지 못해도 자신의 특수한 내용을 추가할 수 있다. 하위클래스가 super를 전송하지 않아도 괜찮기 때문에, 상속 관계의 층위 사이의 결합이 느슨해진다. 또한 수정을 잘 받아들일 수 있게 된다.

잘 디자인된 상속 관계는 새로운 하위클래스를 통해 쉽게 확장할 수 있다. 애플리케이션에 대해 잘 모르는 프로그래머도 확장할 수 있다. 이 손쉬운 확장성이 상속의 가장 강력한 장점이다. 안정적이고 공통된 추상적 형태를 갖는 여러 가지 구체적인 형태들을 만들어야 한다면 상속은 매우 효율적인 해결책일 수 있다.

7장

모듈을 통한 역할 공유

앞 장은 매우 훌륭해 보이는 코드와 함께 화려하게 마무리되었다. 지금까지 이런 코드를 왜 몰랐는지 아쉬울 정도다. 하지만 모든 디자인 이슈를 고전적 상속을 통해 해결하려 들기 전에 이런 고민을 해봐야 한다. 패스트핏이 리컴벤트 마운틴 자전거(recumbent mountain bike)를 필요로 하면 어떻게 할까?

이 새로운 디자인 이슈에 대한 해답이 바로 떠오르지 않아도 충분히 이해할 수 있다. 리컴벤트 마운틴 자전거를 만들기 위해서는 이미 있는 두 하위클래스의 특징을 묶어내야 하는데, 이는 상속에 어울리지 않는 문제다. 더 불편한 사실은 이런 곤란한 문제가 상속을 사용하고 나서 일이 잘못될 수 있는 많은 경우 중 하나일 뿐이라는 점이다.

상속을 사용해서 얻을 수 있는 이점을 최대한 누리려면 상속 코드를 작성하는 법뿐 아니라 언제 작성하면 좋을지도 알아야 한다. 고전적 상속은 언제나 여러 선택지 중 하나일 뿐이다. 상속이 해결할 수 있는 모든 문제는 다른 방식으로도 해결할 수 있다. 그 어떤 디자인 기술도 공짜로 구현되지 않는다. 때문에 가장 비용-효율적인 애플리케이션을 만들기 위해서는 여러 방법 사이의 비용과 상대적인 이점을 현명하게 저울질해 볼 필요가 있다.

이번 장에서는 상속의 기술을 이용해서 **역할**(role)을 공유하는 또 다른 방법을 탐구해 본다. 루비의 모듈(module)을 이용해 공통의 역할을 정의하는 예시를 만들어 보고 '상속 가능한 코드를 작성하는 방법'에 대한 실용적인 조언을 제공할 것이다.

7.1 역할 이해하기

어떤 문제들은 이 문제를 해결하기 위해서가 아니라면 별로 연관이 없는 객체들이 공통의 행동을 공유하게 만든다. 이런 공통의 행동은 클래스와 아무런 상관이 없다. 이 행동은 객체가 수행하는 **역할**(role)이다. 애플리케이션이 필요로 하는 여러 역할들은 디자인을 할 때도 매우 뚜렷히 드러나 있다. 하지만 코드를 작성하다 보면 미처 알아채지 못했던 역할을 발견하게 되는 경우도 종종 있다.

별 연관이 없는 객체가 서로 비슷한 역할을 수행하기 시작할 때 이 객체들은 주어진 역할을 누군가를 위해서 수행하면서 이 누군가와 관계를 맺는다. 이 관계는 고전적 상속이 만들어내는 상위클래스/하위클래스 관계처럼 눈에 뚜렷이 보이지 않는다. 하지만 이 관계는 분명 존재한다. 역할을 사용하면 역할과 관련된 객체들 사이에 의존성이 생겨난다. 이 의존성은 우리가 어떤 디자인을 선택할지 고민할 때 꼭 고려해야 하는 것들이다.

이번 절에서는 숨겨진 역할을 찾아내고 그 행동을 여러 수행자(player)들이 공유할 수 있도록 해주는 코드를 작성한다. 이 과정에서 만들어지는 의존성을 최소화하는 방법도 살펴본다.

7.1.1 역할 찾기

5장 '오리 타입으로 비용 줄이기'에서 살펴본 Preparer 오리 타입은 하나의 역할이다. Preparer의 퍼블릭 인터페이스를 구현하고 있는 객체가 이 역할을 수행한다. Mechanic, TripCoordinator, Driver 이들 모두 prepare_trip을 구현하고 있기 때문에 다른 객체는 이들이 모두 Preparer라고 생각하고 함께 협업할 수 있다. 이들이 실제 어떤 클래스에 속하는지 신경 쓸 필요는 없다.

Preparer 역할이 있다는 사실은 그 맞짝인 Preparable 역할이 있다는 점을 말해준다.(역할은 종종 맞짝을 이루어서 등장한다.) 5장에서는 Trip 클래스가 Preparable 역할을 수행했다. 다시 말해 Preparable의 인터페이스를 구현하고 있었다. 이 인터페이스는 Preparer가 Preparable에게 전송할 법한 모든 메시지를 포함하고 있다. 이 메시지는 bicycles, customers, vehicle이다. Preparable 역할을 수행하는 객체는 Trip뿐이기 때문에 이 역할은 명백하게 드러나지 않는다. 하지만 이런 역할이 있다는 것을 알고 있는 것은 중요하다. 9장 '비용-효율적인 테스트 디자인하기'에서는 Trip 클래스와 Preparable 역할을 구분하는 방법 및 Preparable 역할을 테스트하고 문서화하는 방법에 대해 검토한다.

Preparer 역할을 수행하는 수행자는 여럿이지만 이 역할은 매우 단순해서 인터페이스를 통해 모두 정의되어 있다. 객체가 이 역할을 수행하기 위해서는 자신만의 prepare_trip 메서드를 구현하면 그만이다. Preparer처럼 행동하려면 이 인터페이스만 공유하면 된다. 메서드 시그너처(method signature)를 공유할 뿐 코드를 공유하지는 않는다.

Preparer와 Preparable는 머리부터 발끝까지 오리 타입이다. 하지만 이보다 더 복잡한 역할을 발견하는 것이 보다 일반적이다. 메시지 시그너처만 공유하는 것이 아니라 특정 행동까지 공유해야 하는 역할이 있다. 역할 수행자들이 행동을 공유해야 할 경우에는 공통의 코드를 어떻게 정리할지 고민해야 한다. 이상적으로 말하자면, 이 코드는 단 한 곳에 정의되어 있고 오리 타입처럼 행동하고 주어진 역할을 수행하는 객체가 사용해야 한다.

여러 객체지향 언어들은 메서드의 묶음에 이름을 부여하고 관리할 수 있는 방법을 제공한다. 이 묶음은 클래스로부터 독립적이며 어느 객체에든 녹아들(mix in) 수 있다. 루비는 이런 믹스-인(mix-in)을 모듈이라고 부른다. 메서드는 모듈 속에서 정의되고 어느 객체든 이 모듈을 추가할 수 있다. 결국 모듈은 서로 다른 클래스에 속한 객체가 한 덩어리의 코드를 이용해서 같은 역할을 수행할 수 있는 최고의 방법을 제공한다.

객체가 모듈을 인클루드(include)하면 객체는 이 모듈이 정의하고 있는 메서드를 자동화된 위임(automatic delegation)을 통해 모두 사용할 수 있게 된다. 이 설명이 고전적 상속에 대한 이야기와 비슷하게 들릴 텐데, 실제 보기에도 그렇다. 적어도 모듈을 인클루드하는 객체의 관점에서는 이렇게 말할 수 있다. 이 객체의 관점에서 보면, 메시지가 도착하고, 이 메시지를 이해하지 못하고, 다른 어딘가로 메시지를 전달하고, 메서드를 구현하고 있는 곳을 마법처럼 찾아내고, 그 내용이 실행되고, 결과가 반환된다.

일단 코드를 모듈에 작성하고 객체가 모듈을 추가하면 이 객체가 반응할 수 있는 메시지의 수를 확장한 것이 된다. 그리고 복잡한 디자인의 새로운 영역에 발을 딛게 된다. 몇 개의 메서드만을 직접 구현하고 있는 객체도 결국에는 엄청난 양의 메시지에 반응할 수 있게 된다. 객체는 다음에서 설명하는 내용에 부합하는 모든 메시지에 반응할 수 있다.

- 스스로가 구현하고 있는 메시지
- 상속 관계에서 자기보다 상위에 있는 모든 객체가 구현하고 있는 메시지
- 자기가 인클루드한 모든 모듈이 구현하고 있는 메시지
- 상속 관계에서 자기보다 상위에 있는 모든 객체가 인클루드하고 있는 모든 모듈
  이 구현하고 있는 메시지

이 메시지 목록이 무서울 정도로 많아서 언젠가 혼란을 야기할 것 같다고 느낀다면 문제의 핵심을 제대로 포착한 것이다. 상속 관계의 저 끝에 있는 행동들을 이해하라는 것은 괜히 겁주는 말이거나 불가능한 미션일 뿐이다.

7.1.2 책임 관리하기

어떤 것이 가능한지 충분히 명료한 설명을 접했으니 이제 실제 작업해 볼 수 있는 예시를 살펴볼 차례다. 고전적 상속에서도 그랬던 것처럼 오리 타입을 사용하고 공통된 행동을 모듈에 넣으려 들기 전에 어떻게 하면 제대로 작업할 수 있는지를 먼저 알아야 한다. 6장 '상속을 이용해 새로운 행동 얻기'에서 만들어 놓았던 예시를 써먹을 순간이 왔다. 새로운 기술을 적용하면 훨씬 짧아지는 것을 볼 수 있다.

여행 스케줄을 짤 때 발생할 수 있는 문제를 생각해 보자. 여행은 일정한 시간 동안 진행되고 자전거, 정비공, 자동차가 필요하다. 자전거, 정비공, 자동차는 현실 세계에 존재하기 때문에 같은 시간에 두 장소에 존재할 수 없다. 패스트핏은 이 모든 것의 스케줄을 관리하고 있어야만 언제 어느 순간에 어떤 것을 사용할 수 있고 어떤 것을 사용할 수 없는지 알 수 있다.

사용할 수 있는 자전거나 자동차, 여행에 당장 동원할 수 있는 정비공이 있는지 확인하는 것은 생각보다 어려운 일이다. 여행 일정이 잡혀 있지 않다고 해서 이것들을 바로 동원할 수 있다고 생각하면 안 되기 때문이다. 현실 세계에서는 여행과 여행 사이에 잠깐의 쉬는 시간이 필요하다. 오늘 여행을 끝내고 내일 다시 새로운 여행에 투입될 수 없다. 자전거와 자동차는 점검을 받아야 하고, 정비공이 고객에게 친절하게 대하려면 좀 쉬어야 하고 빨래를 할 시간도 필요하다.

자전거는 여행과 여행 사이에 최소 하루 정도 정비할 시간이 필요하고 자동차는 적어도 사흘, 그리고 정비공은 나흘 정도 쉬어야 한다.

이 객체들의 스케줄을 관리하는 코드는 여러 가지 방법으로 작성할 수 있다. 그리고 이 책의 모든 부분에서처럼 예시를 조금씩 발전시켜 나갈 것이다. 일단 조금

문제가 있는 코드로 시작해서 좀 더 만족스러운 결과를 찾아 나간다. 이런 방식을 통해 우리가 빠지기 쉬운 안티패턴 역시 보여주고자 한다.

Schedule 클래스가 있다고 가정해 보자. 이 클래스의 인터페이스는 이미 다음과 같은 세 개의 메서드를 가지고 있다.

```
scheduled?(target, starting, ending)
add(target, starting, ending)
remcve(target, starting, ending)
```

위의 메서드 모두 세 개의 인자를 가지고 있다. 우리가 확인하려는 대상(target object), 그리고 관심 있는 기간의 시작일과 종료일이다. Schedule은 인자로 받은 target이 정해진 기간 동안 어떤 일정을 소화해야 하는지 알고 있어야 하고 이 target을 전체 일정에 추가하거나 제거하는 작업도 책임져야 한다. Schedule이 이런 책임을 가지고 있은 것은 정당해 보인다.

이 메서드들은 괜찮아 보인다. 하지만 불행이도 이 코드에는 뭔가 빠져 있다. 중복되게 일정을 잡지 않기 위해서는 특정 기간에 객체가 예약되어 있는지만 알고 있어도 된다. 하지만 특정 기간 동안 여행 일정이 잡혀 있지 **않다는** 것을 알아도 이 기간 동안 다른 여행에 참여할 수 있는지는 확신할 수 없다. 다른 일정을 잡아도 괜찮은지 제대로 알기 위해서는 여행을 시작하기 전에 필요한 준비시간(lead time)을 고려해야 한다.

그림 7.1은 Schedule이 준비시간을 제대로 알고 있고 준비시간 관리를 책임지는 형태를 보여준다. schedulable? 메서드는 필요한 모든 준비시간을 알고 있고 target 인자의 클래스를 확인해서 각 객체에 준비시간을 얼마나 할당해야 하는지 결정한다.

우리는 어떤 메시지를 전송해야 할지 알기 위해 클래스를 체크하는 이런 패턴을 본 죄이 있다. 여기서 Schedule은 클래스를 확인해서 **준비시간 값**을 얼마로 할당해야 하는지 알게 된다. 이 모든 경우에서 Schedule은 너무 많은 것을 알고 있다. 이 지식은 Schedule에 속할 것이 아니다. Schedule이 이름을 확인하는 대상들, 클래스들이 알고 있어야 하는 지식이다.

이 구현은 간단히 그리고 확실히 더 좋게 만들 수 있다. 지금 말한 패턴 자체가 어떤 수정이 필요한지 말해주기 때문이다. Schedule은 다른 클래스의 세부사항에 대해 모르는 채로 그저 메시지를 전송해야 한다.

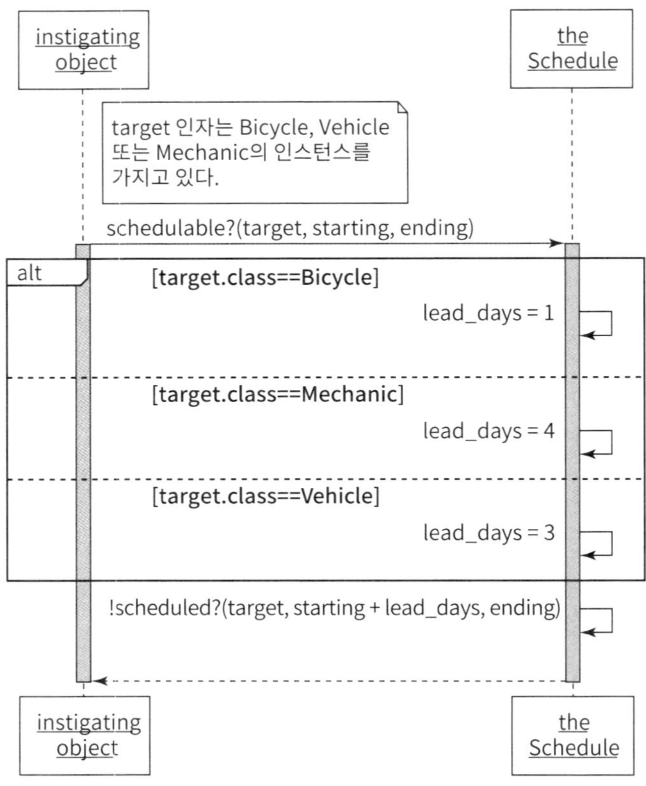

그림 7.1 Schedule은 다른 객체들 각각의 준비시간을 알고 있다.

7.1.3 불필요한 의존성 제거하기

특정 변수의 값을 무엇으로 할지 결정하기 위해 Schedule은 여러 클래스의 이름을 확인하고 있다. 이 사실은 특정 변수를 메시지로 바꾸어야 한다는 점을 알려준다. 입력 받은 객체에게 전송하는 메시지로 변경해야 한다.

Schedulable 오리 타입 찾아내기

그림 7.2의 시퀀스 다이어그램은 schedulable? 메서드가 클래스를 확인하는 부분을 제거하고, 대신 인자로 넘어온 target들에게 lead_days 메시지를 전송하도록 바뀐 모습을 보여준다. 이 변경을 통해 객체의 클래스를 확인하는 if문은 그 객체에게 보내는 메시지로 대체되었다. 코드는 좀 더 단순해졌고, 정확한 준비기간(lead days)을 알고 있어야하는 책임 역시 제일 마지막 객체가 갖게 되었다. 이 마지막 객체야말로 정확한 답변 가지고 있는 객체이며 그 책임을 담당해야 하는 객체이다.

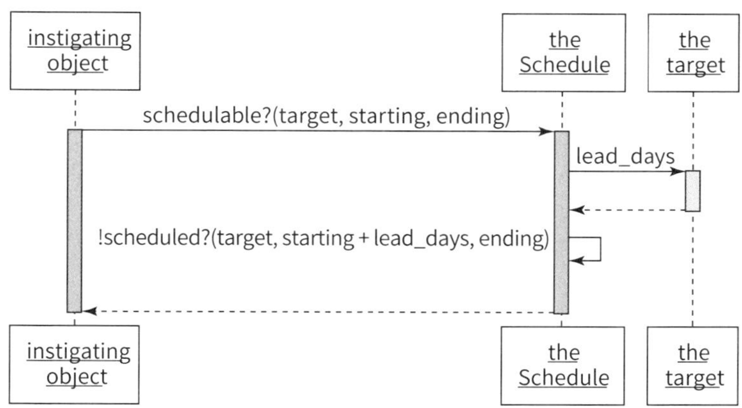

그림 7.2 Schedule은 각각의 target이 자신의 준비시간을 알고 있다고 생각한다.

그림 7.2를 좀 더 꼼꼼히 살펴보면 몇 가지 흥미로운 사실을 알 수 있다. 이 시퀀스 다이어그램에는 "the target"이라고 명명된 박스가 있다. 시퀀스 다이어그램의 박스는 객체를 의미하기 때문에 종종 클래스 이름으로 표시된다. "the Schedule"이나 "a Bicycle"처럼 말이다. 하지만 그림 7.2의 Schedule은 lead_days 메시지를 자신의 target에게 전송하고 있고 이 target은 특정 클래스의 인스턴스가 아니다. target의 클래스를 알 수 없기 때문에 이 메시지의 수신자를 뜻하는 박스에 어떤 이름을 채워 넣을지 명확하지 않았던 것이다.

이런 이슈를 피해서 다이어그램을 그리는 가장 손쉬운 방법은 변수의 이름을 박스의 이름으로 사용하는 방법이다. 특정 클래스 이름을 명시하지 않고 메시지를 "target"에게 보내는 것으로 표현하면 된다. Schedule은 target의 클래스에 전혀 관심이 없고 그저 target이 특정한 메시지에 반응할 수 있기를 바랄 뿐이다. 이러한 메시지 기반의 관점은 클래스 속으로 투과해 들어가서 그 속에 숨겨진 역할을 끄집어낸다. 모든 target이 수행하는 이 역할을 시퀀스 다이어그램을 통해 명시적으로 볼 수 있게 된다.

Schedule은 target이 lead_days 메시지를 이해하는 어떤 객체처럼 행동하리라 믿는다. 다시 말해서, "schedulable"인 듯 행동하리라 생각한다. 여기서 우리는 오리 타입을 발견한다.

새로운 오리 타입은 5장에서 다루었던 Preparer 오리 타입과 매우 비슷하게 생겼다. 오직 인터페이스만을 공유하는 오리 타입이다. Schedulable은 lead_days를 필수적으로 구현하고 있어야 하지만 그 외에는 코드를 공유하지 않는다.

객체가 자기 스스로를 표현할 수 있게 하기

이 오리 타입을 발견하고 사용하면 Schedule은 특정 클래스 이름에 의존하지 않을 수 있다. 애플리케이션은 좀 더 유연해졌고 유지보수하기 쉬워졌다. 하지만 그림 7.2에는 여전히 불필요한 의존성이 있고, 이 의존성은 제거되어야 한다.

약간 극단적인 예를 들면 이 의존성을 좀 더 쉽게 확인할 수 있다. 문자열(string)을 관리하는 유틸리티 메서드(utility methods)를 구현하고 있는 StringUtils 클래스가 있다고 가정해 보자. 주어진 문자열이 비어있는지 확인하고 싶다면 StringUtils에 empty? 메서드를 전송하면 된다. StringUtils.empty?(some_string)

객체지향 코드를 어느 정도 작성해 본 경험이 있다면 이런 코드를 보고 황당하다고 느낄 것이다. 문자열을 관리하기 위해 별도의 클래스를 사용하는 일은 명백하게 불필요한 짓이다. 문자열은 객체이고 그 자체로 행동들을 가지고 있다. 문자열의 행동을 얻기 위해 StringUtils라는 제삼자를 알고 있어야 한다는 것은 불필요한 의존성을 추가하는 일이다.

이 예시는 '객체는 자기 스스로를 관리할 수 있어야 한다'는 생각을 보여준다. 자기 자신의 행동은 자기 자신이 가지고 있어야 한다. 우리가 객체B에 대해 알고 싶을 때 꼭 객체A에 대해 알고 있어야 한다면 이건 문제가 있다. 객체A의 용도가 객체B에 대해 무언가를 알기 위한 것일 뿐이라면 말이다.

그림 7.2의 시퀀스 다이어그램은 이런 원칙을 위반하고 있다. 가장 왼쪽의 시작객체(instigator)는 target이 여행에 동원될 수 있는지(scedulable한지) 확인하려 들고 있다. 하지만 이 질문을 target에게 바로 던지지 않고 Schedule이라는 제삼자에게 던지고 있다. Schedule에게 target이 스케줄을 소화할 수 있는지 묻는 것은 StringUtils에게 문자열이 비어있는지 물어보는 것과 똑같다. 시작객체가 Schedule을 알아야 한다고 강제하는 것이고 Schedule에 의존하게 만든다. 진짜 알고 싶은 것은 target에 대한 것이지만 Schedule에 대해 알고 있어야 한다.

문자열이 empty? 메서드에 반응할 수 있고 자기 자신을 표현할 수 있듯이 target도 schedulable?에 반응할 수 있어야 한다. Schedulable 역할의 인터페이스에는 schedulable? 메서드가 추가되어야 한다.

7.1.4 구체적인 코드 작성하기

현재의 Schedulable 역할은 인터페이스만을 가지고 있다. schedulable? 메서드를 추가하기 위해서는 실제 코드를 작성해야 하고, 이 코드를 어디에 작성할지 고민할

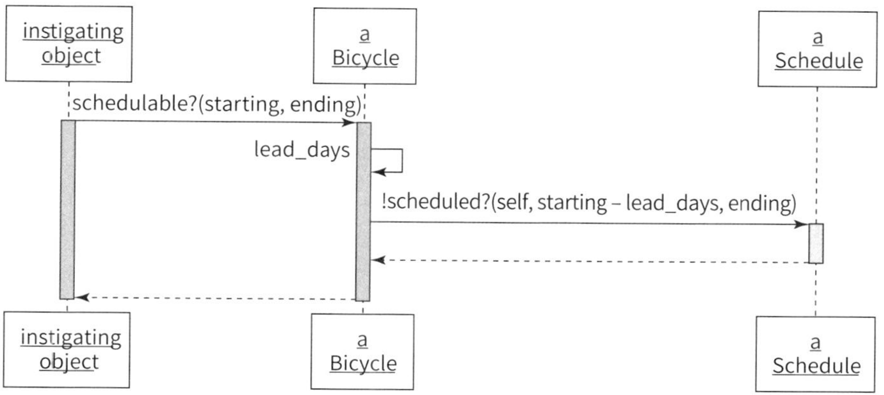

그림 7.3 Bicycle 클래스는 자신이 schedulable이라는 사실을 알고 있다.

수밖에 없다. 우리는 두 가지를 결정해야 한다. 코드가 무엇을 해야 하는지, 그리고 코드를 어디에 두어야 하는지.

일을 시작하기 가장 좋은 출발점은 이 두 결정을 분리해서 다루는 것이다. 임의의 구체 클래스(예를 들어 Bicycle)을 하나 선택하고 여기에 schedulable? 메서드를 구현하자. Bicycle이 사용할 수 있는 코드가 완성되면 모든 코드를 재배치해서 Schedulable이 사용할 수 있도록 리팩터링하면 된다.

그림 7.3은 Bicycle에 새로운 코드를 추가한 시퀀스 다이어그램이다. 이제 Bicycle은 자신이 여행에 참여할 수 있는지, 즉 '스케줄가능성(schedulable)'에 대해 묻는 메시지에 답할 수 있게 되었다.

이 변경 전에는 모든 시작객체(instigating object)가 Schedule 객체를 알고 있어야 했고 그런 의미에서 의존성을 갖고 있었다. 이 변경을 통해 bicycle은 스스로를 표현할 수 있게 되었고 시작객체는 제삼자의 도움 없이도 bicycle과 소통할 수 있게 되었다.

이 시퀀스 다이어그램을 코드로 옮기는 일은 매우 쉽다. 아래에 간단한 Schedule 클래스가 있다. 물론 실제 서비스에서 사용할 수 있는 코드는 아니지만 이어지는 예시에서 사용하기에는 충분하다.

```ruby
01  class Schedule
02    def scheduled?(schedulable, start_date, end_date)
03      puts "This #{schedulable.class} " +
04          "is not scheduled\n" +
05          " between #{start_date} and #{end_date}"
06      false
07    end
08  end
```

이어지는 예시는 Bicycle의 schedulable? 구현을 보여준다. Bicycle은 자신의 준비 시간(lead time)을 알고 있다(23번 줄에서 정의되어 있고 13번 줄에서 사용한다). 그리고 scheduled? 메시지를 Schedule에게 전달(delegate)한다.

```ruby
01  class Bicycle
02    attr_reader :schedule, :size, :chain, :tire_size
03
04    # Schedule을 주입(inject)하여 기본값(default)을 제공한다.
05    def initialize(args={})
06      @schedule = args[:schedule] || Schedule.new
07      # ...
08    end
09
10    # Bicycle의 준비시간이 감안해서, 주어진 기간에
11    # bicycle을 사용할 수 있으면 true를 반환한다.
12    def schedulable?(start_date, end_date)
13      !scheduled?(start_date - lead_days, end_date)
14    end
15
16    # schedule의 답변을 반환한다.
17    def scheduled?(start_date, end_date)
18      schedule.scheduled?(self, start_date, end_date)
19    end
20
21    # bicycle을 사용하기 전에 필요한
22    # 준비시간의 일수(days)를 반환한다.
23    def lead_days
24      1
25    end
26    # ...
27  end
28
29  require 'date'
30  starting = Date.parse("2015/09/04")
31  ending = Date.parse("2015/09/10")
32
33  b = Bicycle.new
34  b.schedulable?(starting, ending)
35  # 이 자전거는 2015-09-03과 2015-09-10 사이에
36  # 사용할 수 있다.
37  # => true
```

코드를 실행해 보면(30-35번 줄) Bicycle이 준비기간을 고려해서 시작일을 재조정했다는 것을 알 수 있다.

이 코드는 Schedule이 누구인지, Bicycle안에서 어떤 일을 하는지를 밖으로 드러내지 않는다. Bicycle과 협업하는 객체는 더 이상 Schedule의 존재도 그 행동도 알 필요가 없다.

7.1.5 추상화하기

위의 코드는 schedulable? 메서드가 '무엇을 해야 하는지' 답해 주었고 우리의 첫 번째 문제를 해결해 주었다. 하지만 Bicycle만 '스케줄 가능성(schedulable)'을 갖고 있으면 안 된다. Mechanic, Vehicle도 같은 역할을 수행하며 같은 행동을 갖고 있어야 한다. 이제 다른 클래스의 객체들도 이 코드를 공유할 수 있도록 코드를 재배치할 때이다.

아래의 새로운 Schedulable 모듈은 위의 Bicycle 클래스에서 공통행동을 뽑아내서 추상화한 것이다. schedulable?(8번 줄)과 scheduled?(12번 줄) 메서드는 Bicycle에서 구현했던 것과 완전히 동일하다.

```
01  module Schedulable
02    attr_writer :schedule
03
04    def schedule
05      @schedule ||= ::Schedule.new
06    end
07
08    def schedulable?(start_date, end_date)
09      !scheduled?(start_date - lead_days, end_date)
10    end
11
12    def scheduled?(start_date, end_date)
13      schedule.scheduled?(self, start_date, end_date)
14    end
15
16    # 이 모듈을 인클루드 하는 객체가 재정의할 수 있다.
17    def lead_days
18      0
19    end
20
21  end
```

Bicycle 안에 있었을 때와 비교해 보면 두 가지가 변경되었다. 첫째로 schedule 메서드(4번 줄)가 추가되었다. 이 메서드는 Schedule의 인스턴스를 반환한다.

그림 7.2에서는 시작객체가 Schedule에 의존하고 있었다. 이는 애플리케이션의 여러 곳에서 Schedule에 대한 지식이 흩뿌려져 있다는 뜻이다. 그 다음 리팩터링, 그림 7.3에서는 이 의존성을 Bicycle로 옮겼고, 애플리케이션의 이곳저곳에 접촉하지 않게 되었다. 그리고 이제 위의 코드에서는 Schedule에 대한 의존성이 Bicycle에서 Schedulable 모듈로 옮겨졌다. 훨씬 더 고립되었다.

두 번째 변경은 lead_days 메서드(17번 줄)에서 찾을 수 있다. Bicycle이 구현했던 lead_days는 자전거에만 적용되는 숫자를 반환했다. 모듈은 보다 일반적인 기본값, 0을 반환한다.

모든 객체에 적용할 수 있는 준비기간(lead days)의 기본값은 없다. 그렇지만 Schedulable 모듈은 lead_days 메서드를 꼭 구현하고 있어야 한다. 고전적 상속에 적용되었던 원칙은 모듈에도 그대로 적용된다. 모듈이 메시지를 전송한다면 그 구현 역시 직접 가지고 있어야 한다. 그 구현이 이 모듈의 사용자에게 특정 메서드를 구현하라는 에러를 발생시킬 뿐이라도 말이다.

아래 예시처럼 이 모듈을 원래의 Bicycle 클래스에 인클루드하면 Bicycle이 반응할 수 있는 메서드들의 목록에 모듈의 메서드들이 추가된다. lead_days 메서드는 템플릿 메서드 패턴을 따르는 훅(hook) 메서드이다. Bicycle은 이 훅 메서드(4번 줄)를 재정의해서 자신만의 특수한 행동을 추가할 수 있다.

코드를 실행해 보면 Bicycle이 직접 Schedulable 역할을 구현하고 있었던 기존의 코드와 동일하게 작동한다는 것을 알 수 있다.

```
01  class Bicycle
02    include Schedulable
03
04    def lead_days
05      1
06    end
07
08    # ...
09  end
10
11  require 'date'
12  starting = Date.parse("2015/09/04")
13  ending = Date.parse("2015/09/10")
14
15  b = Bicycle.new
16  b.schedulable?(starting, ending)
17  # 이 자전거는 2015-09-03과 2015-09-10 사이에
18  # 사용할 수 있다.
19  # => true
```

메서드들을 Schedulable 모듈로 옮겼고 이 모듈을 인클루드하면서 lead_days 메서드를 재정의했다. 덕분에 Bicycle은 여전히 정상적으로 작동한다. 그리고 이 모듈을 만들었기 때문에 다른 객체들도 이 모듈을 사용해서 Schedulable이 될 수 있는 길이 열렸다. 객체들은 중복코드를 작성하지 않고도 이 역할을 수행할 수 있게 되었다.

메시지의 패턴은 Bicycle에게 schedulable?을 전송하는 것으로부터 Schedulable에게 schedulable?을 전송하는 것으로 바뀌었다. 이렇게 오리 타입을 만들어

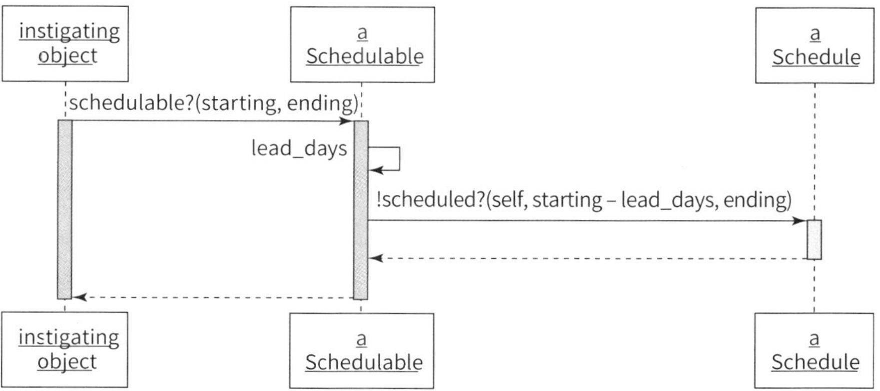

그림 7.4 Schedulable 오리타입

놓았으니 그림 7.3의 시퀀스 다이어그램을 그림 7.4처럼 변경하자.

여행에 참여할 수 있는(schedulable) 모든 클래스에 새로 만든 모듈을 인클루드하면 코드의 패턴이 상속을 사용했던 경우와 매우 비슷할 것이다. 아래 예시는 Vehicle과 Mechanic에 Schedulable 모듈을 인클루드하여 schedulable? 메시지에 반응할 수 있도록 변경한 것이다.

```
01  class Vehicle
02    include Schedulable
03
04    def lead_days
05      3
06    end
07
08    # ...
09  end
10
11  class Mechanic
12    include Schedulable
13
14    def lead_days
15      4
16    end
17
18    # ...
19  end
20
21  v = Vehicle.new
22  v.schedulable?(starting, ending)
23  # 이 차량은 2015-09-01과 2015-09-10 사이에
24  # 사용할 수 있다.
25  # => true
26
```

```
27  m = Mechanic.new
28  m.schedulable?(starting, ending)
29  # 이 정비공은 2015-02-29과 2015-09-10 사이에
30  # 여행에 참여할 수 있다.
31  # => true
```

Schedulable 속에 있는 코드는 추상화된 것들이다. 그리고 템플릿 메서드 패턴을 이용해서 객체들이 알고리즘에 자신만의 특수한 내용을 추가할 수 있도록 해주고 있다. Schedulable 역할을 수행하는 객체들은 lead_days 메서드를 재정의해서 이런 특수성을 획득한다. Schedulable 객체가 schedulable? 메시지를 수신하면 이 메시지는 자동으로 Schedulable 모듈로 전달된다.

이런 방식이 고전적 상속의 엄밀한 정의에 부합하지는 않는다. 하지만 코드를 어떻게 작성해야 하는지 그리고 메시지가 어떻게 처리되는지를 보면 분명히 상속과 비슷하게 작동한다. 메서드 탐색(method lookup)이 동일한 방식으로 진행되기 때문에 코딩 방식 역시 동일하다.

이번 장은 '고전적 상속'과 '모듈을 통한 코드 공유' 사이의 구분을 유지하기 위해 노력해왔다. 상속인 것과 상속처럼 행동하는 것의 차이는 분명 중요하다. 어느 것을 선택하는가에 따라 그 효과도 다르다. 하지만 이 두 코딩 기술은 매우 비슷한데, 둘 모두 자동화된 메시지 전달(automatic message delegation)에 기반하고 있기 때문이다.

7.1.6 메서드를 찾아 올라가기

객체지향 언어들, 그리고 루비가 전송된 메시지와 맞짝을 이루는 메서드 구현을 어떻게 찾는지 이해하고 있다면 고전적 상속과 모듈을 인클루드하는 것 사이의 유사점을 이해하기 쉬울 것이다.

아주 단순한 설명

객체가 메시지를 수신하면 객체지향 언어는 먼저 이 객체의 클래스에서 메서드 구현을 찾아본다. 이건 너무 당연하다. 클래스에서 구현되어 있지 않다면 클래스의 모든 인스턴스는 같은 구현을 중복으로 가지고 있어야 할 것이다. 객체가 이해하는 메서드를 그 객체의 클래스에 저장해 놓는다는 것은 이 클래스의 모든 인스턴스가 같은 메서드들의 묶음을 공유한다는 뜻이다. 이 메서드들은 단 한 곳에 정의되어 있으면 된다.

전반적으로 이 책에서는 논의하고 있는 객체가 어떤 클래스의 인스턴스인지 아니면 클래스 그 자체인지를 명확하게 표현하지 않았다. 맥락을 보면 충분히 파악할 수 있다고 생각했고 독자들도 클래스 역시 객체일 뿐이라는 생각에 익숙하리라 생각했기 때문이다. 하지만 메서드 탐색(method lookup)을 설명하기 위해서는 좀 더 정교하게 서술할 필요가 있다.

위에서 말했듯이, 메서드를 찾는 과정은 메시지를 수신한 객체의 클래스에서 시작된다. 이 클래스가 메시지를 구현하고 있지 않다면 그 상위클래스를 찾아본다. 이때부터는 상위클래스들만 신경 쓰면 된다. 탐색은 상위클래스들의 연쇄를 타고 올라간다. 상위클래스를 탐색하고, 이어서 상위클래스의 상위클래스를 탐색한다. 이 과정은 상속 관계의 가장 위에 위치한 클래스에 이를 때까지 진행된다.

그림 7.5는 우리가 6장에서 만들었던 Bicycle 상속 관계를 가지고 일반적인 객체지향 언어가 spares 메서드를 찾아 올라가는 모습을 보여준다. 논의의 편의를 위해 Object 클래스가 모든 상속 관계의 최상위에 위치해 있다. 물론 루비의 메서드 탐색 과정의 세부내용은 훨씬 복잡하다. 하지만 설명을 시작하는 데는 이 정도 그림이면 충분하다.

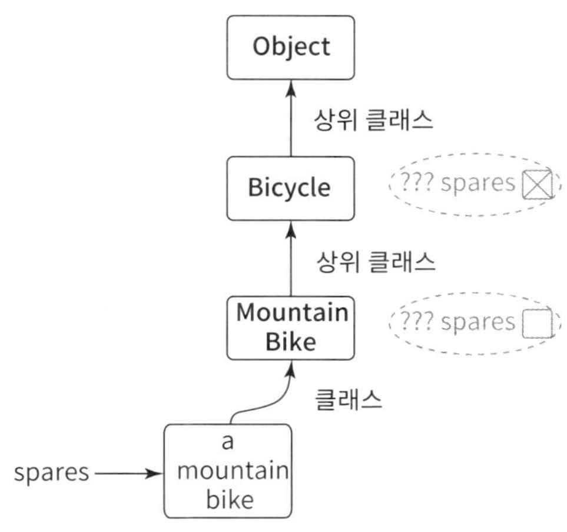

그림 7.5 메서드 탐색(method lookup)의 일반적인 형태

그림 7.5에서 spares 메시지는 MountainBike의 **인스턴스**에게 전송되었다. 객체지향 언어는 일단 MountainBike 클래스에서 spares 메서드를 찾는다. 여기서 spares 메서드를 찾지 못했기 때문에 탐색은 MountainBike의 상위클래스인 Bicycle로 옮겨간다.

Bicycle은 spares 메서드를 구현하고 있기 때문에 이 예시의 메서드 탐색은 여기서 멈춘다. 하지만 여기서도 원하는 메서드를 찾지 못했다면 탐색은 이 클래스의 상위클래스로 이어진다. 클래스 위계관계의 최상위에 위치한 Object에 이를 때까지 계속 올라간다. 이 모든 시도가 실패로 끝나면 탐색이 멈춘다고 생각할 것이다. 하지만 많은 언어들은 여기서 새로운 시도를 하나 더 한다.

루비는 메시지를 수신했던 객체에게 method_missing이라는 새로운 메시지를 전송한다. 이때 새로운 메시지의 인자로 :spares를 넘긴다. 새로운 메서드를 찾아가는 탐색이, 동일한 경로를 따라 처음부터 다시 시작된다. 단 이번에는 spares가 아니라 method_missing을 탐색한다.

조금 더 정확한 설명

앞의 절에서는 고전적 상속이 메서드들을 어떻게 탐색해 올라가는지 보여주었다. 이번에는 이 설명을 확장해서 모듈에서 정의된 메서드를 어떻게 찾는지 보여주고자 한다. 그림 7.6은 메서드 탐색 경로(method lookup path)에 Schedulable 모듈을 추가한 것이다.

그림 7.6에 보여주는 객체들의 위계는 그림 7.5의 것과 매우 비슷하다. Schedulable 모듈이 Bicycle과 Object 사이에서 강조되어 있다는 점만 다르다.

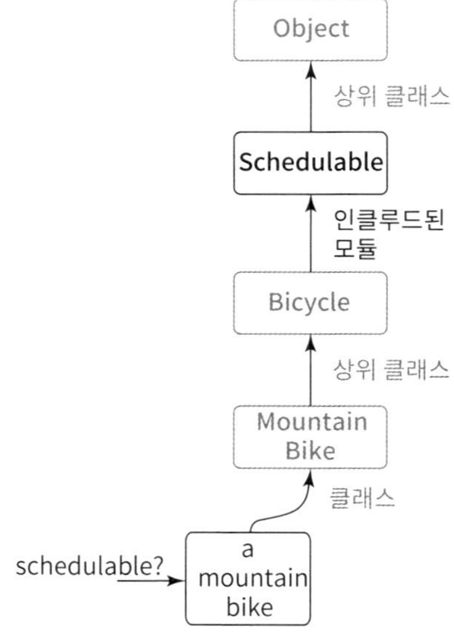

그림 7.6 메서드 탐색(method lookup)에 대한 좀 더 정확한 설명

Bicycle이 Schedulable 모듈을 인클루드하면 이 모듈에서 정의된 모든 메서드들이 Bicycle이 반응할 수 있는 메시지 모음에 추가된다. 모듈의 메서드들은 메서드 탐색 경로에서 Bicycle이 정의한 메서드들 바로 위에 자리를 잡는다. 모듈을 인클루드한다고 해서 Bicycle의 상위클래스(여전히 Object이다)가 바뀌는 것은 아니지만 데서드 탐색의 관점에서는 마치 바뀐 것 같이 보이게 된다. MountainBike의 인스턴스가 수신한 메시지는 Schedulable 모듈에서 정의된 메서드에 의해서도 처리될 수 있다.

이 방식은 엄청난 결과를 낳을 수 있다. 만약 Schedulable 모듈이 이미 정의하고 있는 메서드를 Bicycle이 구현한다면 Bicycle의 구현이 Schedulable의 것을 재정의(override)하게 된다. 만약 Schedulable이 자기 자신이 구현하고 있지 않은 메서드를 전송한다면 MountainBike의 인스턴스는 혼란스런 상황에 직면할 수도 있다.

그림 7.6은 schedulable? 메시지가 MountainBike의 인스턴스에게 전송되는 모습을 보여주고 있다. 이 메시지를 처리하기 위해서 루비는 먼저 MountainBike 클래스에서 메서드를 찾는다. 그리고 탐색은 메서드 탐색 경로를 따라 올라가는데, 이 경로에는 상위클래스들 뿐 아니라 모듈도 포함되어 있다. 결국 schedulable?은 Schedulable 모듈에서 발견되고 이 모듈은 메서드 탐색 경로의 관점에서 보면 Bicycle과 Object 사이에 있다.

거의 완벽한 설명

이제 모듈이 메서드 탐색 경로에 어떻게 추가되는지 알아보았으니 문제를 조금 더 복잡하게 만들어볼 차례다.

위계관계가 매우 긴 상위클래스의 연쇄를 가지고 있고 각 상위클래스가 여러 개의 도듈을 인클루드하고 있는 경우를 충분히 생각해 볼 수 있다. 하나의 클래스가 여러 개의 모듈을 인클루드할 경우 모듈들은 인클루드된 순서와는 **반대로** 메서드 탐색 경로에 추가된다. 결국 가장 나중에 인클루드된 모듈이 메서드 탐색 경로에서는 가장 먼저 등장한다.

지금까지의 논의는 루비의 include 키워드를 이용해서 모듈을 **클래스**에 인클루드하는 것만 다루었다. 이미 살펴본 바와 같이, 클래스에 모듈을 인클루드하면 이 클래스의 모든 인스턴스들이 모듈에서 정의된 메서드에 반응할 수 있게 된다. 예를 들어, 그림 7.6에서 Schedulable 모듈은 Bicycle 클래스에 인클루드되었고, 그 결과로 MountainBike의 인스턴스가 이 모듈에서 정의된 메서드를 사용할 수 있게 되었다.

하지만 루비의 extend 키워드를 사용하면 모듈을 단일 객체(a single object)에도 추가할 수 있다. extend는 모듈의 행동을 하나의 객체에 직접 추가한다. 때문에 클래스가 모듈을 익스텐드(extend)하면 **바로 이 클래스의** 클래스 메서드(class method)가 만들어지고 인스턴스가 모듈을 익스텐드하면 **바로 이 인스턴스의** 인스턴스 메서드(instance method)가 만들어진다. 이 두 방식은 완전히 동일하다. 클래스도 알고 보면 그저 객체일 뿐이다. 그리고 extend는 모든 객체에서 동일하게 작동한다.

마지막으로, 모든 객체는 자신만의 '싱글톤 클래스(Singleton class)'에 즉석 메서드(ad hoc methods)를 추가할 수 있다. 이 즉석 메서드는 메서드를 정의한 바로 그 객체만 사용할 수 있다.

이 모든 방법들은 메서드 모음을 메서드 탐색 경로의 특정 위치, 애매하지 않고 명확히 정해져 있는 위치에 올려놓는다. 그림 7.7은 메서드 모음이 자리 잡을 수 있는 장소들을 보여준다.

더 진행하기 전에 간단한 주의사항을 언급해야겠다. 그림 7.7은 대부분의 디자이너들이 참고할 수 있을 만큼 정확하지만 이 내용이 전부는 아니다. 대부분의 애플리케이션 코드들에서 위계의 최상위에는 Object 클래스가 있다고 보아도 무방하다. 하지만 우리가 사용하는 루비의 버전에 따라, 기술적으로 따지자면 꼭 이렇지만은 않다. 이 이슈가 문제가 될 수 있는 코드로 작업하고 있다면 사용하고 있는 루비 버전의 객체 위계관계(object hierarchy)를 먼저 살펴볼 필요가 있다.

7.1.7 역할의 행동 상속받기

역할이 공유하는 코드를 모듈로 만드는 법과 이 모듈을 메서드 탐색 경로에 추가하는 방법까지 알아보았다. 이제 진짜 무시무시한 코드를 작성할 준비를 마쳤다. 이 기술로 무엇을 할 수 있는지 상상해 보자. 우리는 다른 모듈을 인클루드하는 모듈을 만들 수 있다. 다른 모듈이 정의하고 있는 메서드를 재정의해 버리는 모듈도 만들 수 있다. 매우 길게 늘어선 상속 관계를 만들어 놓고 이 관계 중간 여러 층위의 클래스들에 이 모듈들을 인클루드해 버릴 수도 있다.

이제 우리는 도저히 이해할 수 없고 디버그할 수도 없는 그리고 확장할 수도 없는 코드를 작성할 수 있게 되었다.

이 기술은 매우 강력하다. 그리고 제대로 훈련받지 않은 사람의 손에 들어가면

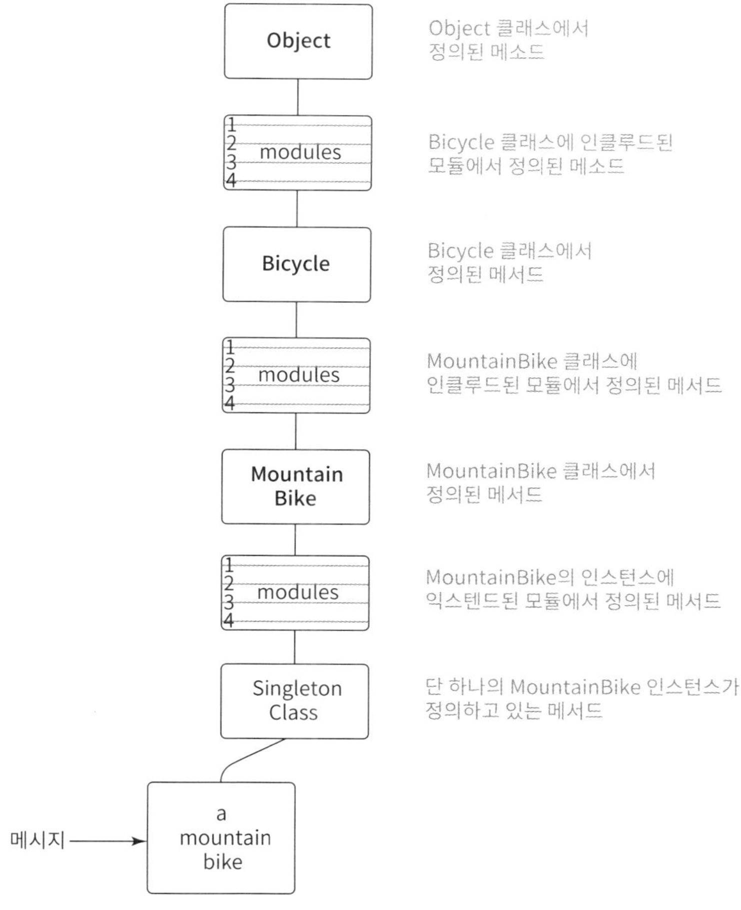

그림 7.7 메서드 탐색(method lookup)에 대한 거의 완벽한 설명

매우 위험하다. 하지만 바로 이 강력한 힘을 이용해서 객체들 사이의 간단한 구조를 만들 수 있게 되었다. 간단한 구조를 가지고 애플리케이션의 문제를 우아하게 해결할 수 있게 되었다. 우리의 목표는 이 기술로부터 도망치는 것이 아니라 꼭 필요할 때, 올바른 곳에서, 제대로 사용하는 법을 배우는 것이다.

이 학습의 첫 단계는 제대로 상속받을 수 있는 코드를 작성하는 것이다.

7.2 상속받을 수 있는 코드 작성하기

상속 관계와 모듈이 얼마나 유용하고 얼마나 유지보수하기 좋은지는 코드의 질에 달려 있다. 여타의 디자인 기술보다도 상속된 행동을 공유하기 위해서는 훨씬 특별한 코딩 기술이 필요하다. 지금부터 이 내용을 다루도록 하겠다.

7.2.1 안티패턴 알아채기

작성하는 코드에 상속을 적용하면 좋을 것 같다고 말해주는 두 개의 안티패턴(anti-pattern)이 있다.

첫째, type이나 category와 같은 이름을 가진 변수가 있고 이 변수를 가지고 self에 어떤 메시지를 전송할지 결정하는 경우. 이런 변수는 매우 밀접하게 연관되어 있지만 미묘하게 다른 두 가지 타입을 동시에 품고 있다. 이런 변수는 유지보수 과정에서 악몽을 선사할 것이다. 새로운 타입이 추가될 때마다 코드를 수정해야 한다. 이런 코드는 고전적 상속을 사용해서 정리할 수 있다. 공통된 코드는 추상화된 상위클래스로 올리고 타입별로 각각 하위클래스를 만들 수 있다. 이렇게 정리하고 나면, 하위클래스를 만드는 것을 통해 새로운 하위 타입(subtype)을 만들 수 있게 된다. 이런 하위클래스는 기존의 코드를 수정하지 않고도 상속 관계를 확장할 수 있게 해준다.

둘째, 객체의 클래스를 확인하고 어떤 메시지를 전송할지 판단하고 있다면 오리 타입을 놓치고 있다는 뜻이다. 이 역시 유지보수 과정에서 악몽을 선사한다. 새로운 클래스나 수신자를 만들 때마다 코드를 수정해야 한다. 이런 상황에서는 모든 수신자가 같은 역할을 수행하고 있다고 생각할 수 있다. 이 역할을 오리 타입으로 만들어야 하고, 수신자는 오리타입의 인터페이스를 구현하고 있어야 한다. 이렇게 하고 나면, 송신자 객체는 모든 수신자에게 하나의 동일한 메시지만 전송하면 된다. 모든 수신자가 같은 역할을 수행할 줄 안다는 것은 동일한 메시지를 이해할 수 있다는 뜻이기 때문이다.

오리 타입은 인터페이스를 공유할 뿐 아니라 같은 행동을 공유하고 있을 수도 있다. 이럴 경우에는 공통된 코드를 모듈로 만들고 주어진 역할을 수행하는 클래스나 객체에 모듈을 인클루드하면 된다.

7.2.2 추상화된 코드를 모두 사용하기

추상화된 상위클래스에 포함된 모든 코드는 이 클래스를 상속받는 모든 하위클래스에도 적용될 수 있어야 한다. 모든 하위클래스가 아니라 몇몇 하위클래스에게만 적용되는 코드가 상위클래스에 포함되어 있으면 안 된다. 이 원칙은 모듈에도 적용될 수 있다. 모듈에 포함되어 있는 코드는 이 모듈을 사용하는 모든 객체에게 적용되어야 한다.

잘못된 추상화는 코드를 상속받은 객체가 잘못된 행동을 품고 있게 만든다. 이 잘못된 행동을 회피하려는 시도들이 우리의 코드를 병들게 한다. 이런 이상한 객체들을 사용하려면 프로그래머는 이 객체들의 특이점을 알고 있어야 하고 이는 불필요한 의존성을 낳는다.

상속받은 메서드를 재정의해서 "does not implemented"와 같은 에러를 발생시키는 하위클래스가 있다면 상속 관계에 문제가 있는지 의심해 봐야 한다. 물론 편리한 방법을 취하는 것은 중요하고 이런 방식으로 코드를 정리하는 것이 가장 비용 효율적인 접근일 수도 있지만, 가능하면 피하는 것이 좋다. 하위클래스가 상속받은 메서드를 재정의해서 **나는 이런 것을 하지 않습니다**라고 말하고 있다면 사실은 **나는 이런 것이 아닙니다**라고 말하는 것과 별반 다르지 않다. 여기서 좋은 결과가 나올 리 없다.

추상화해야 할 내용을 잘 찾지 못하겠다면 그럴 만한 내용이 없는 뜻일 수도 있다. 그리고 공통으로 사용할 만한 추상화된 코드가 없다면 주어진 디자인 이슈의 해결책은 상속이 아니다.

7.2.3 약속을 존중하라

하위클래스는 자신의 상위클래스를 대체할 수 있는 형태가 되겠다고 약속했다. 이 대치가능성(substitutability)은 객체들이 우리가 예측할 수 있게 행동할 때만 보장된다. 그리고 하위클래스는 자신의 인터페이스를 충실히 따르는 것이 우리의 기대대로 행동하는 것이다. 이들은 인터페이스에서 정의하고 있는 모든 메서드에 반응해야 한다. 같은 종류의 입력에 대해 같은 종류의 출력을 내놓아야 한다. 다른 객체가 자신의 타입을 확인하게 만들어서는 안 된다. 타입을 확인해서 이 클래스를 어떻게 다루어야 하는지 판단하거나 어떤 출력을 기대할 수 있는지 판단하게 만들어서는 안 된다.

상위클래스가 입력받는 인자와 반환되는 값을 제한하고 있어도 하위클래스는 약속을 깨지 않고도 어느 정도의 자유를 누릴 수 있다. 하위클래스는 조금 덜 제한적인 인자를 받을 수도 있고 좀 더 제한적인 결과를 반환할 수도 있다. 이렇게 해도 하위클래스는 여전히 자신의 상위클래스를 대체할 수 있다.

약속을 어긴 하위클래스는 사용하기 어렵다. 이런 클래스는 '특별하며' 자신의 상위클래스를 대체하지 못한다. 이런 하위클래스는 사실 자신이 상위클래스의 한 종류가 아니라고 말하고 있는 것이기 때문에 전체 상속 관계가 올바르게 구성됐는지

의심해 보아야 한다.

> ### 리스코프 치환 원칙
>
> 약속을 존중한다는 것은 리스코프 치환 원칙을 따른다는 것과 같다. 이 원칙을 처음 주장했던 바바라 리스코프(Barbara Liskov)의 이름을 따서 이 원칙에 이름을 붙였고, SOLID 디자인 원칙의 'L'도 이 리스코프 치환 원칙을 뜻한다.
>
> 리스코프의 원칙은 다음과 같이 주장한다.
>
> q(x)를 자료형 T의 객체 x에 대해 증명할 수 있는 속성이라 하자. 그렇다면 S가 T의 하위형이라면 q(y)는 자료형 S의 객체 y에 대해 증명할 수 있어야 한다
>
> 수학자라면 이 진술을 금방 이해할 수 있을 것이다. 그리고 수학자가 아닌 사람들은 이렇게 이해할 것이다. 타입 시스템이 정상적으로 작동하려면 상위타입(supertype)은 자신의 하위타입(subtype)으로 치환될 수 있어야 한다.
>
> 이 원칙을 따르는 애플리케이션에서는 상위클래스가 사용될 수 있는 곳이라면 어디든 하위클래스를 사용해도 괜찮아야 한다. 그리고 모듈을 인클루드하고 있는 객체라면 누구나 모듈이 제공하는 역할을 수행할 수 있어야 한다.

7.2.4 템플릿 메서드 패턴 사용하기

상속받을 수 있는 코드를 작성하기 위한 가장 핵심적인 기술은 템플릿 메서드 패턴이다. 이 패턴 덕분에 우리는 추상적인 것과 구체적인 것을 구분할 수 있다. 추상적인 코드가 알고리즘을 구현하며, 이 추상화를 상속받은 구체 클래스가 주어진 템플릿 메서드를 재정의하는 것을 통해 자신의 특수한 행동을 추가할 수 있게 된다.

템플릿 메서드는 알고리즘의 변경되는 지점들을 표현하고, 이 템플릿 메서드를 만드는 것을 통해 우리는 어떤 내용이 변하는 것이며 어떤 것이 변하지 않는 내용인지 명시적으로 선택하게 된다.

7.2.5 한발 앞서 클래스 사이의 결합 깨뜨리기

상속받은 클래스가 super를 전송해야 하는 코드를 작성하지 말자. 대신 혹 메서드를 이용하면 하위클래스가 개입할 수 있는 여지를 제공하면서 동시에 하위클래스에게 추상적인 알고리즘에 대해 알아야 하는 책임을 지우지 않을 수 있다. 그 속성상 상속은 주어진 구조와 코드의 배치 형태에 대해 강한 의존성을 만들어 낸다. 하

위클래스가 super를 전송해야 하는 코드는 여기에 또 다른 의존성을 추가하는 것이다. 가능하면 이런 의존성을 만들지 말자.

혹 메서드는 super를 전송해야 하는 문제를 해결해 준다. 하지만 안타깝게도, 바로 옆 층위의 객체와의 관계에서만 사용할 수 있다. 예를 들어, 6장에서 Bicycle은 local_spares라는 혹 메서드를 전송했고, MountainBike는 이 메서드를 재정의해서 자신만의 특수한 행동을 추가했다. 여기서 혹 메서드는 아주 훌륭하게 주어진 임무를 수행했다. 하지만 MountainBike 밑에 새로운 하위클래스 MonsterMountainBike를 만든다면 처음에 주어졌던 문제가 다시 발생할 것이다. MonsterMountainBike가 자신만의 고유한 예비부품(spare parts)을 상위클래스들이 제공하는 결과와 합치려면 local_spares를 재정의하고 그 안에서 super를 전송해야 한다.

7.2.6 상속 관계(상속구조)를 낮게 만들기

혹 메서드의 한계는 상속 관계의 높이를 낮게 만들어야 하는 많은 이유 중 하나일 뿐이다.

모든 상속 관계는 너비와 높이를 가지고 있는 피라미드 모양으로 상상해 볼 수 있다. 객체의 높이는 최상위 클래스와 자신 사이에 있는 상위클래스들의 수로 표현된다. 객체의 너비는 이 객체를 직접 상속받고 있는 하위클래스들의 수로 표현된다. 상속 관계의 모양은 전체적인 높이와 너비를 통해 표현되고, 이 모양이 사용 및 유지보수 그리고 확장이 얼마나 손쉬운지 말해준다. 그림 7.8은 상속 관계의 다양한 모양을 보여주고 있다.

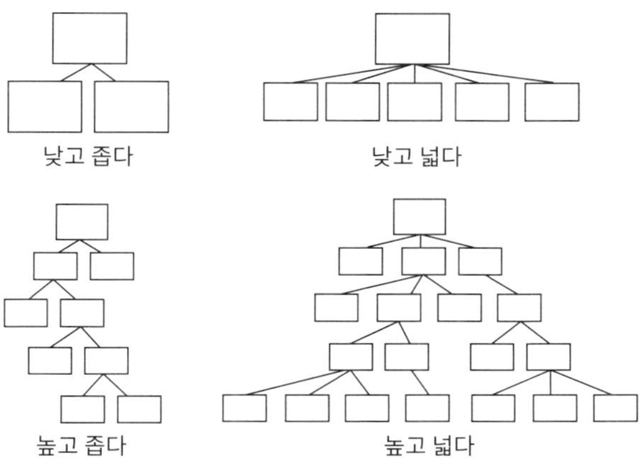

그림 7.8 다양한 모양의 상속 관계가 있을 수 있다.

높이가 낮고 너비가 좁은 구조는 이해하기 쉽다. 높이가 낮고 너비가 넓은 구조는 조금 더 복잡하다. 높고 좁은 구조는 보다 이해하기 어렵고, 불행히도 점점 넓어지려는 경향을 갖는다. 그 높이가 높기 때문에 발생하는 부작용이다. 높고 넓은 상속 관계는 이해하기 어렵고, 유지보수 비용도 비싸다. 그리고 가능한 피하는 것이 좋다.

높은 상속 관계의 문제는 메시지 탐색 경로가 매우 길다는 점이다. 그리고 메시지가 이 경로 따라갈 때 중간에 만나는 수많은 객체들이 새로운 행동을 추가할 수 있다는 점이다. 객체는 자신보다 위에 있는 **모든 것**에 의존하고 있기 때문에 높은 상속 관계는 이미 수많은 붙박이 의존성(built-in dependencies)을 가지고 있는 셈이다. 이 의존성은 모두 언제든 변경될 수 있다.

높은 상속 관계의 또 다른 문제점은 대부분의 프로그래머들의 구조의 가장 윗단과 가장 아랫단에만 익숙하다는 점이다. 다시 말해서 대부분의 프로그래머는 탐색 경로의 경계에 위치한 행동들만 이해하고 있는 경향이 있다. 중간에 끼어 있는 클래스들은 별로 관심을 받지 못한다. 충분히 이해하고 있지 못한 중간 클래스들을 수정하면 여기서 에러가 만들어질 가능성이 매우 높아진다.

7.3 요약

같은 역할을 수행하는 객체가 행동을 공유해야 할 때 이들은 루비의 모듈을 사용한다. 모듈에 정의된 코드는 어떤 객체에든 추가할 수 있다. 클래스의 인스턴스든 클래스 그 자체든 또는 다른 모듈이든 상관없다.

클래스가 모듈을 인클루드하면 이 모듈 속의 메서드들은 상속을 통해 얻은 메서드들과 동일한 메서드 탐색 경로 속에 들어가게 된다. 모듈의 메서드와 상속받은 메서드를 같은 탐색 경로에 끼워 넣었기 때문에 모듈을 이용하는 코딩 기술과 상속을 이용하는 코딩 기술은 매우 비슷하다. 때문에 모듈을 인클루드한 객체가 특수한 행동을 추가할 수 있게 하려면 템플릿 메서드 패턴을 이용해야 한다. 그리고 혹 메서드를 사용해서 모듈을 인클루드한 객체가 super를 전송하지 않도록 해주어야 한다(알고리즘을 몰라도 괜찮게 해주어야 한다).

객체가 다른 곳에서 정의된 행동을 가져왔다면, **다른 곳**이 상위클래스든 아니면 모듈이든 이 객체는 어떤 종류의 암묵적인 약속을 따르겠다고 말한 것이다. 이 약속은 리스코프 치환 원칙에 의해 설명될 수 있다. 이 원칙의 수학적 의미는 '상위타

입은 자신의 하위타입으로 치환될 수 있다'는 뜻이고, 루비의 언어로 표현하자면
'객체는 자기 자신이 누구라고 밝힌 그대로 행동해야 한다'는 뜻이다.

8장

조합을 이용해 객체 통합하기

조합(composition)은 멀리 떨어져 있는 부분들을 하나의 복합체로 만드는 작업이다. 이 복합체는 각 부분들의 기계적 총합 이상의 것인데, 예를 들어 작곡가는 음표를 모아 음악을 작곡(compose)하지만 음악은 음표들의 총합 이상이다.

우리는 소프트웨어를 음악에 비유하는 데 익숙하지 않지만 이건 꽤나 적절한 비유다. 베토벤의 교향곡 제5번의 악보는 멀리 떨어져 있는 독립적인 음표들의 긴 목록이다. 교향곡은 음표들을 **포함**하고 있지만 그 자체가 음표들인 것은 **아니다**. 여기에는 그 이상의 것이 있다. 교향곡을 한 번만 들어봐도 누구나 이 사실을 알 수 있다.

소프트웨어도 이와 같은 방식으로 만들 수 있다. 객체지향 조합(object-oriented composition)을 이용하면 간단하고 독립적인 객체를 보다 크고 복합적인 것으로 통합할 수 있다. 조합에서 좀 더 큰 객체는 자신의 부분들을 가지고 있다. 즉 가지고 있는(has-a) 관계를 맺는다. 자전거는 부품들을 가지고 있다. 조합의 정의에서 도출할 수 있는 또 하나의 관점은, 자전거가 부품들을 가지고 있을 뿐 아니라 인터페이스를 통해 각 부품들과 소통한다는 점이다. 부분이란 곧 **역할**이며 자전거는 주어진 역할을 수행하는 어떤 객체와도 즐겁게 협업할 수 있다.

이번 장에서는 객체지향 조합의 기술들을 설명한다. 예시부터 시작해서, 조합과 상속의 상대적인 약점과 강점을 논의한다. 그리고 주어진 디자인 기술 중 어떤 것을 선택하면 좋을지에 대한 조언으로 마무리한다.

8.1 자전거 부품 조합하기

이번 절에서는 6장 '상속을 이용해 새로운 행동 얻기'에서 사용했던 자전거 예시 중 마지막에서 시작한다. 이 코드가 잘 기억나지 않는다면 6장 마지막으로 페이지를 넘겨 기억을 환기시키고 오자. 이 예시로 몇 번의 리팩터링을 진행하여 상속을 조합으로 변경한다.

8.1.1 Bicycle 클래스 업데이트하기

현재 Bicycle 클래스는 상속 관계 속의 추상화된 상위클래스이다. 그리고 우리는 이 클래스를 조합을 이용해서 변경하려 한다. 그 첫 번째 단계는 현재의 코드를 일단 무시하고 자전거가 어떻게 조합되어야 하는지 고민해 보는 것이다.

Bicycle 클래스는 spares 메시지에 반응할 책임이 있다. spares 메시지는 예비부품(spare parts)의 목록을 반환한다. 자전거는 부품들을 가지고 있다. 자전거-부품의 관계가 조합의 관계를 취하는 것은 매우 자연스러워 보인다. 자전거의 모든 부품을 들고 있는 객체를 만든다면 spares 메시지를 이 객체에게 전달할 수 있을 것이다.

이 새로운 클래스의 이름을 Parts라고 부르면 적절할 것 같다. Parts 객체는 자전거 부품의 목록을 들고 있을 책임이 있다. 또한 이 부품 중에서 '예비부품이 필요한 부품이 무엇인지' 알고 있어야 한다. 이 객체는 부품들의 모음을 담당하지 하나의 부품을 담당하는 객체가 아니라는 점을 명심하자.

그림 8.1의 시퀀스 다이어그램은 이런 생각을 표현하고 있다. 여기서 Bicycle은 Parts 객체에게 spares 메시지를 전송한다.

모든 Bicycle은 Parts 객체를 필요로 한다. 'Bicycle이란 무엇인가'라는 질문에 대한 답변 중 하나는 '부품들을 가지고 있다'일 것이다. 그림 8.2의 다이어그램은 이 관계를 보여준다.

이 다이어그램에서 Bicycle 클래스와 Parts 클래스는 실선으로 이어져 있다. 실선과 Bicycle이 맞닿은 부분에 검은색 마름모가 있는데, 이 마름모는 **조합**을 의미한다. Bicycle은 Parts의 조합이라는 뜻이다. Parts 클래스 쪽에는 숫자 '1'이 있다. 하나의 Bicycle에 하나의 Parts 객체가 조합되어 있다는 뜻이다.

Bicycle 클래스에 새로운 디자인을 적용하는 것은 어렵지 않다. 대부분의 코드를 지워버리고, Parts 객체를 들고 있는 parts 변수를 추가하자. 그리고 spares를 parts

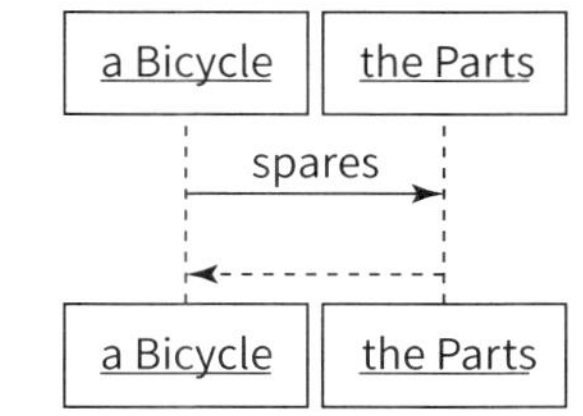

그림 8.1 Bicycle이 Parts에게 spares를 요청한다.

그림 8.2 Bicycle은 Parts를 가지고 있다.

에게 전달(delegate)하면 된다. 아래는 새로운 Bicycle 클래스이다.

```
01  class Bicycle
02    attr_reader :size, :parts
03
04    def initialize(args={})
05      @size  = args[:size]
06      @parts = args[:parts]
07    end
08
09    def spares
10      parts.spares
11    end
12  end
```

이제 Bicycle은 세 가지 책임이 있다. 자신의 size를 알아야 하고 자신의 Parts를 들고 있어야 하며 spares에 답해야 한다.

8.1.2 Parts의 상속 관계 만들기

조금 전 코드는 별로 어렵지 않았다. 사실 처음부터 Bicycle 클래스 안에 자전거와 관련된 행동이 거의 없었기 때문이다. Bicycle 속의 코드들은 대부분 부품을 처리하는 코드였다. 이제 Bicycle에서 제거했던 부품의 행동들을 만들어야 한다. 물론 가장 쉬운 방법은 다음과 같이 기존 코드를 Parts의 새로운 상속 관계로 살짝 뒤집는 것이다.

```
01  class Parts
02    attr_reader :chain, :tire_size
03
```

```ruby
04   def initialize(args={})
05     @chain = args[:chain] || default_chain
06     @tire_size = args[:tire_size] || default_tire_size
07     post_initialize(args)
08   end
09
10   def spares
11     { tire_size: tire_size,
12       chain:     chain}.merge(local_spares)
13   end
14
15   def default_tire_size
16     raise NotImplementedError
17   end
18
19   # 하위클래스가 재정의할 수 있다.
20   def post_initialize(args)
21     nil
22   end
23
24   def local_spares
25     {}
26   end
27
28   def default_chain
29     '10-speed'
30   end
31 end
32
33 class RoadBikeParts < Parts
34   attr_reader :tape_color
35
36   def post_initialize(args)
37     @tape_color = args[:tape_color]
38   end
39
40   def local_spares
41     {tape_color: tape_color}
42   end
43
44   def default_tire_size
45     '23'
46   end
47 end
48
49 class MountainBikeParts < Parts
50   attr_reader :front_shock, :rear_shock
51
52   def post_initialize(args)
53     @front_shock = args[:front_shock]
54     @rear_shock = args[:rear_shock]
55   end
56
57   def local_spares
58     {rear_shock: rear_shock}
```

```ruby
59    end
60
61    def default_tire_size
62      '2.1'
63    end
64  end
```

이 코드는 6장의 Bicycle 상속 관계와 거의 똑같다. 다른 점은 클래스들의 이름이 바뀌었다는 것과 size 변수가 없어졌다는 것뿐이다.

그림 8.3의 클래스 다이어그램은 이런 변화를 보여준다. 추상 클래스 Parts 가 추가되었다. Bicycle은 Parts의 조합이다. Parts는 두 개의 하위클래스, Road BikeParts와 MountainBikeParts를 가지고 있다.

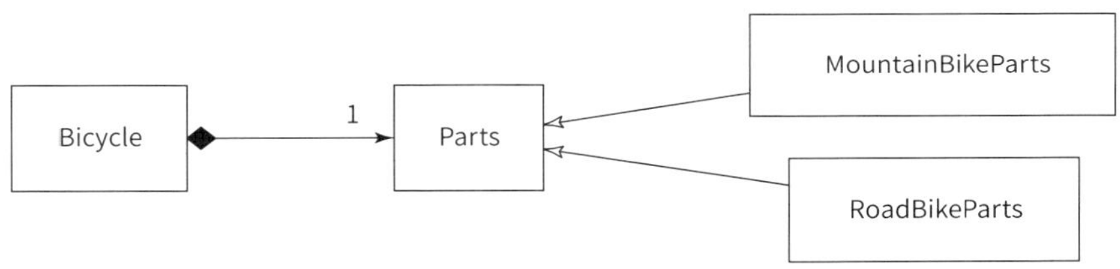

그림 8.3 Parts의 상속 관계

이 리팩터링의 이후에도 모든 것은 잘 작동한다. 아래 보이는 바와 같이, 자전거가 RoacBikeParts를 가지고 있든 아니면 MountainBikeParts를 가지고 있든 자전거는 자신의 size와 spares가 무엇인지 제대로 답할 수 있다.

```ruby
01  road_bike =
02    Bicycle.new(
03      size: 'L',
04      parts: RoadBikeParts.new(tape_color: 'red'))
05
06  road_bike.size    # -> 'L'
07
08  road_bike.spares
09  # -> {:tire_size=>"23",
10  #     :chain=>"10-speed",
11  #     :tape_color=>"red"}
12
13  mountain_bike =
14    Bicycle.new(
15      size: 'L',
16      parts: MountainBikeParts.new(rear_shock: 'Fox'))
17
18  mountain_bike.size   # -> 'L'
19
```

```
20  mountain_bike.spares
21  # -> {:tire_size=>"2.1",
22  #     :chain=>"10-speed",
23  #     :rear_shock=>"Fox"}
```

별로 바꾼 것도 없고 별다른 발전이 있었던 것도 아니다. 하지만 이번 리팩터링은 한 가지를 확실히 보여주었다. Bicycle 속에 자전거와 관련된 코드가 사실은 거의 없었다는 점이다. 위의 코드 대부분은 개별 부품을 다루고 있다. 그리고 Parts 상속 관계가 빨리 리팩터링 해달라고 말하고 있다.

8.2 Parts 객체 조합하기

부품 목록은 당연히 개별 부품들의 목록을 갖고 있다. 이제 하나의 부품을 담당하는 클래스를 만들 차례이다. 개별 부품의 클래스 이름으로는 Part가 어울릴 것 같아 보인다. 하지만 이미 Parts 클래스가 있는데 새로운 클래스 이름을 Part라고 짓는다면, 독자와 커뮤니케이션할 때 어려움이 있다. Part 객체들(Part objects)의 모음을 'parts'라고 부른다면 이 또한 혼란스러운데, 'parts'는 하나의 Parts 객체(a single Parts object)를 의미하는 단어로 이미 사용하고 있기 때문이다. 그런데 앞 문장 속에 이 커뮤니케이션 문제를 해결할 수 방법이 숨어 있다. Part와 Parts를 언급할 때, 클래스 이름 뒤에 'object' 또는 'objects'라는 단어를 붙이는 방법이다.

이 커뮤니케이션 문제를 피해갈 수 있는 또 하나의 방법은 클래스에 다른 이름을 붙이는 것이다. 하지만 다른 이름은 클래스의 의미를 충분히 표현해주지 못할 듯하고 그 자체로 새로운 커뮤니케이션 문제를 불러올 수 있다. Parts/Part 같은 상황은 빈번히 발생하는 것이니 섣불리 회피하지 말고 꿋꿋이 헤쳐나가는 것이 좋겠다. 이런 클래스 이름을 선택했을 때는 보다 정교하게 소통할 필요가 있다. 그리고 정교한 소통은 그 자체로도 매우 가치 있는 목표이다.

그래서 우리는 Parts 객체(Parts object)를 가지고 있다. 그리고 여러 개의 Part 객체(Part objects)를 가지고 있다. (사실 이렇게 간단하다.[1])

---

1 (옮긴이) 이 커뮤니케이션 문제는 영어권 독자들에게만 해당된다. 한글 번역본은 클래스나 변수 이름을 영문으로 표기하기 때문에 이런 문제가 없다. 때문에 클래스 이름 뒤에 군이 붙여 넣은 object를 생략하고 번역했다.

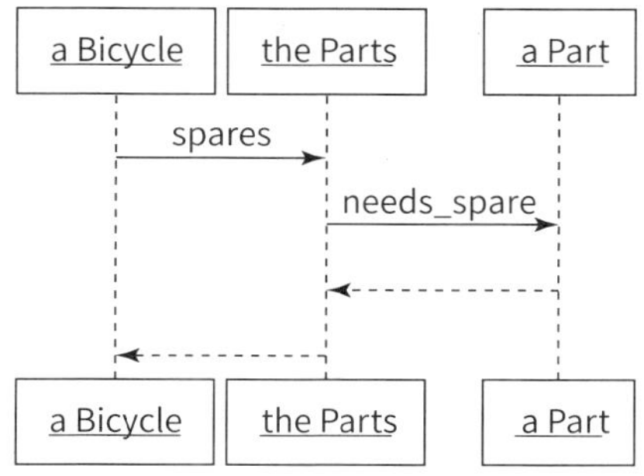

그림 8.4 Bicycle은 Parts에게 spares를 전송한다. Parts는 각각의 Part에게 needs_spare를 전송한다.

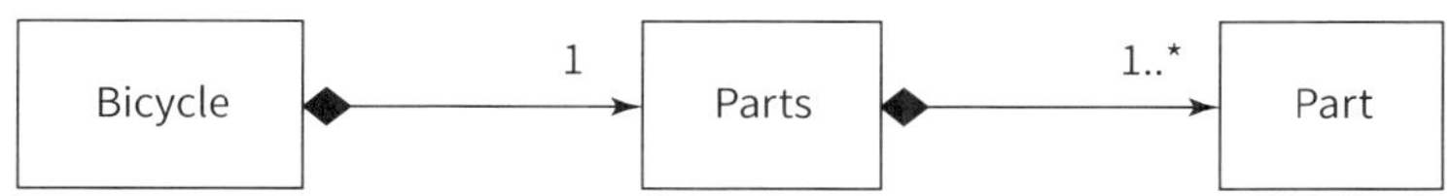

그림 8.5 Bicycle은 하나의 Parts를 들고 있다. 이 객체는 여러 개의 Part를 들고 있다.

8.2.1 Part 만들기

그림 8.4의 시퀀스 다이어그램은 Bicycle과 Parts, 그리고 Parts와 Part 사이의 소통을 브여주고 있다. Bicycle은 Parts에게 spares를 전송하고, 이어서 parts는 각각의 Part에서 needs_spare를 전송한다.

디자인을 이렇게 수정하려면 새로운 Part 클래스를 만들어야 한다. 그림 8.5의 클래스 다이어그램이 보여주듯이 이제 Parts는 Part의 조합이다. Part 박스 옆, 실선 위에 있는 "1..*"는 Parts가 하나 또는 여러 개의 Part를 갖는다는 것을 뜻한다.

새로운 Part 클래스를 만들면서 기존의 Parts 클래스가 보다 단순해졌다. 이제 Parts 클래스는 Part들의 배열을 감싸는 단순한 래퍼(wrapper)에 불과하다. Parts 는 가지고 있는 Part들 중에서 예비부품(spares)을 필요로 하는 것만 골라내 반환하면 된다. 아래 코드는 세 개의 클래스를 보여준다. 기존의 Bicycle 클래스, 업·데이트된 Parts 클래스 그리고 새로 만든 Part 클래스이다.

```
01  class Bicycle
02    attr_reader :size, :parts
03
04    def initialize(args={})
05      @size  = args[:size]
06      @parts = args[:parts]
07    end
08
09    def spares
```

```
10      parts.spares
11    end
12  end
13
14  class Parts
15    attr_reader :parts
16
17    def initialize(parts)
18      @parts = parts
19    end
20
21    def spares
22      parts.select {|part| part.needs_spare}
23    end
24  end
25
26  class Part
27    attr_reader :name, :description, :needs_spare
28
29    def initialize(args)
30      @name        = args[:name]
31      @description = args[:description]
32      @needs_spare = args.fetch(:needs_spare, true)
33    end
34  end
```

이제 세 개의 클래스를 만들었으니 개별 Part들을 만들 수 있다. 이어지는 코드는
여러 개의 부품을 만들어 인스턴스 변수에 저장한다.

```
01  chain =
02    Part.new(name: 'chain', description: '10-speed')
03
04  road_tire =
05    Part.new(name: 'tire_size', description: '23')
06
07  tape =
08    Part.new(name: 'tape_color', description: 'red')
09
10  mountain_tire =
11    Part.new(name: 'tire_size', description: '2.1')
12
13  rear_shock =
14    Part.new(name: 'rear_shock', description: 'Fox')
15
16  front_shock =
17    Part.new(
18      name: 'front_shock',
19      description: 'Manitou',
20      needs_spare: false)
```

각각의 Part들을 묶어 Parts를 만들 수 있다. 아래 코드는 여러 개의 로드 자전거

Part(부품)를 통합하여 로드 자전거용 Parts를 만들고 있다.

```
01  road_bike_parts =
02    Parts.new([chain, road_tire, tape])
```

물론 이 중간 단계를 생략하고 새로운 Bicycle를 만들 때 바로 Parts를 구성해도 된다. 아래 코드의 4-6번 줄, 22-25번 줄을 보자.

```
01  road_bike =
02    Bicycle.new(
03      size: 'L',
04      parts: Parts.new([chain,
05                        road_tire,
06                        tape]))
07
08  road_bike.size     # -> 'L'
09
10  road_bike.spares
11  # -> [#<Part:0x000000101036770
12  #           @name="chain",
13  #           @description="10-speed",
14  #           @needs_spare=true>,
15  #       #<Part:0x0000010102dc60
16  #           @name="tire_size",
17  # etc ...
18
19  mountain_bike =
20    Bicycle.new(
21      size: 'L',
22      parts: Parts.new([chain,
23                        mountain_tire,
24                        front_shock,
25                        rear_shock]))
26
27  mountain_bike.size     # -> 'L'
28
29  mountain_bike.spares
30  # -> [#<Part:0x000000101036770
31  #           @name="chain",
32  #           @description="10-speed",
33  #           @needs_spare=true>,
34  #       #<Part:0x0000010101b678
35  #           @name="tire_size",
36  # etc ...
```

8-17번 줄과 27-28번 줄에서 볼 수 있는 것처럼 이 코드도 아주 잘 작동한다. 그리고 Bicycle 상속 관계와 거의 똑같이 행동한다. 한 가지 다른 점은, 예전의 Bicycle spares 메서드가 해시를 반환했다면 새로운 spares 메서드는 Part들의 배열을 반환한다는 점이다.

우리는 이 객체들을 Part의 인스턴스로 생각하고 싶지만 조합은 이것들을 Part의 역할을 수행하는 객체들로 생각하라고 말하고 있다. 이 객체들은 Part 클래스의 한 종류가 아니라 그저 Part처럼 행동할 뿐이다. 이를 위해, 이 객체들은 name, description, needs_spare 메서드에 꼭 반응해야 한다.

8.2.2 Parts를 보다 배열과 비슷하게 만들기

이 코드는 잘 작동하지만 더 발전시킬 여지가 남아 있다. 잠시 한발 물러나서, Bicycle의 parts와 spares 메서드에 대해 생각해 보자. 이 메시지를 보면 둘 다 비슷한 종류의 무언가를 반환해야 할 것 같이 느껴진다. 하지만 반환받은 객체들은 같은 방식으로 작동하지 않는다. 이 둘에게 size를 물어보면 어떻게 대답하는지 살펴보자.

아래 코드의 1번 줄에서, spares는 자신의 size가 3이라고 아주 잘 답해준다. 하지만 parts에게 같은 질문을 던져 보면, 2-4번 줄에서 볼 수 있듯이, 문제가 발생한다.

```
01  mountain_bike.spares.size # -> 3
02  mountain_bike.parts.size
03  # -> NoMethodError:
04  #      undefined method 'size' for #<Parts:...>
```

1번 줄의 spares는 Part들의 배열을 반환하기 때문에 정상적으로 작동한다. 배열은 size 메서드를 이해하고 있기 때문이다. 2번 줄에서 parts는 Parts의 인스턴스를 반환하고, 이 인스턴스는 size 메서드를 모르기 때문에 문제가 발생한다.

이 코드를 현재 상태로 남겨두면 이런 문제가 계속 따라다닐 것이다. 이 둘 모두 배열처럼 보인다. 언젠가는 배열처럼 취급할 테고 두 번 중에 한 번은 잘못된 결과를 내뱉을 것이다. Parts는 배열처럼 동작하지 않고, 이 객체를 배열처럼 취급할 때마다 문제가 발생한다.

위의 문제는 Parts에 size 메서드를 추가하면 해결된다. 실제 배열에 size 메서드를 전달하면 된다. 아래처럼 매우 간단하다.

```
01  def size
02    parts.size
03  end
```

하지만 이런 수정은 Parts 클래스를 더 깊은 수렁에 빠뜨린다. 이렇게 바꾸고 나서 조금 있으면, Parts가 each에 반응하기를 바라고, 곧이어 sort에 반응하기를 바랄 것이다. 그리고 Array의 모든 행동을 기대하게 된다. 이 과정을 결코 끝나지 않는 다. Parts가 배열과 비슷해지면 비슷해질수록 더더욱 배열과 비슷해지기를 원할 것 이다.

어쩌면 Parts는 Array일지도 모른다. 약간의 행동이 추가된 배열이다. 그렇다면 배열이게 만들어주자. 다음 예시의 새로운 Parts 클래스는 Array의 하위클래스가 되었다.

```
01  class Parts < Array
02    def spares
03      select {|part| part.needs_spare}
04    end
05  end
```

이 코드는 Parts가 특별한 형태의 Array라는 생각을 명확히 보여주고 있다. 완벽한 객체지향 언어에서라면 이 방법은 정답이 될 수 있다. 하지만 루비는 이런 완벽함 을 가지고 있지 않다. 때문에 이 디자인은 숨겨진 결함을 가지고 있다.

아래 예시는 숨겨진 문제를 보여준다. Parts는 Array의 하위클래스이기 때문에 Array의 모든 행동을 상속받는다. 여기에는 + 같은 메서드도 포함되어 있다. + 메 서드는 두 배열을 합해서 제삼의 배열을 반환한다. 3, 4번 줄은 두 개의 Parts 인스 턴스를 +를 이용해서 합치고 있다. 그리고 그 결과를 combo_parts 변수에 저장해 놓는다.

이건 잘 작동하는 듯 보인다. combo_parts는 처음 두 배열의 부품들을 합한 숫 자만큼의 부품을 가지고 있다(7번 줄). 하지만 분명히 뭔가 잘못됐다. 12번 줄을 보 면, combo_parts는 spares 메서드에 응답하지 못하고 있다.

이 문제의 핵심은 15-17번 줄에 있다. + 메서드를 통해 두 개의 Parts의 인스턴스 를 합쳤는데 그 결과로 Array의 인스턴스가 반환되었다. 그리고 Array는 spares를 이해하지 못한다.

```
01  # Parts는 Array로부터 '+'를 상속받았다.
02  # 때문에 두 개의 Parts를 더할 수 있다.
03  combo_parts =
04    (mountain_bike.parts + road_bike.parts)
05
06  # '+'가 제대로 작동한 듯 보인다.
07  combo_parts.size             # -> 7
08
09  # 하지만 '+'가 반환한 객체는
```

```
10  # 'spares' 메서드를 이해하지 못한다.
11  combo_parts.spares
12  # -> NoMethodError: undefined method 'spares'
13  #       for #<Array:...>
14
15  mountain_bike.parts.class # -> Parts
16  road_bike.parts.class # -> Parts
17  combo_parts.class # -> Array !!!
```

Array의 많은 메서드들은 새로운 배열(array)을 반환한다. 그리고 불행히도 이런 메서드들은 언제나 Array 클래스의 인스턴스를 반환한다. 하위클래스의 인스턴스를 반환하는 것이 아니다. Parts 클래스는 여전히 오해를 불러일으킬 소지가 있다. 지금은 하나의 문제를 해결하면서 새로운 문제를 만들었을 뿐이다. 처음에는 Parts가 size를 구현하고 있지 않다는 사실에 실망했었고 이번에는 두 개의 Parts를 더한 결과물이 spares를 이해하지 못한다는 것에 놀랄 뿐이다.

우리는 Parts를 세 가지로 구현해 보았다. 첫 번째 Parts는 spares와 parts 메시지에만 대답할 수 있었다. 이 Parts는 배열처럼 작동하지 않는다. 그저 배열 하나를 품고 있을 뿐이다. 두번째는 size 메서드를 추가했다. 내부에 품고 있는 배열의 size를 반환하는 간단한 구현을 추가했다. 가장 최근의 Parts는 Array를 상속받았고 마치 진짜 Array처럼 작동할 듯 보였다. 하지만 위의 예가 보여주었듯이, Parts의 인스턴스는 여전히 예상치 못한 행동을 한다.

완벽한 해결책은 없어 보인다. 때문에 어려운 결정을 내려야 할 시점이다. size에 반응하지 못한다고 하더라도 최초의 Parts는 충분히 잘 작동한다. 그렇다면 Parts가 배열처럼 행동하지 못한다는 사실을 받아들이고 첫 번째 코드로 되돌아갈 수도 있다. size 메서드가 꼭 필요하고 대신 size 메서드만 있으면 된다면, 이 메서드를 구현하고 있는 두 번째 코드에 만족할 수도 있다. 세 번째 코드의 헷갈리는 에러를 감내할 수 있고 이런 문제에 다시 봉착할 일이 절대 없으리라 확신할 수 있다면 Array를 상속받고 문제를 덮어둘 수도 있다.

복잡도와 편리함 사이의 어딘가에는 아래와 같은 해결책도 있다. Parts 클래스는 size 메서드를 @parts에게 전달하고, Enumerable 모듈을 인클루드해서 반복과 검색을 가능케 해주는 메서드를 얻을 수 있다. 아래의 Parts은 Array의 모든 행동을 가지고 있지는 않지만 적어도 자신이 할 수 있다고 말하는 것은 제대로 수행할 줄 안다.

```
01  require 'forwardable'
02  class Parts
03    extend Forwardable
04    def_delegators :@parts, :size, :each
05    include Enumerable
06
07    def initialize(parts)
08      @parts = parts
09    end
10
11    def spares
12    select {|part| part.needs_spare}
13    end
14  end
```

이 코드의 Parts 인스턴스에게 + 메서드를 전송하면 NoMethodError를 내뱉는다.
하지만 이제 Parts는 size, each 그리고 Enumerable의 모든 메서드를 이해한다. 그
리고 실수로 Array처럼 취급하면 친절한 에러를 발생시킨다. 이 정도면 충분할지
모르겠다. 아래 예시에서 spares와 parts는 모두 size에 반응할 수 있게 되었다.

```
01  mountain_bike =
02    Bicycle.new(
03      size: 'L',
04      parts: Parts.new([chain,
05                        mountain_tire,
06                        front_shock,
07                        rear_shock]))
08
09  mountain_bike.spares.size   # -> 3
10  mountain_bike.parts.size    # -> 4
```

우리는 다시 제대로 작동하는 Bicycle, Parts 그리고 Parts 클래스로 돌아왔다. 이제
디자인은 발전시킬 시간이다.

8.3 Parts 생산하기

위의 4~7번 줄을 다시 살펴보자. Part는 chain, mountain_tire 등을 들고 있다. 만
든지 너무 오래되어서 이 변수들을 벌써 잊어버렸을지도 모르겠다. 이 네 줄이 표
현하고 있는 지식의 양을 생각해보자. 우리의 애플리케이션 어딘가에서, 누군가는
이 Part들을 만드는 법을 알고 있어야 한다. 그리고 바로 **여기**, 4~7번 줄은, 마운틴
자전거를 만들려면 이 네 개의 부품이 필요하다는 사실을 알고 있어야 한다.

여긴 상당한 양의 지식이 있고, 이 지식은 언제는 애플리케이션 곳곳으로 스며들

수 있다. 이렇게 지식이 여러 곳에 흩뿌려지는 것은 안 좋은 일이며 동시에 불필요한 일이다. 자전거 부품의 종류는 매우 많지만 부품들의 유의미한 조합은 몇 개 되지 않는다. 자전거의 종류를 설명하고 이 설명을 가지고 필요한 부품들을 마법처럼 생산해낼 수 있다면 문제는 훨씬 간단해질 것이다.

특정 자전거를 만드는 데 필요한 부품들의 조합을 정리하는 것은 어렵지 않다. 아래 코드는 간단한 이차원 배열을 가지고 이 작업을 수행하고 있다. 첫 번째 칼럼은 부품의 이름('chain', 'tire_size' 등)을 표현하고, 두 번째에는 부품에 대한 설명('10-speed', '23' 등)이 있다. 그리고 필수항목이 아닌 세 번째에는, 이 부품이 예비부품인지 아닌지 알려주는 불린(Boolean) 값이 들어있다. 9번 줄의 'front_shock'만 이 세 번째 값을 가지고 있다. 다른 부품들은 모두 예비부품이 필요하기 때문에 기본값 true를 갖는다.

```
01  road_config =
02    [['chain',          '10-speed'],
03     ['tire_size',      '23'],
04     ['tape_color',     'red']]
05
06  mountain_config =
07    [['chain',          '10-speed'],
08     ['tire_size',      '2.1'],
09     ['front_shock',    'Manitou', false],
10     ['rear_shock',     'Fox']]
```

해시와 달리 이 간단한 이차원 배열은 구조에 대한 정보를 제공하지 않는다. 하지만, 우리는 이 구조가 어떤 방식으로 정리되어 있는지 알고 있고, 이 지식을 Parts를 생산하는 객체 속에 넣어두면 된다.

8.3.1 PartsFactory(부품 공장) 만들기

3장 의존성 관리하기에서 다루었듯이, 다른 객체를 생산하는 객체를 팩토리(factory)라 부른다. 다른 언어를 사용해 본 적 있는 독자라면, 이 단어를 듣고 조금 움츠러들지도 모르겠다. 그렇다면 이 기회에 팩토리를 제대로 이해해보는 것도 좋을 것이다. 팩토리는 어렵거나 부자연스러운 것이거나 쓸데없이 복잡한 것이 아니다. 이 단어는 '다른 객체를 만드는 객체'라는 관념을 좀 더 간결하게 소통하기 위해 객체지향 디자이너들이 사용하는 개념일 뿐이다. 루비의 팩토리는 매우 간단하다. 그리고 그 함의를 잘 드러내는 이 단어를 사용하지 않을 이유도 없다.

아래 코드는 새로운 PartsFactory 모듈이다. 이 모듈은 위에 나열된 배열 중 하나를 가지고 Parts를 생산한다. 이 과정에서 Part도 만들게 될 것이다. 하지만 이 작업은 프라이빗하게 진행된다. 이 모듈의 공개적인 책임(public responsibility)은 Parts를 만드는 것이다.

PartsFactory의 첫 번째 버전은 세 개의 인자를 받는다. config, 부품(Part)을 만들기 위해 사용할 클래스의 이름, Parts. 이렇게 세 가지이다. config가 제공하는 정보를 가지고 Part들을 만들고 이 Part들의 배열을 가지고 6번 줄에서 Parts의 인스턴스를 초기화한다.

```
01  module PartsFactory
02    def self.build(config,
03                   part_class = Part,
04                   parts_class = Parts)
05
06      parts_class.new(
07        config.collect {|part_config|
08          part_class.new(
09            name: part_config[0],
10            description: part_config[1],
11            needs_spare: part_config.fetch(2, true))})
12    end
13  end
```

이 팩토리는 config 배열의 구조에 대해 알고 있다. 9-11번 줄을 보면, 배열의 첫 번째 칼럼에 이름이, 두 번째에는 설명이, 그리고 마지막에 needs_spare가 들어가 있다는 것을 알고 있다.

config의 구조에 대한 지식을 팩토리 안에 넣어두면 두 가지 결과를 낳는다. 첫째, config가 매우 간결하게 표현될 수 있다. PartsFactory가 config의 내부 구조를 알고 있기 때문에, 해시가 아니라 배열의 형태로 config를 작성할 수 있다. 둘째, 한번 ccnfig를 배열로 관리하기 시작하면, 새로운 Parts를 만들 때는 언제나 팩토리를 사용해야 한다. 새로운 Parts를 다른 방식으로 만들려하면 9-11번 줄의 지식을 중복하게 된다.

이제 PartsFactory가 준비되었으니 위에서 정의된 설정값 배열(configuration arrays)을 이용해서 손쉽게 새로운 Parts를 만들 수 있다.

```
01  road_parts = PartsFactory.build(road_config)
02  # -> [#<Part:0x00000101825b70
03  #        @name="chain",
04  #        @description="10-speed",
05  #        @needs_spare=true>,
06  #      #<Part:0x00000101825b20
```

```
07  #        @name="tire_size",
08  #           etc ...
09
10  mountain_parts = PartsFactory.build(mountain_config)
11  # -> [#<Part:0x0000010181ea28
12  #        @name="chain",
13  #        @description="10-speed",
14  #        @needs_spare=true>,
15  #      #<Part:0x0000010181e9d8
16  #        @name="tire_size",
17  # etc ...
```

PartsFactory와 새로운 설정값 배열 덕분에 제대로 된 부품(Parts)을 만들기 위한 모든 지식이 고립되었다. 과거에 이 지식은 애플리케이션 곳곳에 흩뿌려져 있었지만 이제는 하나의 클래스와 두 개의 배열 속에 격리되어 있다.

8.3.2 PartsFactory 발전시키기

PartsFactory가 제대로 작동하기 시작했으니, 이제 Part 클래스를 다시 한번 살펴보자(아래 옮겨 놓았다). Part는 간단한 클래스이다. 간단할 뿐 아니라, 그나마 조금 복잡한 코드(7번 줄의 fetch 메서드)도 PartsFactory에서 중복되고 있다. PartsFactory가 모든 Part를 만들고 있기 때문에 이 코드가 Part에 들어있을 필요가 없다. 그리고 이 코드를 Part에서 제거하고 나면 Part에는 거의 아무런 코드도 남지 않는다. Part 클래스 자체를 OpenStruct로 대체할 수 있다.

```
01  class Part
02    attr_reader :name, :description, :needs_spare
03
04    def initialize(args)
05      @name        = args[:name]
06      @description = args[:description]
07      @needs_spare = args.fetch(:needs_spare, true)
08    end
09  end
```

루비의 OpenStruct 클래스는 우리가 이미 살펴 본 바 있는 Struct 클래스와 매우 비슷하다. 몇 개의 어트리뷰트를 하나의 객체 속에 묶을 수 있는 편리한 방법을 제공한다. 둘 사이의 차이는 Sturct가 순서에 민감한 초기화 인자들을 받는 반면, OpenStruct는 해시를 초기화 인자로 받고 이 해시에서 어트리뷰트들을 읽어온다는 점이다.

우리는 Part 클래스를 제거하려 한다. Part 클래스를 제거하면 코드가 좀 더 간

단해지며 지금처럼 복잡한 코드를 다시 작성할 필요도 없을 것이다. Part 클래스
와 이 클래스를 사용하는 모든 코드를 삭제하고 OpenStruct를 이용해서 Part의 역
할을 수행하는 객체를 만들 수 있다. PartsFactory는 이 객체를 사용하면 된다. 아
래 코드는 부품 생산 과정을 팩토리 안에서 직접 처리하도록(9번 줄) 수정한 Parts
Factory이다.

```ruby
01  require 'ostruct'
02  module PartsFactory
03    def self.build(config, parts_class = Parts)
04      parts_class.new(
05        config.collect {|part_config|
06          create_part(part_config)})
07    end
08
09    def self.create_part(part_config)
10      OpenStruct.new(
11        name:        part_config[0],
12        description: part_config[1],
13        needs_spare: part_config.fetch(2, true))
14    end
15  end
```

이제 애플리케이션 전체에서 needs_spare의 기본값을 true로 할당해주는 곳은
13번 줄 뿐이다. 전체 애플리케이션에서 부품(Parts) 생산을 책임지는 곳은 Parts
Foctory 뿐이다.

새로운 버전의 PartsFactory는 아주 잘 작동한다. 아래 코드에서 볼 수 있듯이,
PartsFactory는 OpenStruct 객체들의 배열을 반환한다. 각 OpenStruct는 Part의 역
할을 잘 수행하고 있다.

```ruby
01  mountain_parts = PartsFactory.build(mountain_config)
02  # -> <Parts:0x000001009ad8b8 @parts=
03  #      [#<OpenStruct name="chain",
04  #                    description="10-speed",
05  #                    needs_spare=true>,
06  #       #<OpenStruct name="tire_size",
07  # description="2.1",
08  #ətc ...
```

8.4 조합된 Bicycle

이어지는 코드는 조합을 사용하고 있는 Bicycle의 모습이다. 로드 자전거와 마운
틴 자전거를 만들기 위한 Bicycle, Parts, PartsFactory, 설정값 배열(configuration

array)의 모습이다.

Bicycle은 Parts를 가지고(has-a) 있다. 이어서 Parts는 Part의 모음을 가지고 (has-a) 있다. Parts와 Part가 클래스의 형태여도 괜찮지만 Parts를 품고 있는 객체들은 이들을 역할(role)이라고 이해한다. Parts는 Parts 역할을 수행하는 클래스이고 spares를 구현하고 있다. Part의 역할은 OpenStruct가 수행하며 name, description, needs_spare를 구현하고 있다.

아래 코드 54줄은 6장에서 상속 관계를 통해 작성한 코드 66줄을 완전히 재구성한 결과이다.

```
01  class Bicycle
02    attr_reader :size, :parts
03
04    def initialize(args={})
05      @size  = args[:size]
06      @parts = args[:parts]
07    end
08
09    def spares
10      parts.spares
11    end
12  end
13
14  require 'forwardable'
15  class Parts
16    extend Forwardable
17    def_delegators :@parts, :size, :each
18    include Enumerable
19
20    def initialize(parts)
21      @parts = parts
22    end
23
24    def spares
25      select {|part| part.needs_spare}
26    end
27  end
28
29  require 'ostruct'
30  module PartsFactory
31    def self.build(config, parts_class = Parts)
32      parts_class.new(
33        config.collect {|part_config|
34          create_part(part_config)})
35    end
36
37    def self.create_part(part_config)
38      OpenStruct.new(
39        name:        part_config[0],
40        description: part_config[1],
```

```ruby
41          needs_spare: part_config.fetch(2, true))
42    end
43 end
44
45 road_config =
46    [['chain',           '10-speed'],
47     ['tire_size',      '23'],
48     ['tape_color',     'red']]
49
50 mountain_config =
51    [['chain',           '10-speed'],
52     ['tire_size',      '2.1'],
53     ['front_shock',    'Manitou', false],
54     ['rear_shock',     'Fox']]
```

이 새로운 코드는 기존의 Bicycle 상속 관계 코드와 매우 비슷해 보인다. 유일한 차이점은 해시를 리턴하던 spares 메서드가 Part처럼 동작하는 객체들의 배열을 반환한다는 점이다. 아래의 7번과 15번을 보자.

```ruby
01 road_bike =
02   Bicycle.new(
03     size: 'L',
04     parts: PartsFactory.build(road_config))
05
06 road_bike.spares
07 # -> [#<OpenStruct PartsFactory::Part name="chain", etc ...
08
09 mountain_bike =
10   Bicycle.new(
11     size: 'L',
12     parts: PartsFactory.build(mountain_config))
13
14 mountain_bike.spares
15 # -> [#<OpenStruct PartsFactory::Part name="chain", etc ...
```

이 클래스들 덕분에 이제 새로운 종류의 자전거를 만드는 것이 아주 쉬워졌다.

6장에서는 리컴벤트 자전거를 만들기 위해 19줄의 코드가 필요했다. 이제는 3줄짜리 설정(configuration)이면 충분하다. 2~4번 줄을 보자.

```ruby
01 recumbent_config =
02   [['chain',           '9-speed'],
03    ['tire_size',      '28'],
04    ['flag',            'tall and orange']]
05
06 recumbent_bike =
07   Bicycle.new(
08     size: 'L',
09     parts: PartsFactory.build(recumbent_config))
10
```

```
11  recumbent_bike.spares
12  # -> [#<OpenStruct PartsFactory::Part
13  #        name="chain",
14  #        description="9-speed",
15  #        needs_spare=true>,
16  #      #<OpenStruct PartsFactory::Part
17  #        name="tire_size",
18  #        description="28",
19  #        needs_spare=true>,
20  #      #<OpenStruct PartsFactory::Part
21  #        name="flag",
22  #        description="tall and orange",
23  #        needs_spare=true>]
```

11~23번 줄에서 볼 수 있듯이 이젠 자전거의 부품을 명시하는 것만으로도 새로운 자전거를 만들 수 있다.

집합(Aggregation): 새로운 종류의 조합(Composition)

우리는 이미 위임(delegation)이라는 개념을 알고 있다. 한 객체가 전달받은 메시지를 단순히 다른 객체에게 전달(forward)하는 것을 위임이라고 한다. 위임은 의존성을 만들어 낸다. 메시지를 수신한 객체는 메시지를 인지해야 하고 **또한** 이 메시지를 어디로 보내야 할지 알아야 한다.

조합은 종종 위임을 사용하는데 이때 사용하는 위임의 개념에는 몇 가지 함의가 더 있다. 조합된 객체는 잘 정의된 인터페이스를 통해 협업할 줄 아는 여러 부분들로 구성되어 있다.

조합은 가지고 있는 관계(has-a relationship)이다. 식사는 애피타이저를 가지고 있고, 대학은 학부를 가지고 있고, 자전거는 부품을 가지고 있다. 식사, 대학, 자전거는 조합된 객체이다. 애피타이저, 학부, 부품은 역할들(roles)이다. 조합된 객체는 역할의 인터페이스에 의존적이다.

식사는 인터페이스를 통해 애피타이저와 소통하기 때문에 새로운 객체가 애피타이저 역할을 수행하고 싶다면 이 인터페이스만 구현하면 된다. 새로운 애피타이저가 자연스럽게 기존의 애피타이저를 대체하고, 새로운 식사와 어울릴 수 있게 된다.

조합이라는 개념은 미묘하게 다른 두 가지 의미로 사용되기 때문에 조금 헷갈리기 쉽다. 위에서 제시한 정의는 조합을 넓은 의미로 정의한 것이다. 우리가 조합이라는 개념을 접하는 대부분의 경우에는 일반적으로 두 객체 사이의 가지고 있는 관계(has-a relationship)를 의미한다고 생각해도 좋다.

하지만 조금 더 정교하게 정의할 수도 있다. 이럴 경우 조합이란, 포함된 객체(contained object)가 포함하는 객체(container)로부터 독립적으로 존재하지 못하는 방식으로 서로 가지고 있는 관계(has-a relationship)를 맺고 있다는 뜻이다. 이런 엄밀한 정의를 따르자면, 식사가 애피타이저를 가지고 있을 뿐 아니라 식사를 끝낸 후에는 에피타이저 역시 사라져버린다는 것 역시 알 수 있다.

개념을 일반적으로 또는 엄밀하게 사용하면서 생겨나는 이 간극을 **집합**(aggregation)이라는 개념이 채워준다. 집합이란 포함된 객체가 독립적으로 존재할 수 있는 조합을 뜻한다. 대학은 학부를 가질 수 있고, 학부는 교수들을 가지고 있다. 우리의 애플리케이션이 여러 대학들을 관리하고 그 속에 수천 명의 교수들이 있다면, 대학이 폐교되고 학부가 폐지되어도 교수들은 여전히 남아 있는 경우를 생각할 수 있다.

대학과 학부의 관계는 엄밀한 의미로 사용한 조합의 관계이고 학부와 교수의 관계는 집합의 관계이다. 학부를 폐지해도 교수들은 사라지지 않는다. 교수들은 스스로 존재할 수 있다.

조합과 집합을 정교하게 구분하는 것이 실제 코드를 작성하는 데는 별 도움이 안 될 수도 있다. 이제 이 두 개념을 모두 이해하고 있으니 이 두 관계를 모두 지칭하는데 **조합**이라는 개념을 사용하면 되고 필요할 때는 집합의 개념을 사용하면 된다.

8.5 상속과 조합 중 하나 선택하기

고전적 상속은 코드를 배치하는 기술(code arrangement technique)이라는 점을 기억하자. 행동들은 각각의 객체들 속에 분산되어 있고, 이 객체들의 클래스 관계에 따라 정리되어 있다. 이 클래스 관계가 메시지의 자동화된 전달을 통해 올바른 행동을 호출해 준다. 이렇게 생각해 보자. 객체들을 상속 관계 속에 배치한 대가로 메시지 전달을 공짜로 얻게 되었다고 말이다.

조합은 이 대가와 이득을 거꾸로 뒤집은 것이다. 조합을 사용하면 객체들 사이의 관계를 클래스의 상속 관계 속에 적어 놓을 필요가 없다. 객체들은 각자 독립적으로 존재한다. 그 대신 관계를 맺고 있는 객체를 알고 있어야 하며 직접 메시지를 전달해야 한다. 조합은 객체들에게 구조적 독립성을 보장해주지만 이는 직접 메시지를 전달해야 하는 대가를 치를 때에만 가능하다.

이제 상속과 조합의 예시를 살펴보았으니 어떤 상황에서 어떤 기술을 사용하면 좋을지 생각해 봐야 한다. 일반적인 원칙은 다음과 같다. 조합이 해결할 수 있는 문제라면 조합을 사용한다. 상속이 더 좋은 해결책이라고 확신할 수 없다면 조합을 사용한다. 조합은 상속보다 내재적으로 훨씬 적은 의존성을 갖고 있다. 상속보다는 조합을 사용하는 것이 대부분 더 나은 결과를 낳는다.

위험 요소가 적지만 그 대가가 클 때는 상속을 선택하는 것이 낫다. 이번 절에서는 상속과 조합을 사용할 때 얻을 수 있는 이득과 그 대가에 대해 살펴본다. 그리고 최상의 관계설정을 위한 참고지침을 제시한다.

8.5.1 상속의 결과 받아들이기

상속을 사용해야 할지 말아야 할지를 현명하게 결정하기 위해서는 그 비용과 이득에 대해 명확히 이해하고 있어야 한다.

상속의 이점

2장 '단일 책임 원칙을 따르는 클래스 디자인하기'에서 우리는 코드의 네 가지 목표를 제시했다. 코드는 투명하고(transparent), 적절하고(reasonable), 사용가능하고(usable), 모범이 되어야(exemplary) 한다. 상속을 제대로 적용한 코드는 두 번째, 세 번째 그리고 네 번째 목표를 매우 훌륭히 수행한다.

상속 관계의 위쪽에서 정의된 메서드는 강력한 영향력을 갖는다. 왜냐하면 상속 관계의 높이가 지렛대처럼 작동해서 그 자체의 영향력을 높이기 때문이다. 이 메서드를 변경하면 그 여파가 상속 관계를 따라 저 아래에까지 미친다. 때문에 제대로 구조화된 상속 관계는 매우 **적절하다**(resonable). 코드의 작은 한 부분만 수정해도 행동의 변화를 크게 이끌어 낼 수 있다.

코드에 상속을 적용한 결과를 **열려있고-닫혀있다**(open-closed)고 표현할 수 있다. 상속 관계는 확장에 열려있고, 동시에 수정에는 닫혀있다. 기존 상속구조에 새로운 클래스를 추가하려 할 때 기존 코드를 전혀 수정하지 않아도 된다. 그렇기 때문에 상속 관계는 **사용가능**(usable)하다. 새로운 하위클래스를 만들어서 새로운 변형을 받아들이기가 매우 쉽다.

제대로 작성한 상속 관계는 확장도 용이하다. 상속 관계는 추상화된 코드를 가지고 있기 때문에 새로 추가되는 하위클래스에 약간의 구체적인 변경만 추가하면 된다. 주어진 패턴을 따라하기도 쉽다. 새로운 하위클래스를 만들려는 프로그래머는 기존 코드를 자연스럽게 참조할 수 있다. 때문에 상속 관계는 **모범이 된다**(exemplary). 상속의 속성 자체가 이 관계를 확장하는 코드를 작성하는 기준을 제시해 준다.

다른 곳을 볼 필요도 없이, 객체지향 언어를 구현하고 있는 소스 코드를 보는 것만으로도 상속의 가치를 잘 알 수 있다. 루비의 경우, Numeric 클래스는 상속을 사용하는 훌륭한 예이다. Integer와 Float는 Numeric의 하위클래스로 구조화되어 있다. 상위클래스와 하위클래스 사이의 '무엇이다 관계(is-a relationship)'는 매우 자연스럽다. 정수(integer)와 실수(floats)는 기본적으로 **숫자**(number)이다. 이 클래스들이 공통의 추상화 코드를 공유하는 것은 코드를 정리하는 가장 최적화된 방법이다.

상속의 비용

상속을 사용하는 데 따르는 우려는 크게 두 가지다. 첫째, 상속이 어울리지 않는 문제를 해결하는 데 상속을 사용할 수 있다. 이런 실수를 범했다면 언젠가 새로운 행동을 추가해야 하는 순간이 왔을 때 큰 어려움을 겪을 것이다. 구조 자체가 잘못되어 있기 때문에 새로운 행동이 끼어들 자리가 없다. 어쩔 수 없이 코드의 중복을 허용하거나 코드를 다시 작성하게 된다.

둘째, 상속이 문제를 해결하기 위한 적절한 방법일지라도 다른 프로그래머가 우리가 작성한 코드를 우리가 바라지 않는 방식으로 사용할 수 있다. 다른 프로그래머는 우리가 만든 행동이 필요하지만 상속이 강제하는 의존성을 받아들이고 싶지 않을 수 있다.

앞 절에서 상속의 이점을 설명하면서 언제나 '제대로 구조화된 상속이라면'이라고 조심스럽게 한정해왔다. 적절하고(reasonable), 사용가능하고(usable), 모범이 되는(exemplary) 것. 이런 가치들은 동전 양면의 한쪽과 같은 것들이다. 한쪽에는 상속이 제공하는 멋진 결과들이 있다. 반면 상속이 어울리지 않는 문제에 상속을 적용하면 바로 심각한 결과를 초래하게 된다.

적절함(reasonable)의 반대편에는 잘못된 상속 관계 속에서 코드를 수정할 때 매우 큰 비용이 발생한다는 문제가 있다. 이점으로 작용했던 상속의 특징이 이제는 약점으로 작용한다. 작은 수정 하나가 모든 것을 엉망으로 만들어 버린다.

사용가능성(usable)의 반대쪽에는 새로운 행동을 도저히 추가할 수 없는 상황이 있다. 새로운 하위클래스가 여러 타입을 혼합하고 있을 때 이런 문제가 발생한다. 6장의 Bicycle 상속 관계는 리컴벤트 마운틴 자전거를 제대로 구조화하지 못했다. 이 상속 관계는 이미 MountainBike와 RecumbentBike 하위클래스를 가지고 있지만 기존의 상속 관계로는 이 두 클래스의 특성을 하나의 객체 속에 묶어내지 못한다. 이미 만들어 놓은 행동을 수정하지 않고는 다시 사용할 수 없는 것이다.

모범이 됨(exemplary)의 반대편에는 초보 프로그래머가 잘못된 상속 관계를 확장하려 했을 때 만들어 내는 엄청난 혼란이 숨어 있다. 적용할 수 없는 상속 관계를 발견했다면 확장하지 말고 리팩터링해야 한다. 하지만 초보 프로그래머에게 이런 능력을 기대할 수는 없다. 초보 프로그래머는 코드를 복사해서 붙이거나 클래스 이름에 대한 새로운 의존성을 추가한다. 어느 쪽이든 이미 있는 디자인 문제를 보다 악화시킬 뿐이다.

상속은 "내가 실수하면 어떤 일이 벌어질까?"라는 질문을 매우 중요하게 고려해야 한다. 상속은 그 본성 때문에 매우 강한 의존성을 함께 만들어 낸다. 하위클래스는 상위클래스가 정의하고 있는 메서드에 의존한다. 그리고 상위클래스들의 자동화된 메시지 전달 방식에도 의존하고 있다. 이것이 고전적 상속의 가장 큰 강점이자 약점이다. 디자인 자체가 하위클래스를 상위클래스로부터 떨어질 수 없게 묶어 놓고 있다. 이런 붙박이 의존성이 상위클래스에서 진행된 변경의 영향력을 극대화한다. 코드의 작은 한 부분을 수정해도 코드의 넓은 영역에 거대한 영향을 미칠 수 있다.

좋든 나쁘든, 언젠가 우리가 후회를 하든 말든, 상속에 대한 이 내용들은 분명 사실이다.

마지막으로, 상속을 사용할 때는 얼마나 많은 사람이 내가 만든 코드를 사용할지 역시 고려해야 한다. 잘 알고 있는 소수의 사람들만 사용하는 내부용 애플리케이션이라면, 애플리케이션이 어떻게 변경될지 예상하기 쉬울 것이다. 때문에 상속을 사용하는 것이 비용-효율적인 해결책이라고 확신할 수 있다. 반면 보다 넓은 범위의 사람들을 대상으로 코드를 작성한다면 미래의 필요를 예측할 수 있는 능력이 현저히 떨어진다. 때문에 애플리케이션의 인터페이스에 상속 관계를 추가하는 일은 더더욱 올바른 선택이 아닐 수 있다.

객체를 상속받아야만 행동을 가져올 수 있는 프레임워크를 만드는 것은 좋지 않다. 누군가의 애플리케이션은 이미 자신의 상속 관계를 가지고 있기 때문에 우리가 만든 프레임워크를 상속받는 것 자체가 불가능할 수도 있다.

8.5.2 조합의 결과 받아들이기

'상속을 통해 만들어진 객체'와 '조합을 사용하는 객체'는 기본적으로 두 가지 지점에서 다르다. 조합된 객체는 클래스의 상속 관계에 의존하지 않는다. 그리고 수신한 메시지를 직접 전달(delegate)한다. 이 차이 때문에 그 비용과 이점도 달라진다.

조합의 이점

조합을 사용하면 명확한 책임과 명료한 인터페이스를 갖는 작은 객체를 여럿 만들게 되는 경향이 있다. 잘 조합된 객체는 2장에서 설명한 코드의 목표에 비추어 볼 때, 여러 측면에서 매우 훌륭한 점수를 받을 수 있다.

작은 객체들은 하나의 책임만을 갖고 있고, 자신의 행동을 직접 명시하고 있다. **투명한**(transparent) 객체들이다. 수정사항이 발생했을 때 코드를 이해하기 쉽고 어떤 일이 벌어질지 예상하기도 좋다. 또한 조합된 객체가 상속구조로부터 독립적이라는 사실은 상속받은 행동이 적다는 것을 뜻한다. 결국 상속구조의 위쪽에서 발생한 변화로부터 덜 영향을 받는다.

조합된 객체는 자신의 부분들을 인터페이스를 통해 관리하기 때문에 한 부분을 새로 추가하는 것이 보다 쉽다. 주어진 인터페이스를 충실히 따르는 객체를 추가하기만 하면 된다. 조합된 객체의 관점에서 보자면 이미 있던 한 부분의 변형된 형태를 추가한다는 것은 충분히 말이 되는, **적절한**(reasonable) 것이며 자기 내부의 코드는 수정하지 않아도 된다.

조합에 관여하는 객체들은 본질적으로 그 크기가 작다. 구조적으로 독립되어 있고 잘 정의된 인터페이스를 가지고 있다. 이런 특징 덕분에 객체들을 자연스럽게 추가하고 제거할 수 있으며 객체들을 서로 대체할 수 있는 요소로 만들어준다. 결국 잘 조합된 객체는 새로운 환경에서도 손쉽게 **사용할**(usable) 수 있다.

조합이 이끌어 낼 수 있는 최고의 시나리오를 상상해 보면 애플리케이션이 작고, 추가하거나 제거하기 쉽고, 확장하기 용이한 객체들로 이루어지는 것이다. 이런 애플리케이션은 변화에 유연하게 대응할 수 있다.

조합의 비용

세상의 많은 일들이 그러하듯 조합이 제공하는 이점은 조합의 약점에도 영향을 준다.

조합된 객체는 여러 부분들과 관계를 맺고 있다. 각각의 부분이 작고 쉽게 이해할 수 있더라도, 이 부분들이 모여 전체가 작동하는 방식은 훨씬 불명확할 수 있다. 개별 부분들은 충분히 **투명**(transparent)하더라도 전체는 그렇지 않을 수 있다.

구조로부터의 독립성은 자동화된 메시지 전달을 포기하면서 얻은 것이다. 조합된 객체는 누구에게 어떤 메시지를 전달해야 할지 명확하게 알고 있어야 한다. 메시지 전달을 위해 동일한 코드가 여러 객체 속에 분산되어 존재하지만 조합은 이 코드들을 한곳에 모아줄 수 없다.

조합의 이점과 약점은 다음과 같은 사실을 보여준다. 조합을 사용하면 여러 부분으로 이루어진 객체를 훌륭하게 조립할 수 있지만 매우 비슷한 부분들을 정리해야 하는 상황에서는 별 도움을 주지 못한다.

8.5.3 올바른 관계 선택하기

고전적 상속(6장), 모듈을 통한 역할 공유(7장), 그리고 조합은 각각의 기술이 해결할 수 있는 고유한 문제들에 대해 최고의 해결책을 제공해 준다. 이 기술들을 적절한 문제에 적용할 수 있을 때 애플리케이션의 개발 비용을 낮출 수 있다.

객체지향 디자인의 고수들은 상속과 조합을 어떻게 사용할지 조언한 바 있다.

- "상속은 특수화이다." - 베르트랑 메이어(Bertrand Meyer), 『클래스의 손길: 객체와 계약을 통해 제대로 프로그래밍 배우기(Touch of Class: Learning to Program Well with Objects and Contracts)』
- "상속은 이미 존재하는 클래스들에 새로운 기능을 추가할 때 가장 잘 어울린다. 기존 코드의 대부분을 계속 사용하면서 상대적으로 적은 양의 새로운 코드를 추가하는 상황에 어울린다." - 에릭 감마(Erich Gamma), 리처드 헬름(Richard Helm), 랄프 존슨(Ralph Johnson), 존 블리시디스(John Vlissides), 『디자인 패턴: 재사용성을 지닌 객체지향 소프트웨어의 핵심 요소(Design Patterns: Elements of Reusable Object-Oriented Software)』
- "주어진 행동이 자신의 부분들의 총합 이상일 때 조합을 사용하라" - 그래디 부치(Grady Booch), 『객체지향 분석과 디자인(Object-Oriented Analysis and Design)』

'무엇이다(is-a)' 관계에서 상속 사용하기

조합이 아니라 상속을 선택한다면 상속을 사용해서 얻을 수 있는 이점이 그 대가보다 훨씬 크다고 가정하는 것이다. 가끔은 이런 가정이 큰 성공으로 이어질 수 있다. 현실세계에서 볼 수 있는 물체 중에서 고정적이고 일반-특수의 상속 관계가 뚜렷한 것은 고전적 상속으로 구조화하기 좋은 대상이다.

참가자들이 자전거 경주를 하는 게임을 상상해보자. 참가자들은 부품을 '구매해서' 자신의 자전거를 조립한다. 구매할 수 있는 부품 중에는 샥(shock)도 있다. 이 게임은 거의 비슷한 여섯 종류의 샥을 제공한다. 각각은 가격과 성능이 조금씩 다르다.

모든 샥은 조금씩 달라도 전부 샥(shocks)이다. 부품의 '샥-다움(shock-ness)'이 샥의 핵심을 이룬다. 이 샥들은 하나의 카테고리를 구성한다. 다양한 샥들은 조금씩 다르지만 기본적으로는 매우 유사하다. 다양한 샥에 대한 가장 정확하고 상세한 설명은 '이것은 샥이다(it is-a shock)' 정도가 될 것이다.

이런 문제는 상속으로 해결하기 좋다. 다양한 샥은 낮고 넓은 피라미드형 상속 관계로 구조화할 수 있다. 상속 관계의 범위가 좁기 때문에 이해하기 쉽고, 의도가 잘 드러나며, 쉽게 확장할 수 있다. 이 객체들은 상속의 성공적 사용의 기준에 부합하기 때문에 무언가 잘못된 일이 발생할 위험도 거의 없다. 그럴 가능성은 낮지만, 행여나 우리가 잘못 판단했다 하더라도 결정을 번복하는 데 드는 비용도 매우 낮다. 최소한의 위험만 감수하고도 상속의 이점들을 누릴 수 있다.

이번 장에서 제공했던 예시들에 비추어 보면, 각각의 샥은 Part의 역할을 수행하고 있다. 모든 샥은 자신의 추상화된 상위클래스 Shock으로부터 샥의 '공동된 행동' 및 'Part의 역할'을 상속받고 있다. PartsFactory는 모든 부품이 Part OpenStruct로 표현될 수 있다고 가정하고 있다. 하지만 설정값 배열에 특정한 샥의 클래스 이름을 등록하는 것은 매우 쉽다. Part OpenStruct 이외의 클래스를 사용하도록 확장하는 것이 쉽다는 것이다. 우리는 이미 Part를 하나의 인터페이스처럼 생각하고 있기 때문에 새로운 종류의 부품을 추가하기 쉽다. 이 부품이 상속을 사용하고 있더라도 말이다.

샥의 종류가 갑자기 늘어나서 수정해야 할 내용이 많아지고, 디자인을 다시 고민해야 하는 시점이 올 수도 있다. 현재의 구조로도 충분히 버틸 만 할 수도 있고 아닐 수도 있다. 새로운 종류의 샥을 많이 추가해서 상속구조가 지나치게 확장되거나 기존 코드에 새로운 샥을 자연스럽게 추가하기 어려운 상황이 온다면 **그때 가서 새로운 디자인을 고민하면 된다.**

'무엇처럼 행동하는(behaves-like-a)' 관계에는 오리 타입을 사용하라

어떤 문제는 여러 개의 객체가 같은 역할을 수행해야 하는 상황을 만든다. 각자의 핵심 책임과 함께 스케줄가능성(schedulable), 준비가능성(preparable), 프린트가능성(printable) 또는 저장가능성(persistable) 같은 역할을 수행해야 할 수도 있다.

코드 속에 숨어 있는 역할을 알아 볼 수 있는 두 가지 핵심적인 방법이 있다. 첫째는, 객체가 역할을 수행하고 있지만, 그 역할이 객체의 핵심적인 책임이 아닌 경우이다. 자전거는 스케줄가능성(schedulable)인 것처럼 **행동(behaves-like-a)**하지만, 자전거는 사실 그냥 자전거일 뿐이다. 둘째로, 코드의 여러 곳에서 특정 역할을 수행하려고 하는 경우이다. 일반적으로는 전혀 상관없는 객체들이 같은 역할을 수행하려 드는 경우이다.

역할을 이해하기 위한 좋은 방법 중 하나는 외부의 관점에서 생각해 보는 것이다. 역할을 수행하는 객체의 관점이 아니라, 역할을 부여하는 객체의 관점에서 생각해 보는 것이다. 스케줄가능한 객체(schedulable)를 가지고 있는 객체는 역할을 수행하는 객체가 Schedulable의 인터페이스를 가지고 있기를 원하고, Schedulable이 부과하는 약속을 지킬 것이라 생각한다. 스케줄가능한 모든 객체들은 이런 기대에 부응해야 한다는 점에서 모두 동일하다.

일단 역할이 존재한다는 것을 인지하고 나면 오리 타입을 만들어 인터페이스를 정의하고, 주어진 역할의 모든 수행자(player)들이 따를 수 있는 인터페이스를 구현해야 한다. 우리의 디자인 작업은 이런 흐름을 따른다. 어떤 역할은 인터페이스만 가지고 있고, 다른 것들은 공통된 행동 역시 가질 수 있다. 동일한 코드를 중복하지 말고 루비의 모듈 속에 공통된 행동을 정의하고 모듈을 인클루드해서 객체들이 같은 역할을 수행할 수 있도록 하자.

'가지고 있는(has-a)' 관계에서 조합 사용하기

많은 객체들은 여러 부분(parts)으로 이루어져 있지만, 객체 자체는 부분들의 총합 이상의 것이다. 자전거는 부품들(parts)을 가지고 있다. 하지만 자전거 자체는 부품들의 묶음 이상의 것이다. 자전거는 부품들의 행동과는 전혀 다른, 그리고 부품들의 행동보다 더 나아간 그 고유의 행동을 가지고 있다. 현재 주어진 요청사항들을 생각해 보면 Bicycle을 모델링하는 가장 좋은 방법은 조합을 사용하는 것이다.

무엇이다(is-a)와 가지고 있다(has-a) 사이의 구분은 상속과 조합 사이에서 어떤 디자인을 선택할지를 결정하는 데 핵심적인 요소이다. 객체가 많은 부분을 가지고 있을수록 조합을 사용해서 객체를 디자인하는 것이 더 어울린다. 개별 부품들 속으로 관심을 옮겨갈수록 몇 가지 변형된 형태만을 갖는 특정 부품들을 만날 가능성이 높아진다. 이것들은 상속을 사용하기 좋은 대상들이다. 모든 문제에 대해 몇 가지 디자인이 제공하는 비용과 이득을 저울질해 보아야 한다. 그리고 자신의 경험과 판단을 가지고 최선의 선택을 해야 한다.

8.6 요약

조합을 이용하면 작은 부분들을 가지고 복잡한 객체를 만들 수 있고 이렇게 조합된 객체는 부분들의 총합 이상의 것이다. 조합된 객체는 간단하고 독립적인 개체들(entities)로 이루어지는 경향이 있고 이런 개체들은 새롭게 조합하고 재배치하기 쉽다. 간단한 객체는 이해하기 쉽고 재사용하고 테스트하기 용이하다. 하지만 이런 객체들이 모여 보다 복잡한 하나의 전체를 이루기 때문에 애플리케이션 전체의 작동 방식은 개별 부분들만큼 이해하기 쉽지 않을 수 있다.

조합, 고전적 상속, 모듈을 통한 행동 공유는 서로 대립되는 코드 재배치 기술이다. 각각은 나름의 비용과 이익을 제공한다. 이런 차이가 미묘하게 다른 문제를 해결하는 데 특정 기술의 우위를 보장해준다.

이런 기술들은 하나의 도구일 뿐 그 이상이 아니다. 그리고 기술들을 모두 연마하면 보다 나은 디자이너가 될 수 있다. 각각을 제대로 사용하는 것은 경험과 판단력의 문제이다. 경험을 쌓는 가장 좋은 방법은 직접 실수를 통해 배우는 것이다. 디자인 기술을 향상시키고자 한다면 기술을 적극적으로 사용해 보고 실수를 받아들일 줄 알아야 한다. 잘못된 디자인 결정을 버리고 가차 없이 새로운 방식으로 리팩터링하면 된다.

경험을 쌓아갈수록 처음부터 올바른 기술을 선택할 수 있게 될 것이다. 디자인 선택의 비용도 내려간다. 그리고 우리의 애플리케이션은 더욱 발전할 것이다.

9장

비용-효율적인 테스트 디자인하기

수정하기 쉬운 코드를 작성하는 일은 예술적인 작업이며 세 가지 기술이 필요하다.

첫째, 객체지향 디자인을 이해하고 있어야 한다. 잘못 디자인된 코드는 당연히 수정하기 어렵다. 실용적인 관점에서 보자면 디자인이 고려해야 하는 것은 손쉬운 수정가능성뿐이다. 쉽게 바꿀 수 있는 코드가 곧 잘 디자인된 코드이다. 여기까지 이 책을 읽은 독자들에게 책을 읽은 노력은 언젠가 그 값어치를 할 것이다. 그리고 수정 가능한 코드를 디자인하기 위한 기초를 다졌다고 생각해도 좋다.

둘째, 코드를 리팩터링하는 법을 익혀야 한다. 그냥 손쉽게 "애플리케이션을 뜯어보고 코드를 여기저기로 옮기는 것" 같은 리팩터링이 아니라 진짜로 성숙하고 탄탄하게 정의된 의미에서의 리팩터링이 필요하다. 마틴 파울러가 그의 저서 『리팩터링: 프로그램의 가치를 높이는 코드 정리 기술』에서 이야기하는 것 같은 리팩터링이 필요하다.

> 리팩터링은 소프트웨어 시스템을 수정하는 과정이다. 이 과정은 코드의 외적인 작동방식을 변경하지 않으면서도, 그 내부 구조를 발전시킨다.

코드의 외적인 작동방식을 변경하지 않으면서라는 문구를 주목하자. 리팩터링은, 그 정의처럼, 새로운 행동을 추가하지 않는다. 주어진 구조를 발전시킨다. 리팩터링은 종종걸음으로 한 발자국씩 밟아가는 정교한 과정이다. 차근차근 조심스럽게, 한 치도 틀림없이, 하나의 디자인을 다른 디자인으로 변형시키는 과정이다.

좋은 디자인은 최소의 비용으로도 애플리케이션이 최대한 유연한 형태로 남아있을 수 있게 해준다. 보다 구체적인 요구사항을 마주할 때까지 최대한 수정을 미루고 모든 결정의 순간을 최대한 미루는 것을 통해 이런 최소비용과 최대한의 유연함이 보장된다. 그러다 언젠가 수정의 날이 왔을 때 현재의 코드 구조가 새로운 요구사항을 받아들일 수 있도록 만드는 방법이 **리팩터링**이다. 기존 코드를 성공적으로 리팩터링하고 나서야 새로운 기능을 추가할 수 있다.

리팩터링 능력이 부족하다면 더 수련해야 한다. 코드가 좋은 디자인으로 뻗어나가려면 지속적인 리팩터링이 필요하다. 리팩터링을 수월하게 진행할 수 있을 때에만 디자인에 대한 고민은 그 값어치를 한다.

마지막으로, 수정 가능한 코드를 작성하려면 높은 수준의 테스트를 짤 수 있어야 한다. 테스트는 지속적인 리팩터링에 안정감과 확신을 준다. 효율적인 테스트는 수정된 코드가 별 문제 없이, 전체적인 작업 비용을 끌어올리지 않고, 여전히 잘 작동한다고 보증해준다. 리팩터링이 얼마나 침착하게 진행되는가와는 별개로, 좋은 테스트를 작성해 놓았다면 실제 코드를 수정해도 테스트를 다시 작성할 필요가 없다.

이렇게 작동하는 테스트를 작성하는 일 역시 디자인의 이슈이며 이번 장의 주제이기도 하다.

객체지향 디자인에 대한 이해, 훌륭한 리팩터링 기술, 효율적인 테스트를 짤 수 있는 능력. 이 세 가지는 손쉽게 수정할 수 있는 코드를 지지해 주는 세 개의 기둥이다. 잘 디자인된 코드는 수정하기 쉽고, 리팩터링은 하나의 디자인을 다른 디자인으로 변형시키는 방법이며, 테스트는 리팩터링의 두려움에서 우리를 해방시켜준다.

9.1 의도를 가지고 테스트하기

테스트는 버그를 줄어주고 문서의 역할을 하며 테스트를 먼저 작성하면 애플리케이션의 디자인이 향상된다. 이것은 테스트 작성을 지지하는 가장 일반적인 주장이다.

하지만 이런 이점들이 얼마나 타당해 보이든 그것은 보다 핵심적인 목표에 다가가기 위한 중간단계일 뿐이다. 테스트의 진정한 목표는, 디자인의 진정한 목표와 똑같이, 코드 작성 비용을 줄이는 것이다. 테스트를 작성하고 관리하고 실행하는 데 드는 시간이 버그를 잡고 문서를 작성하고 테스트 코드를 디자인하는 데 드는 시간보다 오래 걸린다면 테스트를 작성하는 의미가 없다. 이성적인 사람이라면 누구나 그렇게 생각할 것이다.

테스트를 처음 작성하는 프로그래머가 테스트를 통해 얻는 이익보다 테스트를 작성하는 데 들이는 비용이 **분명** 더 클 때, 이들은 매우 불편한 상황에 놓인다. 그리고 테스트가 얼마나 유용한지 다시 생각해보고 싶어 한다. 이들은 테스트 없이도 충분히 생산적이었는데, 테스트 먼저(test-first)라는 벽에 부딪치고 그 앞에 멈춰 서서 어쩔 줄 몰라하는 사람들이다. 테스트를 먼저 작성하려는데 결과물은 제대로 나오지 않는다. 그래서 생산성을 다시 높이기 위해 테스트를 포기하고 오래된 습관으로 되돌아간다.

테스트 작성 비용이 너무 높은 문제를 해결하기 위한 방법은 테스트를 그만두는 것이 아니라 테스트를 더 잘 짤 수 있도록 수련하는 것이다. 테스트를 통해 좋은 가치를 얻기 위해서는 테스트의 의도를 명확히 하는 것, 무엇을 언제 그리고 어떻게 테스트해야 할지 알아야 한다.

9.1.1 테스트 의도를 알기

테스트는 많은 이점을 가져다 줄 수 있다. 이 이점은 명확할 수도 있고 명확하지 않을 수도 있다. 이 이점들을 제대로 이해하고 있다면 테스트를 작성하고자 하는 동기를 보다 강하게 느낄 수 있다.

버그 찾아내기

개발 초기 단계에서 버그를 찾아내면 큰 이득을 얻을 수 있다. 초기 단계에서는 버그를 발견하기도 쉽고 수정하기도 쉬울 뿐 아니라 코드를 일찍 올바르게 만들어 놓는 것이 코드 디자인에 기대 이상의 긍정적인 영향을 미치기 때문이다. 어떤 것을 할 수 있는지(또는 없는지) 일찍 알면 지금 새로운 방향을 선택할 수 있고, 이렇게 결정하면 미래에 선택할 수 있는 디자인의 폭을 넓힐 수 있다. 또한 코드가 계속 쌓여 가면 숨어있는 버그는 의존성을 만들어낸다. 나중에 이 버그를 고치려 할 경우 의존성이 높은 코드를 여러 군데 수정해야 할지도 모른다. 버그를 일찍 고치면 언제나 코드 작성 비용이 줄어든다.

문서를 제공하기

테스트만이 디자인에 대한 믿을 수 있는 문서를 제공한다. 종이 문서가 쓸모없어지고 인간의 기억이 그 한계를 드러내는 시점이 한참 지난 후에도, 테스트가 들려주는 이야기는 여전히 유효하다. 미래의 우리가 기억상실증에 걸릴 것이라 예상하고 테스트를 작성하자. 우리가 언젠가는 잊게 된다는 사실을 기억하자. 한때 우리가 알고 있던 이야기를 다시 들려줄 수 있는 테스트를 작성하자.

디자인 결정을 미루기

테스트는 디자인 결정을 안전하게 미룰 수 있도록 해준다. **어떤 것**이 필요한데 아직 그 무엇을 알아내기에는 충분한 정보가 없는 경우가 있다. 우리의 디자인 능력이 향상되면 애플리케이션 곳곳에 그 무엇을 위한 빈 공간을 남겨둘 수 있게 된다. 이곳은 새로운 정보를 기다리는 공간이다. 특정한 디자인을 적용하라는 압력에 굴하지 않고 꿋꿋이 비워놓은 공간이다.

이 '미뤄진(pending)' 결정의 지점들은 살짝 민망하며 매우 구체적인 꼼수(hacks)의 모양을 취하고, 잘 표현된 인터페이스 뒤에 숨어 있다. 지금은 구체적인 경우(case) 하나만을 알고 있지만 곧 새로운 정보를 더 얻을 수 있을 때 이런 상황에 놓이게 된다. 언젠가는 구체적인 여러 경우를 하나로 추상화하는 코드를 만들겠지만 지금은 이 추상화를 그려내기 위한 충분한 정보를 가지고 있지 않다.

테스트가 인터페이스에 기대고 있다면 인터페이스 밑에 숨겨진 구체적인 코드는 나중에 마음껏 리팩터링할 수 있다. 테스트는 인터페이스가 계속해서 올바르게 작동하고 있다는 점을 확인해 줄 수 있고 리팩터링 과정에서 테스트를 다시 작성할 필요도 없다. 의도적으로 인터페이스에 의존하는 테스트를 작성하면 아무런 대가를 치르지 않고도 안전하게 디자인 결정을 미룰 수 있다.

추상화를 돕기

드디어 새로운 정보를 얻었고 이제 디자인 결정을 내려야 하는 시점이 왔을 때 우리의 작업은 코드의 추상화 정도(level)를 높이게 된다. 여기에 디자인에 대한 테스트를 작성할 때 얻을 수 있는 또 하나의 이점이 있다.

좋은 디자인은 추상화된 코드에 기대고 있는 작고 독립적인 객체들을 자연스럽게 만들어낸다. 잘 디자인된 애플리케이션의 행동은 이런 추상화들 사이의 상호작용으로 조금씩 변해간다. 추상화된 코드는 아주 유연한 디자인 요소지만, 디자인이 발전하기 위해서는 하나의 작은 대가를 지불해야만 한다. 그 대가란 '추상화된 코드 각각은 이해하기 쉽지만 코드 속에 전체의 작동을 명확하게 보여주는 지점이 없다'는 것이다.

코드의 기초(base)가 확장되고 추상화된 코드가 여럿 자라나면, 점점 더 테스트가 필요해진다. 추상화된 디자인이 어느 순간에 도달하면, 테스트 없이는 더 이상 안전하게 코드를 수정할 수 없는 수준에 도달하기 때문이다. 테스트는 모든 추상화된 인터페이스의 기록이기 때문에 우리의 작업을 지지해주는 기반이 된다. 테스트는 우리가 디자인 결정을 미루고 필요한 만큼 추상화된 코드를 만들 수 있도록 해준다.

디자인의 결점 드러내기

테스트의 또 다른 이점은 디자인의 결점을 드러내 준다는 점이다. 테스트를 작성하기 위한 준비 작업이 너무 힘겹다면 코드에 너무 많은 맥락(context)이 있다는 뜻이다. 객체 하나를 테스트하기 위해 다른 객체를 왕창 끌어와야 한다면 이 코드는 의존성이 높다는 뜻이다. 테스트를 작성하기 힘들다면 다른 객체들이 이 코드를 재사용하기 힘들 것이다.

테스트는 탄광 속의 카나리아 같은 존재다. 디자인이 나쁠 때 테스트는 힘들어진다.

하지만 그 역이 성립하는 것은 아니다. 테스트가 힘들다고 해서 애플리케이션의 디자인에 문제가 있다는 뜻은 아니다. 잘 디자인된 애플리케이션을 어렵게 테스트하는 일도 기술적으로 충분히 가능하기 때문에 테스트를 통해 개발비용을 낮추려면 테스트의 대상이 되는 애플리케이션, **그리고** 테스트 자체도 잘 디자인해야 한다.

우리의 목표는 최소한의 비용으로 테스트가 제공하는 이점을 최대한으로 누리는 것이다. 이 목표를 성취하기 위해서는 꼭 필요한 것만 테스트하는, 느슨하게 결합된(loosely coupled) 테스트를 작성해야 한다.

9.1.2 무엇을 테스트할지 알기

대부분의 프로그래머들은 테스트를 너무 많이 짠다. 불필요한 테스트를 작성하는 비용이 너무 높아지면 대부분 프로그래머들은 테스트 자체를 포기하기 때문에, 테스트를 너무 많이 작성한다는 사실 자체가 눈에 띄지 않을 수도 있다. 이들은 테스트를 작성하지 않는 것이 아니다. 오히려 엄청 거대하고 이제는 쓸모없어져 버린 테스트 묶음을 가지고 있을 뿐이다. 이런 테스트는 제대로 작동하지 않는다. 테스트에서 더 나은 가치를 얻기 위한 방법 중 하나는 테스트를 덜 짜는 것이다. 이를 위해서는 모든 것을 단 한 번만 테스트하고 제대로 된 곳에서 테스트해야 한다.

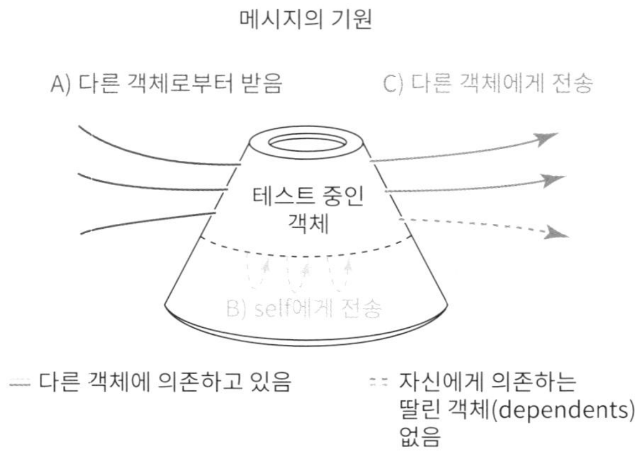

메시지의 기원

그림 9.1 테스트 중인 객체는 마치 우주 캡슐(space capsules) 같다. 메시지들이 그 경계를 통과해서 지나간다.

테스트에서 중복을 제거하면 애플리케이션의 수정에 맞춰 테스트를 수정해야 하는 비용을 줄일 수 있다. 그리고 테스트를 제대로 된 장소에 작성해 놓으면 꼭 필요한 순간에만 테스트를 수정해도 된다. 테스트의 핵심내용만 남겨 놓기 위해서는 테스트의 의도를 매우 뚜렷하게 가지고 있어야 한다. 그리고 이 의도는 우리가 이미 알고 있는 디자인 원칙으로부터 끄집어 낼 수 있다.

객체지향 애플리케이션을 여러 블랙박스가 서로 주고받는 메시지들의 연쇄라고 생각해보자. 모든 객체를 블랙박스처럼 취급하기 때문에 하나의 객체는 다른 객체가 무엇을 알고 있는지 잘 모른다. 그리고 자신의 경계 너머에 있는 다른 객체와 메시지에 대해 아는 데도 한계가 있다.

잘 디자인된 객체에는 매우 명확한 경계(boundaries)가 있다. 각 객체는 그림 9.1의 우주 캡슐과 같다. 바깥에서 안쪽을 볼 수 없고 안쪽에서도 바깥을 볼 수 없다. 그리고 객체들이 인정한 최소한의 메시지들만이 밀폐된 에어로크(airlocks)를 통과할 수 있다.

디자인의 핵심에는 다른 객체의 내부에 대한 의도적인 무지가 있다. 객체를 그저 메시지에 반응하는 존재처럼 취급할 때 애플리케이션의 수정이 손쉬워진다. 그리고 이런 관점이 왜 중요한지 이해하고 있을 때 최소한의 비용으로 최대한의 이득을 제공하는 테스트를 작성할 수 있다.

애플리케이션에 적용할 수 있는 디자인 원칙은 테스트에도 동일하게 적용할 수 있다. 모든 테스트는 이미 존재하는 클래스를 사용하는 또 하나의 애플리케이션이고 객체일 뿐이다. 테스트가 기존 클래스들과 결합될수록 테스트와 클래스는 서로 얽혀 들어가고 불필요하게 수정해야 하는 상황에 더욱 빈번히 노출된다.

우리는 객체 사이의 결합을 최소화해야 할 뿐 아니라 최소한의 결합 역시 안정적인 객체와 맞물리도록 만들어야 한다. 모든 객체에서 가장 안정적인 것은 퍼블릭 인터페이스이다. 이 사실에서 얻어낼 수 있는 논리적 결론은, 우리가 테스트해야 하는 것은 퍼블릭 인터페이스에서 정의된 메시지라는 사실이다. 가장 비효율적이고 불필요한 테스트는 객체를 감싸는 방어막을 뚫고 들어가서 객체 내부의 불안정한 세부사항을 테스트하는 것이다. 이렇듯 지나치게 앞서나가는 테스트는 애플리케이션의 전체적인 완성도에 대해 아무것도 말해주지 못한다. 오히려 인터페이스 아래 놓여 있는 클래스들을 리팩터링할 때마다 깨져나가기 때문에 유지보수 비용만 높일 뿐이다.

테스트는 객체의 경계를 넘나드는 메시지에 집중해야 한다. 들어오는 메시지들(incoming messages)은 메시지를 수신하는 객체의 퍼블릭 인터페이스를 규정한다. 밖으로 나가는 메시지(outgoing messages)는, 그 본성상, 다른 객체에 들어가는 메시지이다. 때문에 다른 객체의 인터페이스의 한 부분을 이룬다. 그림 9.2를 보자.

그림 9.2에서 Foo에 들어가는 메시지는 Foo의 퍼블릭 인터페이스를 규정한다. Foo는 자신의 인터페이스를 테스트할 책임이 있고 해당 메시지가 반환하는 값을 검증구문(assertion)을 가지고 테스트한다. 메시지가 반환하는 값(value)을 검증하는 테스트는 **상태(state)**를 테스트하는 것이다. 일반적으로 이런 테스트는 특정 메시지가 반환한 값이 기대값(expected value)과 같은지 검증한다.

그림 9.2는 Foo가 Bar에 메시지를 내보내는 모습도 보여준다. Foo가 Bar에게 전송한 메시지는 Foo의 관점에서는 밖으로 나가는 메시지이지만, Bar의 관점에서는 들어오는 메시지이다. 이 메시지는 Bar의 퍼블릭 인터페이스의 한 부분이고 상태에 대한 모든 테스트는 Bar에 속해야 한다. Foo는 자신의 밖으로 나가는 메시지의 상태를 테스트할 필요도 없고 테스트해서도 안 된다. 객체는 오직 자신의 퍼블

그림 9.2 한 객체의 밖으로 나가는(outgoing) 메시지는 다른 객체로 들어가는(incomming) 메시지이다.

릭 인터페이스에 속하는 메시지의 상태만 검증해야 한다. 이것이 테스트의 일반적인 원칙이다. 이 원칙을 따르면, 메시지의 반환값을 테스트하는 코드는 단 한 곳에만 존재하게 되고 불필요한 중복을 제거할 수 있게 된다. 테스트를 DRY하게 작성하고 유지보수 비용을 낮출 수 있다.

밖으로 나가는 메시지가 반환하는 상태값을 테스트할 필요가 없다는 것이 밖으로 나가는 메시지를 테스트할 필요가 없다는 뜻은 아니다. 밖으로 나가는 메시지에는 두 가지가 있는데, 그중 하나에 대해서는 다른 종류의 테스트를 해야 한다.

밖으로 나가는 메시지 중 어떤 것들은 애플리케이션에 별다른 영향을 미치지 않는다. 때문에 이 메시지에 관심을 갖는 것은 송신자뿐이다. 당연히 송신자는 메시지가 반환하는 결과를 관심을 갖는다.(그렇지 않다면 왜 메시지를 전송하겠는가?) 반면 애플리케이션의 다른 부분은 메시지의 전송 여부에 관심이 없다. 이런 종류의 밖으로 나가는 메시지를 **쿼리**(queries)라고 부른다. 그리고 이런 메시지를 송신자 객체가 테스트할 필요는 없다. 쿼리 메시지는 수신자 객체의 퍼블릭 인터페이스를 이룬다. 그리고 이 수신자 객체가 상태값에 대한 필요한 테스트를 모두 구현하고 있다.

하지만 밖으로 나가는 메시지 대부분은 애플리케이션이 무엇에 의존하고 있는가에 따라 다른 객체에 **분명히** 영향을 미친다(파일을 만들거나 데이터베이스에 레코드가 저장되거나 옵저버가 관찰하고 있거나). 이런 메시지는 **커맨드**(commands) 메시지이다. 그리고 이 메시지가 제대로 전송되었는지 테스트하는 것은 송신자의 책임이다. 메시지가 전송되었는지 테스트하는 것은 상태(state)에 대한 테스트가 아니라 행동(behavior)에 대한 테스트이다. 그리고 메시지가 몇 번 전송되었는지, 그 인자는 무엇인지 테스트하게 된다.

그렇다면 여기서 무엇을 테스트해야 할지에 대한 기준을 얻을 수 있다. 들어오는 메시지에 대해서는 메시지가 반환하는 상태를 테스트한다. 밖으로 나가는 커맨드 메시지에 대해서는 이 메시지가 제대로 전송되었는지 테스트해야 한다. 밖으로 나가는 쿼리 메시지는 테스트할 필요가 없다.

우리 애플리케이션의 객체들이 퍼블릭 인터페이스만을 충실하게 따르며 소통하고 있다면 테스트는 이 이상의 것을 알 필요가 없다. 이 최소한의 메시지들만 테스트하면 객체의 프라이빗 행동(private behavior)이 변경되어도 테스트 자체를 수정할 필요가 없다. 밖으로 나가는 커맨드 메시지가 제대로 전송되었는지만 테스트한다면 이런 테스트는 실제 코드와 느슨하게 결합되어 있기 때문에 실제 코드가 변경되어도 테스트를 수정할 필요가 없다. 퍼블릭 인터페이스가 안정적으로 유지되기만 한다면 테스트는 한 번만 작성하면 되고 이 테스트는 계속해서 코드를 안전하게 보호해줄 것이다.

9.1.3 언제 테스트할지 알기

테스트를 먼저 작성하는 것이 좋다. 이렇게 하는 것이 말이 되는 상황이라면.

블행히도, 초보 디자이너가 테스트를 먼저 작성해도 좋은 상황인지 아닌지를 판단하는 일은 쉽지 않기 때문에 이런 조언은 별 도움이 안 된다. 초보들은 지나치게 결합되어 있는 코드를 작성하곤 한다. 모든 객체 속에 별로 연관되지 않은 책임을 부여하고 객체가 너무 많은 객체들에 의존하게 만든다. 이들이 만드는 애플리케이션은 완전히 얽혀 있는 코드들의 두터운 직물조각 같고 그 속에는 독립적으로 움직이는 객체가 하나도 없다. 이런 애플리케이션의 코드를 작성한 이후에 테스트를 작성하기란 매우 어렵다. 왜냐하면 테스트는 코드를 재사용하는 것인데 이 애플리케이션에는 재사용할 수 있는 코드가 없기 때문이다.

테스트를 먼저 작성하면 객체를 처음 만드는 순간부터 객체 속에 약간의 재사용 가능성을 각인시켜 놓게 된다. 재사용할 수 없다면 테스트를 작성할 수도 없기 때문이다. 때문에 초보 디자이너일수록 테스트를 먼저 작성할 때 얻을 수 있는 것이 많다. 아직 훈련이 덜 되었기 때문에 테스트를 먼저 작성하는 것이 당황스럽고 힘들겠지만 꾸준히 수련한다면 언젠가는 테스트할 수 있는 코드를 작성할 수 있게 될 것이며 이는 테스트 작성 훈련을 통해서만 얻을 수 있다.

하지만 테스트를 먼저 작성하는 것만으로 제대로 디자인된 애플리케이션이 완성되는 것은 아니라는 사실을 명심하자. 테스트를 먼저 작성하면서 얻을 수 있는 코드의 재사용가능성은 아무 것도 없었던 시작점과 비교해 보면 한 단계 발전한 것이 맞다. 하지만 여전히 좋은 디자인의 필수 요소를 갖추지 못하고 있을 수 있다. 좋은 의도를 가지고 있는 초보들은 종종 작성비용이 높고 중복이 많은 테스트 코드를 작성한다. 엉망진창으로 강하게 결합된 코드에 대해 이런 테스트를 작성한다. 가장 부족한 사람이 가장 복잡한 코드를 작성한다는 것은 참 불행한 일이다. 이런 코드는 주어진 과제가 얼마나 복잡한지를 말해주는 것이 아니라 오히려 프로그래머의 경험이 부족하다는 것을 보여줄 뿐이다. 초보 개발자는 간결한 코드를 작성할 수 있는 능력을 아직 갖추지 못하고 있다.

초보가 만드는 지나치게 복잡한 애플리케이션은 인내심의 승리로 보아야 한다.

이런 애플리케이션이 제대로 작동한다는 것 자체가 기적이다. 이런 코드는 **어렵다**. 애플리케이션을 수정하기도 어렵고 리팩터링은 모든 테스트를 깨뜨린다. 수정 비용이 높을 때, 생산성은 점점 더 떨어지고, 모든 중요한 문제들을 수정할 의욕을 잃게 만든다. 수정내역은 애플리케이션 곳곳에 연쇄적으로 영향을 미치고, 테스트를 유지보수하는데 드는 높은 비용은 테스트가 그 값어치를 못한다고 생각하게 만든다.

만약 이 책을 읽는 독자가 초보 디자이너이고 이런 상황에 처해있다면 테스트의 가치를 계속 믿는 것이 중요하다. 제대로 된 시점에 적당한 양의 테스트를 작성한다면, 그리고 테스트를 먼저 작성한다면 전체적인 개발비용을 줄일 수 있다. 테스트의 이런 이점을 누리기 위해서는 모든 곳에 객체지향 디자인의 원칙을 적용해야 한다. 애플리케이션 코드**뿐만 아니라** 테스트에 대해서도 이 원칙을 적용해야 한다. 이 책에서 새롭게 배운 디자인 지식은 이미 테스트하기 좋은 코드를 쉽게 작성할 수 있도록 해준다. 이번 장의 나머지 부분들은 이 원칙을 테스트를 구성하는 데 어떻게 적용할 수 있는지를 보여줄 뿐이다. 잘 디자인된 애플리케이션은 손쉽게 수정할 수 있기 때문에, 그리고 잘 디자인된 테스트는 수정할 필요 자체를 없애주기 때문에 디자인 원칙을 충실히 따르는 디자인은 언젠가 충분히 그 값어치를 한다.

경험이 풍부한 디자이너가 테스트를 먼저 작성할 때는 코드의 질이 아주 조금씩 좋아진다. 경험이 많다고 해서 테스트를 통해 얻을 수 있는 이점이 없는 것도 아니고 테스트가 유도하는 방향으로 코드를 작성하면서 예상치 못한 것을 깨닫게 되는 경우가 전혀 없는 것도 아니다. 하지만 이들은 재사용 가능한 코드를 작성하도록 강제하는 테스트, 이런 테스트가 제공하는 이득을 이미 선취하고 있다. 이미 느슨하게 결합된, 재사용가능한 코드를 작성하고 있기 때문에 테스트는 다른 방식으로 가치를 제공한다.

경험이 많은 디자이너라고해서 문제를 '스파이크(spike)'해보지 않는 것은 아니다. 스파이크란 일단 테스트 없이 코드를 작성하면서 이것저것 실험해 보는 것이다. 실험을 통해 해결책이 명확히 떠오르지 않는 문제를 이러 저리 탐구해보는 행동이다. 문제의 핵심이 보이고 디자인이 떠오르면 테스트를 먼저 작성하는 방식으로 되돌아간다.

우리의 전반적인 목표는 잘 디자인된 애플리케이션을 만드는 것이다. 그리고 이 애플리케이션의 중요한 부분들에 모두 테스트를 작성해 놓는 것이다. 프로그래머의 경험과 능력에 따라 이 목표를 달성하기 위한 방법은 서로 다를 수 있다.

각자의 판단에 따라 다양한 방식을 취할 수 있다는 말이 테스트를 생략해도 된다는 뜻은 아니다. 잘못 디자인되고 테스트도 없는 코드는 그저 테스트할 수 없는 레거시 코드(legacy code)에 불과하다. 스스로의 능력을 너무 과신해서 자신의 관점 속에만 함몰되어 테스트를 생략해도 된다고 생각하지 말자. 약간의 코드를 고전적인 방식으로 작성하는 것도 가끔은 괜찮지만, 기본적으로는 테스트를 먼저 작성하는 것이 좋다.

9.1.4 어떻게 테스트할지 알기

누구나 새로운 루비 테스트 프레임워크를 만들 수 있고 가끔은 누구나 하나씩은 만들고 있는 것처럼 보이기도 한다. 이 다음에 새로 나오는 멋진 프레임워크가 이 프레임워크 없이는 코드를 작성할 수 없는 기능을 포함하고 있을 수도 있다. 프레임워크를 선택하는 데 따르는 이점과 대가를 이해하고 있다면 자신의 입맛에 맞는 어떤 것이든 선택해도 좋다.

하지만 가장 대중적인 프레임워크를 사용하는 데는 그 이유가 있다. 가장 많은 사람이 사용하는 프레임워크는 가장 풍부한 지원이 보장된다. 새로운 루비(또는 레일스) 배포판과 호환되도록 가장 빠르게 업데이트되기 때문에 루비나 레일스의 최신 버전을 사용하는 데 어려움이 없다. 프레임워크의 사용자층이 두텁기 때문에 하위호환성을 포기할 수 없고, 덕분에 기존 테스트를 모두 재작성해야 하는 변경사항이 적용될 여지가 적다. 또한 많은 사람들이 사용하고 있기 때문에 이 프레임워크를 잘 사용하는 프로그래머를 만나기도 쉽다.

이 책을 저술하고 있는 현재 시점에서, 가장 대중적인 프레임워크는 라이언 데이비스(Ryan Davis)와 seattle.rb가 만든 MiniTest이다. MiniTest는 1.9버전부터 루비에 기본 탑재되어 있다. 그리고 데이비드 챌린스키(David Chelimsky)와 RSpec 팀이 만든 RSpec도 있다. 이 둘은 서로 다른 철학을 가지고 있지만 둘 중 어느 쪽을 선호하든 둘 다 훌륭한 프레임워크이다.

어떤 프레임워크를 선택할지를 결정해야 할 뿐만 아니라, 서로 다른 두 가지 스타일, 테스트 주도 개발(Test Driven Development, TDD)와 행동 주도 개발(Behavior Driven Development, BDD) 사이에서도 고민하고 결정해야 한다. 이 두 방식 사이에서 깔끔하게 한 가지를 선택할 수 있는 것은 아니다. TDD와 BDD가 정반대의 것처럼 비쳐질 수도 있지만, 그림 9.3처럼 둘을 서로 이어지는 것으로 파악하는 편이 더 낫다. 각자의 경험과 각자가 보다 중요하게 생각하는 가치에 준

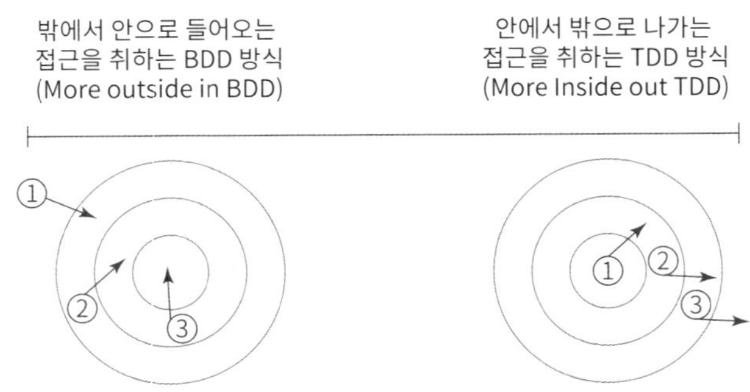

그림 9.3 BDD와 TDD는 하나의 연속체로 파악될 필요가 있다.

해 결정하면 된다.

두 스타일 모두 테스트를 먼저 작성한다. BDD는 밖에서 안으로(outside-in) 들어오는 접근을 취한다. 때문에 애플리케이션의 가장 바깥쪽에 있는 객체들을 먼저 만들고 당장 필요하지만 아직 만들지 않은 객체들을 임시로 만들면서(mocking) 점점 안쪽으로 들어온다. TDD는 안에서 밖으로(inside-out) 나가는 접근을 취한다. 보통 도메인 객체에 대한 테스트로 시작해서, 이렇게 만든 도메인 객체를 재사용하면서 바로 바깥 층위의 테스트 코드를 작성한다.

과거의 코딩 경험이나 경향에 따라 이 둘 중 한 가지를 더 선호하게 될 수도 있다. 하지만 둘 다 매우 훌륭한 방식이다. 각 방식은 나름의 강점과 약점을 가지고 있다. 이 중 일부분은 다음 절에서 테스트를 직접 작성하면서 살펴볼 것이다.

테스트를 작성할 때에는 애플리케이션의 객체들이 크게 두 카테고리로 구분될 수 있다고 생각하면 좋다. 첫 번째 카테고리에는 지금 테스트하고 있는 객체들이 포함된다. 지금부터는 이 객체들을 **테스트 중인 객체**라고 부를 것이다. 두 번째 카테고리는 그 외 모든 객체를 포함한다.

우리 테스트는 당연히 첫 번째 카테고리에 속한 객체를 알고 있어야 한다. 테스트 중인 객체를 알아야 한다. 하지만 이 객체는 두 번째 카테고리에 속한 객체에 대해 최대한 무지해야 한다. 애플리케이션의 다른 부분들이 뿌옇고 불투명하다고 가정하고, 테스트 단계에서 알고 있는 정보는 테스트 중인 객체를 보면서 얻은 정보뿐이라고 생각하는 것이 좋다.

일단 테스트 중인 객체에만 초점을 맞추고 테스트를 진행하려면, 테스트하는 관점을 선택해야 한다. 우리는 철저하게 테스트 중인 객체의 내부와 그 작동방식에만 집중할 수도 있다. 하지만 이건 좋지 않은 생각이다. 왜냐하면 객체 내부의 프라이빗한 지식이 객체 밖의 흘러나와 테스트 속으로 침범할 수 있기 때문이다. 테스트와 코드가 강하게 결합되고, 코드를 변경하면 테스트 역시 변경해야 하는 상황을 낳는다. 테스트는 테스트 중인 객체의 가장자리를 따라 시선을 고정하고, 그 경계를 넘나드는 메시지만 알고 있는 편이 낫다.

MiniTest 프레임워크

이번 장의 테스트는 MiniTest를 이용한다. 이건 하나의 프레임워크가 다른 것보다 낫다고 말하려는 것이 아니다. 단지 MiniTest로 작성한 예시는 루비 1.9 이상이면 어디서든 실행할 수 있기 때문에 선택했다. 새로운 소프트웨어를 설치하지 않아도 코드를 따라해 볼 수 있다.

독자들이 이 장의 내용을 읽을 때에는 MiniTest의 내용이 변경되었을 수도 있다. 완전히 새로운 인물이 MiniTest를 발전시키고, 우리가 그 결과를 공짜로 누릴 수 있는 상황이 왔을 수도 있다. 이런 것이 오픈 소스 개발자의 삶이니까. MiniTest가 어떤 식으로 발전했든 상관없이, 여기서 보여주려는 원칙들은 여전히 유효하다. 변화된 문법에 혼란스러워하지는 말자. 테스트의 근본적인 목표를 이해하는데 집중하자. 일단 이 목표들을 이해하고 나면 어떤 프레임워크를 사용해서든 목표를 이룰 수 있다.

9.2 들어오는 메시지 테스트하기

들어오는 메시지들은 객체의 퍼블릭 인터페이스, 다시 말해 객체가 외부 세계에 보여지는 모습을 형성한다. 애플리케이션의 다른 객체들은 이 메시지의 시그너처와 그 반환 결과에 의존하고 있기 때문에 이 메시지들은 테스트해야 한다.

3장 의존성 관리하기에서 사용했던 예시 코드를 가지고 테스트를 작성해 보자. 이어지는 코드는 Wheel과 Geer 클래스가 서로 얽혀있던 당시의 모습이다. Gear는 자신이 구현하고 있는 gear_inches 메서드의 깊은 곳에서 Wheel의 인스턴스를 만들고 있다. 24번 줄을 보라.

> **노트**
>
> 이번 장에서는 이 책에서 이미 다루었던 예시들을 가지고 테스트를 작성한다. 이 예시들은 객체지향 디자인의 원칙을 설명하기 위해 사용했던 것이다. 이번에는 디자인의 여러 가지 요소를 어떻

```ruby
01  class Wheel
02    attr_reader :rim, :tire
03    def initialize(rim, tire)
04      @rim = rim
05      @tire = tire
06    end
07
08    def diameter
09      rim + (tire * 2)
10    end
11  # ...
12  end
13
14  class Gear
15    attr_reader :chainring, :cog, :rim, :tire
16    def initialize(args)
17      @chainring = args[:chainring]
18      @cog       = args[:cog]
19      @rim       = args[:rim]
20      @tire      = args[:tire]
21    end
22
23    def gear_inches
24      ratio * Wheel.new(rim, tire).diameter
25    end
26
27    def ratio
28      chainring / cog.to_f
29    end
30  # ...
31  end
```

그림 9.1은 객체들의 경계를 넘나드는 메시지를 보여주고 있다(메시지가 간단한 어트리뷰트를 반환한다는 것을 보여주는 것이 아니다). Wheel은 들어오는 메시지 diameter에 반응한다(이 메시지는 Gear가 전송한 메시지 또는 Gear에서 밖으로 나온 메시지이다). 그리고 Gear는 두 개의 들어오는 메시지, gear_inches와 ratio에 반응한다.

이번 절을 시작하면서, 들어오는 메시지는 모두 어떤 객체의 퍼블릭 인터페이스를 구성하기 때문에 테스트해야 한다고 말했다. 이제 이 원칙에 약간의 경고 문구를 추가해야 겠다.

9.2.1 사용하지 않는 인터페이스 제거하기

들어오는 메시지는 이 메시지에 의존하는 딸린 객체들(dependents)을 가지고 있다. 표 9.1의 들어오는 메시지 diameter, gear_inches, ratio를 보면 알 수 있다. 테스트 중인 객체가 들어오는 메시지를 직접 구현하지 않았다면 객체는 이 메시지에 의존하고 있을 수도 있다.

테스트 중인 객체를 가지고 이런 표를 만들어 보았을 때 들어오는 메시지가 딸린 객체를 가지고 있지 않다면 이 메시지를 의심해 보아야 한다. 사실은 들어오는 메시지가 아닐 수 있기 때문이다. 아무도 전송하지 않는 메시지를 만들 필요가 있을까? 사실 이런 메시지는 들어오는 메시지가 전혀 아니다. 미래를 추측하려는 좋지 않은 시도, 아직 존재하지도 않는 요구사항을 예측하려는 시도의 결과물일 뿐이다.

들어오는 메시지가 딸린 객체가 가지고 있지 않다면 이 메시지는 테스트할 필요가 없다. 그냥 지워버리자. 쓰임새가 없는 코드를 과감하게 지워버리면 애플리케이션의 질이 향상된다. 이런 코드에 테스트를 추가하고 유지관리 비용을 쏟는 것은 낭비에 불과하다. 아무런 가치도 주지 않는다. 지금 당장 안 쓰는 코드를 지워버리면 개발 비용을 아낄 수 있다. 지우지 않을 거라면 테스트를 꼭 추가해야 한다.

객체	들어오는 메시지들	밖으로 나가는 메시지들	메시지에 의존하는 객체(딸린 객체)가 있는가?
Wheel	diameter		Yes
Gear		diameter	No
	gear_inches		
	ratio		

표 9.1 들어오는 메시지와 나가는 메시지

코드를 지워버리는 것이 내키지 않더라도 일단 지워야 한다. 이런 가지치기를 해보고 나면 그 가치를 더 잘 알게 될 것이다. 언젠가 이 코드가 쓸모 있는 순간이 오면 버전 관리툴을 이용해서 코드를 금방 복원할 수 있다. 코드를 지우는 것이 괴롭게 느껴지든 아니면 즐겁게 느껴지든 일단 지워라. 사용하지 않는 코드를 유지하는 비용이 나중에 복원하는 비용보다 훨씬 비싸다.

9.2.2 퍼블릭 인터페이스 검증하기

들어오는 메시지들은 메시지가 반환하는 값이나 상태를 검증하는 방식으로 테스트한다. 들어오는 메시지를 테스트하는 첫 번째 단계는 여러 상황에서 언제나 올바른 값을 반환하는지 확인하는 것이다.

아래 코드는 Wheel의 diameter 메서드를 테스트하고 있다. 4번 줄에서 Wheel의 인스턴스를 생성하고 29번 줄에서는 Wheel의 지름(diameter)이 29가 맞는지 검증하고 있다.

```
01  class WheelTest < MiniTest::Unit::TestCase
02
03    def test_calculates_diameter
04      wheel = Wheel.new(26, 1.5)
05
06      assert_in_delta(29,
07                      wheel.diameter,
08                      0.01)
09
10    end
11  end
```

이 테스트는 매우 단순하고 사용하는 코드도 별로 없다. Wheel은 그 어떤 숨겨진 의존성도 가지고 있지 않기 때문에 이 테스트를 실행하기 위해 애플리케이션의 다른 객체를 생성해야 하는 번거로움도 없다. Wheel의 디자인 덕분에 애플리케이션의 다른 클래스로부터 독립적으로 테스트할 수 있다.

Gear를 테스트하려고 하면 좀 더 흥미로운 문제를 만나게 된다. Gear는 Wheel보다 몇 개의 인자를 더 필요로 한다. 하지만 테스트의 전체적인 구조는 매우 비슷하다. 아래의 gear_inches 테스트를 보면 4번 줄에서 Gear의 인스턴스를 만들고, 10번 줄에서 메서드의 결과를 검증하고 있다.

```
01  class GearTest < MiniTest::Unit::TestCase
02
03    def test_calculates_gear_inches
04      gear = Gear.new(
05              chainring: 52,
06              cog:       11,
07              rim:       26,
08              tire:      1.5 )
09
10      assert_in_delta(137.1,
11                      gear.gear_inches,
12                      0.01)
13    end
14  end
```

gear_inches 테스트는 Wheel의 diameter 테스트와 매우 비슷해 보이지만, 이 겉

모습에 속지는 말자. 여기에는 diameter 테스트에는 없었던 객체 사이의 얽힘이 있다. Gear는 gear_inches 메서드는 무조건 새로운 객체 Wheel을 만들고 사용한다. 비록 여기서는 이 사실이 잘 드러나지 않지만 Gear와 Wheel은 코드에서 그리고 테스트에서도 서로 결합되어 있다.

Gear의 gear_inches 메서드는 새로운 객체를 만들고 사용한다. 이 사실은 이 테스트를 얼마나 오래 사용할 수 있는지, 그리고 애플리케이션의 어딘가에서 수정이 발생했을 때 이 테스트가 고장 날 가능성이 얼마나 높은지를 결정한다. 하지만 이런 문제를 야기하는 결합(coupling)은 Gear 안쪽 깊은 곳에 숨어 있기 때문에 테스트를 통해서는 그 내용을 파악할 수 없다. 테스트는 gear_inches가 올바른 값을 반환하는지 검증하려 하고, 그 결과는 성공적이다. 하지만 테스트 이면의 코드에는 위험이 숨겨져 있다.

만약 Wheel의 인스턴스를 만드는데 많은 비용이 소모된다면 Gear 테스트 역시 이 비용을 소비하고 있는 것이다. 테스트 자체는 Wheel에 대해 아무런 관심이 없지만 이 비용을 소비한다. 만약 Gear에는 문제가 없는데 Wheel이 고장 났다면 우리가 테스트하려는 것과 상관없는 곳에서 문제가 발생했지만 Gear 테스트는 실패하고 그 결과는 잘못된 정보를 제공해줄 수 있다.

테스트가 최소한의 코드만을 실행할 때 그리고 테스트가 호출하는 외부 코드가 디자인과 직접적으로 연관되어 있을 때 테스트는 빠르게 실행된다. 강하게 결합되어 있고 의존성이 겹겹이 쌓여 있는 객체로 만들어진 애플리케이션은 마치 실 한 올만 당겨도 전체가 따라오는 카펫 같은 것이다. 만약 Wheel이 다른 객체와 결합되어 있었다면 문제는 훨씬 심각해질 것이다. Gear를 테스트하기 위해서는 거대한 객체들의 묶음을 생성해야 하고 그들 중 하나가 고장나면 매우 혼란스런 상황이 연출될 것이다.

이 문제는 테스트를 통해 드러났지만 테스트에만 한정된 문제가 아니다. 테스트란 실제 코드를 재사용하려는 첫 번째 시도이기 때문에 이 문제는 우리의 애플리케이션이 곧 마주하게 될 문제들의 징후에 불과하다.

9.2.3 테스트 중인 객체 고립시키기

Gear는 아주 간단한 객체지만 Gear의 gear_inches를 테스트하려는 시도는 이 객체 속에 숨겨진 복잡함을 드러내주었다. 이 테스트의 목표는 기어 인치가 제대로 계산되고 있는지 확인하는 것이었지만 gear_inches가 Gear 이외의 객체에 기대고 있다는 사실이 밝혀졌다.

이 이슈는 좀 더 광범위한 디자인의 문제를 불러온다. Gear를 독립적으로 테스트할 수 없다는 사실은 미래에 어떤 문제에 직면할 것이라는 징조이다. Gear가 특정한 맥락(context)에 묶여 있고, Gear를 재사용하기 어렵다는 것을 말해준다.

3장에서는 Gear에서 Wheel을 만드는 부분을 제거해서 이런 결합을 깨뜨렸다. 이 수정의 결과가 아래의 코드이다. 여기서 Gear는 diameter를 이해하는 객체를 주입받는다.

```
01  class Gear
02    attr_reader :chainring, :cog, :wheel
03    def initialize(args)
04      @chainring = args[:chainring]
05      @cog       = args[:cog]
06      @wheel     = args[:wheel]
07    end
08
09    def gear_inches
10      # 'wheel' 변수 속에 있는 객체는
11      # 'Diameterizable' 역할을 수행한다.
12      ratio * wheel.diameter
13    end
14
15    def ratio
16      chainring / cog.to_f
17    end
18  # ...
19  end
```

코드를 이런 식으로 변경하는 것은 발상의 전환의 결과이다. Gear는 더 이상 주입된 객체의 클래스에 관심을 갖지 않는다. 그저 이 객체가 diameter를 구현하고 있으리라 여긴다. 이 diameter 메서드는 특정 **역할**의 퍼블릭 인터페이스를 이루고 있다. 이 역할을 Diameterizable이라고 불러도 무방할 것이다.

이제 Gear와 Wheel 사이의 결합이 깨졌기 때문에 Gear를 만들기 위해서는 매번 Diameterizable의 인스턴스를 주입해줘야 한다. 하지만 우리의 애플리케이션에서 이 역할을 수행하는 클래스는 Wheel 밖에 없기 때문에 여기서 우리가 할 수 있는 것은 그다지 많지 않다. 실제 상황에서 코드가 이런 방식으로 짜여져 있다면 우리가 만드는 모든 Gear 인스턴스는 언제나 Wheel 인스턴스를 주입받는다.

같은 이야기를 반복하는 것 같지만 Gear에 Wheel을 주입하는 것과 Diameterizable을 주입하는 것은 엄연히 다르다. 물론 애플리케이션의 코드는 완전히 똑같다. 하지만 그 논리적 의미는 다르다. 단순히 우리가 타이핑하는 글자들이 다른 것이

아니라, 우리가 이 글자들이 무엇을 의미하는지를 다르게 생각하는 것이다. 입력 받은 객체의 클래스에 얽매이지 않고 보다 자유롭게 사고할 수 있을 때 더욱 다양한 디자인과 테스트를 시도해 볼 수 있다. 이 주입된 객체를 특정 역할의 인스턴스라고 생각할 수 있다면 테스트를 만들면서 어떤 종류의 Diameterizable을 주입할지 선택할 수 있는 여지가 많아진다.

선택할 수 있는 Diameterizable 중 하나로 Wheel이 있다. Wheel은 Diameterizable의 인터페이스를 제대로 구현하고 있기 때문이다. 이어지는 예시는 이런 심심한 선택의 결과이다. 테스트 단계에서도 Wheel 인스턴스를 주입하는 것을 통해 실제 코드의 변경사항을 테스트에 반영하고 있다.

```
01  class GearTest < MiniTest::Unit::TestCase
02    def test_calculates_gear_inches
03      gear = Gear.new(
04              chainring: 52,
05              cog:       11,
06              wheel:     Wheel.new(26, 1.5))
07
08      assert_in_delta(137.1,
09                      gear.gear_inches,
10                      0.01)
11    end
12  end
```

Diameterizable을 주입하는 자리에 Wheel을 사용하면서 테스트 코드는 실제 코드를 정확히 반영하게 되었다. 이제 실제 코드에서도 그리고 테스트에서도 Gear가 Wheel을 사용한다는 점이 명확해졌다. 두 객체 사이의 숨겨진 결합은 공개적으로 드러나게 되었다.

이 테스트는 충분히 빠르지만 이 속도는 우연의 결과에 불과하다. gear_inches 테스트가 고립된 것도 아니고, 다른 코드와의 결합이 깨지지도 않았다. 전혀 아니다. 그저 이 테스트와 결합되어 있는 코드 역시 빠르게 실행될 뿐이다.

또한 여기서 Wheel이 Diameterizable의 역할을 수행하고 있다는 것 역시 명확히 드러나지 않는다는 점을 주목하자(다른 곳에서도 이 사실이 표현되고 있지 않다). 이 역할은 가상의 것이고 우리 머릿속에만 있는 것이다. 이 코드를 관리할 미래의 프로그래머에게 Wheel이 Diameterizable라는 사실을 알려주는 내용은 어디에도 없다.

역할은 눈에 보이지도 않고 Gear는 Wheel과 결합되어 있지만 테스트를 이런 방식으로 작성하는 것은 명백한 이점을 하나 가지고 있다. 이 이점을 이어지는 절에서 다룬다.

9.2.4 클래스를 사용해서 의존성 주입하기

테스트 코드가 실제 코드와 동일한 협업 객체를 사용하면 테스트는 실패해야 할 때
언제나 실패해준다. 이런 실패가 주는 이점을 절대 낮게 평가하면 안 된다.

예시를 하나 살펴보자. Diameterizable의 퍼블릭 인터페이스가 변경되었다고 가
정해 보자. 다른 프로그래머가 Wheel 클래스의 diameter 메서드의 이름을 width
로 변경했다. 아래 8번 줄을 보자.

```
01  class Wheel
02    attr_reader :rim, :tire
03    def initialize(rim, tire)
04      @rim = rim
05      @tire = tire
06    end
07
08    def width # <— 예전에는 'diameter'였다.
09      rim + (tire * 2)
10    end
11  # ...
12  end
```

이 프로그래머가 Gear에서 해당 메시지를 전송하는 부분을 깜빡 잊고 수정하지 않
았다고도 생각해 보자. Gear는 여전히 gear_inches 메서드 속에서 diameter를 전
송하고 있다. Gear의 현재 모습은 아래와 같다.

```
01  class Gear
02    # ...
03    def gear_inches
04      ratio * wheel.diameter # <— 이제는 없는 메서드를 호출하고 있다.
05    end
06  end
```

Gear 테스트는 Wheel의 인스턴스를 주입하고 있고 이 Wheel은 width를 구현하
고 있다. 그런데 Gear는 diameter 메시지를 전송한다. 때문에 테스트는 실패한다.

```
01  Gear
02    ERROR test_calculates_gear_inches
03        undefined method 'diameter'
```

이 실패는 이해하기 쉽다. 협업하는 두 객체가 있는데 수신자의 메시지가 변경되었
음에도 송신자가 예전 메시지를 전송하면 당연히 이런 결과가 나온다. Wheel을 수

정했기 때문에 Gear도 수정해야 한다. 이 테스트는 실패해야 하는 시점에 적절히 실패해주고 있다.

코드가 매우 구체적이기 때문에 테스트 역시 간단하고 실패의 원인도 명확하다. 하지만 모든 구체적인 코드가 그러하듯, 이 테스트는 바로 이 특정한 경우에만 제대로 작동한다. 여기 있는 이 코드를 위해서는 지금 작성한 테스트면 충분한다. 하지만 추상화된 코드를 테스트하는 것이 훨씬 나은 결과를 가져다줄 수 있는 경우도 있다.

이 문제를 설명하려면 좀 더 극단적인 예를 들어야 한다. 만약 우리가 몇백 개의 Diameterizable을 가지고 있다면 우리의 의도를 잘 드러내는 테스트를 작성하기 위해 이들 중 어느 것을 사용해야 할까? 만약 Diameterizable을 생성하는 비용이 매우 비싸다면 어떻게 해야 하나? 불필요하고 시간을 많이 잡아먹는 코드를 실행하지 않으려면 어떻게 해야 할까? 상식적으로 Wheel이 단 하나의 Diameterizable이고 Wheel을 충분히 빠르게 만들 수 있다면 그냥 Wheel을 주입하면 된다. 하지만 이렇게 명백하지 않은 상황에서는 어떻게 해야 할까?

9.2.5 역할에 대한 의존성 주입하기

Wheel 클래스와 Diameterizable 역할은 워낙 밀접하게 연관되어 있어서 이 둘을 별개의 개념으로 파악하기는 쉽지 않다. 하지만 앞의 테스트를 제대로 이해하려면 이 둘을 구분할 수 있어야 한다. Gear와 Wheel 모두 Diameterizable 역할과 연계되어 있다. 그림 9.4에서 볼 수 있듯이, Diameterizable은 Gear에 의존하고 있고 Wheel에 의해 구현되어 있다.

Diameterizable 역할은 '서로 다른 객체가 diameter를 가질 수 있다'는 생각을 추상화한 것이다. 다른 모든 추상화가 그렇듯이, 이 추상적인 역할은 추상화의 근원

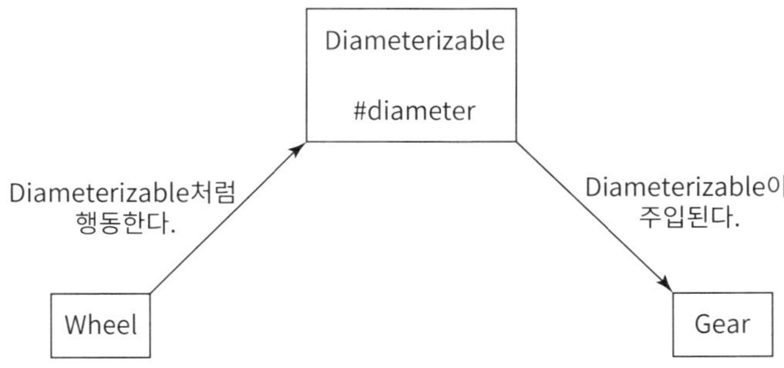

그림 9.4 Diameterizable은 Gear에 의존하고 있고, Wheel에 의해 구현되어 있다.

이 되는 구체적인 내용보다 훨씬 안정적이다. 하지만 위에서 살펴본 상황에서는 그렇지 않다. 정반대이다.

위 코드에는 객체가 Diameterizable에 대한 지식에 의존하는 곳이 두 군데 있다. 첫째, Gear는 자신이 Diameterizable의 인터페이스를 알고 있다고 생각한다. 다시 말해서 Gear는 주입된 객체에게 diameter를 전송해도 된다고 생각한다. 둘째, 주입하기 위해 객체를 생성하는 코드는 Wheel이 이런 인터페이스를 구현하고 있다고 생각한다. 다시 말해서 Wheel이 diameter를 구현하고 있다고 생각한다. 이제 Diameterizable이 변경되면서 문제가 발생한다. Wheel에 새로운 인터페이스를 구현했지만 Gear는 여전히 예전 인터페이스를 사용하고 있다.

의존성 주입을 사용하는 궁극적인 이유는 이미 있는 코드를 수정하지 않고도 구체 클래스들을 서로 대체해서 사용하기 위함이다. 기존 역할을 수행하는 새로운 객체를 만들어서 새로운 행동을 조립해낼 수 있고 이 객체를 해당 역할을 수행해야 하는 지점에 주입할 수 있는 것이다. 객체지향 디자인은 의존성을 주입하라고 가르치는데, 이는 구체 클래스들이 특정한 역할보다 훨씬 자주 변하기 때문이다. 반대로 이야기해서, 클래스들로부터 추상화된 역할은 기저의 클래스들보다 안정적이다.

안타깝게도, 그 반대의 경우가 방금 발생했다. 이번 예에서는 주입된 객체의 클래스가 변경된 것이 아니라 역할의 인터페이스가 수정된 것이다. Wheel을 주입하는 것은 여전히 올바른 접근법이지만 이 Wheel에게 diameter 메시지를 전송하는 것이 문제가 된다.

역할이 하나의 수행자만을 가지고 있다면 구체적인 수행자와 추상적인 역할 사이의 경계는 희미해지기 마련이다. 그리고 실용적인 관점에서 이런 희미한 경계는 별 문제가 되지 않는다. 우리의 경우 Diameterizable 역할을 수행하는 것은 Wheel 뿐이기 때문에 다른 수행자가 있으리라 생각하지 않는다. Wheel을 생성하는 비용이 저렴하다면 테스트에서 실제 Wheel을 만들어서 주입해도 문제되지 않는다.

애플리케이션의 코드를 한 가지 방식으로 작성해야 한다면 실제 코드를 그대로 반영하는 방식으로 테스트를 작성하는 것이 종종 가장 효율적이다. 구체적인 것(Wheel 클래스)이 변하든 아니면 추상적인 것(diameter 메서드가 구성하는 인터페이스)이 변하든, 테스트는 실패해야 하는 시점에 제대로 실패할 것이기 때문이다.

하지만 이런 방식이 언제나 정답은 아니다. 가끔 일을 하다보면 테스트에서 Wheel을 사용할 수 없게 만드는 요인들이 있다. 애플리케이션이 여러 종류의 Diameterizable을 가지고 있다면 이 역할을 이상적으로 표현하는 객체를 만들어서 역할의 관념을 명확히 전달하고 싶을 수도 있다. 우리가 BDD 방식을 따르고 있다면 애플리케이션 속에 이 역할을 수행하는 객체가 아직 없을 수도 있다. 테스트를 통과시키기 위해 무언가를 만들어야 하는 상황에 처할 수도 있는 것이다.

테스트 더블(Test Doubles) 만들기

다음 예시는 Diameterizable 역할을 수행하는 가짜 객체 또는 테스트 더블(test double)을 만드는 방법을 보여주고 있다. 이번 테스트를 위해, Diameterizable의 인터페이스를 예전의 diameter 메서드를 가지고 상태로 되돌리고, Wheel 역시 이 메서드를 제대로 구현하고 있으며 Gear도 diameter를 전송하고 있다고 생각하자. 아래 코드의 2번 줄은 가짜 DiameterDouble을 생성한다. 13번 줄에서는 이 가짜를 Gear에 주입한다.

```
01  # 'Diameterizable' 역할을 수행할 객체를 만든다.
02  class DiameterDouble
03    def diameter
04      10
05    end
06  end
07
08  class GearTest < MiniTest::Unit::TestCase
09    def test_calculates_gear_inches
10      gear = Gear.new(
11              chainring: 52,
12              cog:       11,
13              wheel:     DiameterDouble.new)
14
15      assert_in_delta(47.27,
16                      gear.gear_inches,
17                      0.01)
18    end
19  end
```

이 테스트 더블은 역할을 수행하는 객체의 표준적인 형태로써, 전적으로 테스트만을 위한 것이다. 이런 테스트 더블은 만들기가 매우 쉽다. 언제는 쉽게 만들 수 있다. 테스트 더블의 다양한 형태는 예술가의 스케치 같은 것이다. 당장 가장 중심이 되는 기능만 도드라지게 보여주고 테스트 더블이 대신하고 있는 실제 객체의 세세한 특징들은 뒤로 감춘다.

우리가 만든 테스트 더블은 diameter를 스텁(stubs)하고 있다. 다시 말해서, 이미 정해진 값을 반환하는 diameter 메시지를 가지고 있다. DiameterDouble은 할 줄

아는 것이 별로 없다. 그리고 이것이 테스트 더블의 가장 중요한 점이다. diameter
에 대해 언제나 10을 반환한다는 것만으로도 충분하다. 작동하는 테스트를 만들기
위해서는 정해진 값을 반환하는 객체만 있으면 된다.

대부분의 테스트 프레임워크는 테스트 더블을 만들고 반환값을 스텁하는 기능을
탑재하고 있다. 이런 특수한 기능들은 매우 유용하지만, 간단한 테스트 더블을 만
들 때는 위 예시처럼 그냥 루비 객체를 사용해도 무방하다.

DiameterDouble은 목(mock)이 **아니다**. 많은 사람들이 테스트 더블을 설명하기
위해 '목'이라는 단어를 사용하곤 한다. 하지만 목은 전혀 다른 것이다. 이에 대해서
는 이번 장의 한 부분인 '밖으로 나가는 메시지 테스트하기'에서 살펴볼 것이다.

테스트 더블을 주입하면 Gear 테스트와 Wheel 클래스 사이의 결합을 끊을 수 있
다. Wheel이 느리게 작동하는지도 신경 쓸 필요가 없는데, DiameterDouble은 언
제나 빠르게 실행되기 때문이다. 테스트 역시 제대로 작동한다.

```
01  GearTest
02    PASS test_calculates_gear_inches
```

테스트 더블을 사용한 덕분에 우리의 테스트는 간단하고 빠르고 독립적이며 의도
를 명확히 드러내게 되었다. 이제 문제될 것이 없어 보인다.

꿈속에서 살기

이제 다시 우리의 코드가 저 앞에서 언급했던 변경에 직면했다고 가정해 보자.
Diameterizable의 인터페이스에서 diameter는 width로 변경되었다. Wheel에는
이 변경을 적용했지만 Gear는 수정하지 않았다. 다시 애플리케이션에 문제가 발생
했다. 앞에서 만들었던 Gear 테스트(테스트 더블이 아니라 Wheel을 주입했던 테
스트)는 문제를 감지하고 제대로 실패했었다. undefined method 'diameter'라는
메시지를 내뱉으면서.

이번에는 테스트에 Wheel 대신 DiameterDouble을 주입했고, 테스트는 이렇게
반응한다.

```
01  GearTest
02    PASS test_calculates_gear_inches
```

애플리케이션은 제대로 작동하지 않지만 테스트는 **여전히 통과**하고 있다. 이 애
플리케이션은 정상적으로 작동할 수가 없다. Wheel은 width를 구현하고 있는데

Gear는 diameter를 전송하고 있기 때문이다.

아플리케이션에 명백한 문제가 있음에도 불구하고 테스트는 모든 것이 다 잘 작동한다고 말하고 있다. 우리의 테스트는 실제 세계와는 전혀 다른 세계에 살고 있다. 테스트가 이런 가짜 환경을 만들어 버릴 수 있기 때문에 어떤 이들은 스텁(그리고 목도)이 테스트를 위태롭게 만든다고 주장한다. 하지만, 언제나 그렇지만, 여기서 문제되는 것은 기술이 아니라 프로그래머이다. 좀 더 나은 코드를 작성하기 위해서는 문제의 핵심을 이해하고 있어야 하고 결국 문제의 원인들을 꼼꼼히 살펴봐야 한다.

애플리케이션은 Diameterizable 역할을 가지고 있다. 처음에 이 역할을 수행하는 객체는 Wheel 하나밖에 없었다. GearTest가 DiameterDouble을 만들면서 이 역할을 수행하는 두 번째 객체가 함께 만들어졌다. 역할의 인터페이스가 변경되었다면 역할 수행자들 모두에게 이 변화를 반영해야 한다. 하지만 테스트 코드 속에 있는 수행자는 깜빡 잊어버리기 쉽다. 지금 발생한 문제가 바로 이것이다. Wheel에는 새로운 인터페이스를 반영했지만 DiameterDouble을 수정하지 않은 것이다.

역할을 문서화하기 위해 테스트를 사용하기

이 문제가 발생한 이유는 매우 뻔하다. 역할이 눈에 잘 띄지 않기 때문이다. 애플리케이션 어디에도 우리가 손으로 짚으면서 "여기서 Diameterizable이 정의되고 있어"라고 말할 수 있는 곳이 없다. 역할이 존재하는지를 알아내는 것 자체가 어려운 문제였다는 점을 기억해 본다면 테스트 더블을 깜빡 잊어버린 것은 어쩌면 당연하다.

역할을 더욱 선명하게 드러낼 수 있는 방법 중 하나는 Wheel이 주어진 역할을 수행하고 있다고 명시적으로 선언하는 것이다. 아래 코드의 6번 줄에서 그렇게 하고 있다. 여기서 역할은 문서화되어 있고, Wheel이 역할을 제대로 구현하고 있는지 확인하고 있다.

```
01  class WheelTest < MiniTest::Unit::TestCase
02    def setup
03      @wheel = Wheel.new(26, 1.5)
04    end
05
06    def test_implements_the_diameterizable_interface
07      assert_respond_to(@wheel, :diameter)
08    end
09
```

```
10    def test_calculates_diameter
11    wheel = Wheel.new(26, 1.5)
12
13    assert_in_delta(29,
14                    wheel.diameter,
15                    0.01)
16    end
17  end
```

implements_the_diameterizable_interface 테스트는 역할을 테스트하는 방법을 보여주고 있지만, 충분히 만족스럽지 않다. 사실 매우 불완전한 방법이다. 첫째, 다른 Diameterizable은 이 테스트를 사용할 수 없다. 이 역할을 수행하는 다른 객체는 이 테스트를 중복해서 작성해야 한다. 다음으로, Gear 테스트에서 살펴본 '꿈속에서 살기' 문제를 전혀 해결해주지 못한다. Wheel이 Diameterizable 역할을 수행하는지 검증하는 것만으로는 Gear의 DiameterDouble를 깜빡 잊고 수정하지 않는 실수를 해결해주지 못한다. 테스트는 여전히 실패해야 하는 순간에도 문제가 없다고 말하고 있다.

다행히도, 역할을 문서화하고 테스트하는 문제는 간단히 해결할 수 있다. 이 문제는 잠시 후에 오리 타입의 적절성 검증하기 절에서 다룰 것이다. 당장은 역할을 위한 테스트가 필요하다는 것만 알고 넘어가면 충분하다.

이번 절의 목표는 들어오는 메시지를 테스트하는 것을 통해 퍼블릭 인터페이스를 검증해보는 것이었다. Wheel은 테스트하는데 별로 비용이 들지 않았다. 최초의 Gear 테스트는 Wheel에 은밀하게 의존하고 있었기 때문에 테스트 비용이 높았다. 이 결합을 Diameterizable을 주입하는 방법을 통해 깨뜨리면서 테스트 중인 객체를 고립시킬 수 있었다. 하지만 실제 객체를 사용할지 아니면 가짜 객체를 사용해야 할지 사이에서 고민하게 되었다.

진짜 객체와 가짜 객체에서 선택하는 문제는 생각보다 훨씬 큰 영향을 미친다. 실제 코드에서 사용하는 것과 동일한 객체를 테스트에서 사용할 경우, 실제 애플리케이션에서 발생하는 문제가 테스트에서도 정확히 포착된다. 대신 테스트 실행 속도가 느려진다. 반대로 테스트 더블을 주입하면 테스트를 동화 속 세상에 가둬버릴지도 모른다. 실제 애플리케이션에서는 문제가 발생하는데, 테스트는 정상적으로 작동하는 그런 세상을 만들어 버릴 수 있다.

테스트를 작성하는 것만으로 디자인이 좋아지는 것은 아니라는 점에 주의하자. 테스트 코드는 객체들 사이의 결합을 깨뜨려주지도 **않고** 의존성을 주입해주지도 않는다. BDD의 밖에서 안으로(outside-in) 접근하는 방법을 취하면 TDD를 사용할 때보다 실수를 줄일 수 있지만, 둘 다 완벽하지 않다. 어설픈 디자이너가 Gear의 깊숙한 곳에서 Wheel을 생성하는 것을 방지해주는 완벽한 방법은 없다. 이런 결합이 있다고 해서 테스트 코드를 작성할 수 없는 것은 아니다. 그저 테스트를 작성하는 비용이 높아질 뿐이다. 결합도를 줄이는 것은 프로그래머의 손에 달려 있고, 프로그래머가 디자인의 원칙을 얼마나 잘 이해하고 있는가와 연관된 문제이다.

9.3 프라이빗 메서드 테스트하기

가끔씩 테스트 중인 객체가 자기 자신에게 메시지를 전송할 때가 있다. self에 전송하는 메시지들은 수신자의 프라이빗 인터페이스에 정의된 메서드를 실행시킨다. 이런 프라이빗 메서드는 아무도 없는 숲 속에서 혼자 넘어진 나무와 같다. 관찰자가 없을 때 나무가 넘어졌든 넘어지지 않았든 아무런 상관이 없다. 애플리케이션의 다른 부분의 관점에서 보면 프라이빗 메서드는 존재하지 않는 것과 똑같다. 프라이빗 데서드는 테스트 중인 객체의 외부에서는 전혀 보이지 않기 때문에 이상적이고 완벽한 디자인이 갖춰져 있다면 프라이빗 메서드를 테스트하지 않아도 된다.

하지만 현실 세계는 이상적이지 않기 때문에 이 간단한 원칙이 언제나 통용되는 것은 아니다. 프라이빗 메서드를 다룰 때에도 디자이너의 판단과 유연함이 필요하다.

9.3.1 테스트 과정에서도 프라이빗 메서드 무시하기

프라이빗 메서드를 테스트하지 말아야 할 이유는 여러 가지 있다.

첫째, 이런 테스트는 쓸모없다. 프라이빗 메서드는 테스트 중인 객체 안에 숨어 있기 때문에 그 외부에서는 보이지 않는다. 프라이빗 메서드는 **이미 테스트를 붙여 놓은** 퍼블릭 메서드에 의해 호출된다. 프라이빗 메서드에 버그가 있다면 당연히 애플리케이션 전체에 문제가 생기겠지만, 이 문제는 다른 테스트를 통해 찾을 수 있다. 프라이빗 메서드는 테스트할 필요가 없다.

둘째, 프라이빗 메서드는 불안정하다. 때문에 프라이빗 메서드에 대한 테스트는 변경될 확률이 높은 애플리케이션 코드에 결합되어 있다. 애플리케이션을 수정하면 뒤이어 테스트 역시 수정해야 한다. 불필요한 테스트를 유지보수하기 위해 소중한 시간을 사용해야 하는 상황에 맞닥뜨릴 가능성이 높다.

　마지막으로, 프라이빗 메서드를 테스트하면 다른 프로그래머에게 이 메서드를 사용해도 된다는 잘못된 생각을 심어줄 수 있다. 테스트 코드는 테스트 중인 객체의 문서이기도 하다. 테스트는 테스트 중인 객체가 바깥 세계와 어떻게 상호작용하는지 이야기해준다. 이 이야기 속에서 프라이빗 메서드를 추가하게 되면, 테스트를 읽는 사람이 이야기의 핵심을 놓치게 된다. 그리고 코드의 캡슐화를 무시하고 프라이빗 메서드를 사용하게 된다. 테스트는 프라이빗 메서드를 숨겨야 한다. 드러내서는 안 된다.

9.3.2 테스트 중인 클래스에서 프라이빗 메서드 제거하기

이 모든 문제를 피해가기 위한 방법 중 하나는 프라이빗 메서드를 사용하지 않는 것이다. 프라이빗 메서드가 없다면 테스트 할 때 프라이빗 메서드를 신경 쓰지 않아도 된다.

　프라이빗 메서드를 너무 많이 가지고 있는 객체가 있다면, 이 객체가 너무 많은 책임을 가지고 있는 것은 아닌지, 잘못된 디자인을 따르고 있는 것은 아닌지 의심해 볼 필요가 있다. 프라이빗 메서드를 너무 많이 가지고 있어서 도저히 테스트하지 않고 지나칠 수 없는 객체를 가지고 있다면, 메서드들을 새로운 객체로 옮기는 것을 고려해보아야 한다. 새로운 객체를 만들고 기존 메서드들을 옮겨왔다면, 이 메서드들이 새로운 객체의 핵심 책임을 구성하게 된다. 다시 말해 퍼블릭 인터페이스를 구성한다. 이 인터페이스는 (이론적으로는) 보다 안정적이기 때문에 안전하게 의존할 수 있다.

　이건 좋은 접근법이다. 하지만 새로 구성한 인터페이스가 진짜로 안정적일 때에만 의미가 있다. 종종 새로 만든 인터페이스가 안정적이지 않은 경우가 있다. 여기서 이론과 현실은 서로 다르게 움직인다. 새로 만든 인터페이스는 정확히 기존의 프라이빗 메서드만큼만 안정적이다(또는 불안정적이다). 단지 메서드의 위치를 옮겼다고 해서 메서드가 마법처럼 안정화되는 것은 아니다. 불안정한 메서드와 결합된 코드는 유지하는데 비용이 많이 든다. 이 메서드가 프라이빗하든 아니면 퍼블릭하든 그건 중요치 않다.

9.3.3 프라이빗 메서드를 테스트하기

모든 것이 불확실할 때에는 좀 과격한 방법을 쓸 수밖에 없다. 때문에 가끔씩은 냄새나는 코드(smelly code)를 던져 놓고 엉망진창 코드를 잠시 가려 놓아야 할 때도 있다. 물론 충분한 정보를 얻을 때까지 만이다. 이런 코드를 감추는 건 매우 쉽다. 프라이빗 메서드 속에 넣어두면 된다.

엉망진창 코드를 작성하고 나중에 수정하지 않는다면 결국 유지보수 비용은 크게 올라갈 것이다. 하지만 잠시 동안이라면 그리고 제대로 된 문제에 대해서라면, 부끄러운 코드를 작성하는 용기를 갖는 것도 시간을 절약해준다. 이런 코드를 이용해서 디자인 결정을 미루고자 한다면 오늘의 문제를 해결할 수 있는 가장 단순한 작업만 하자. 현재 생각할 수 있는 최상의 인터페이스 아래 엉망진창 코드를 잠시 고립시켜 놓고, 더 많은 정보를 얻을 때까지 얌전히 기다리면 된다.

이런 전략을 취하면 상당히 불안정한 프라이빗 메서드를 만들게 된다. 이런 선택을 했다면 불안정한 메서드에 대한 테스트를 추가해서 우리가 범한 죄를 고백해 놓아야 한다. 애플리케이션의 코드는 전혀 아름답지 않고 계속해서 변경될 것이다. 무언가가 잘못될 가능성이 그 어느 때보다 높은 상황이다. 이런 코드를 테스트하는 것은 높은 비용을 낳고, 애플리케이션 코드가 수정될 때마다 테스트 코드도 수정해야 할 것이다. 하지만 테스트 없이 애플리케이션을 정상적으로 작동시키려면 훨씬 더 비싼 대가를 치러야 할 것이다.

이럴 경우, 프라이빗 메서드에 대한 테스트는 애플리케이션의 어딘가에 문제가 발생했다는 것을 알려주기 위해 필요한 것이 아니다. 이런 역할은 퍼블릭 인터페이스에 대한 테스트가 훌륭히 수행하고 있다. 프라이빗 메서드에 대한 테스트는 문제가 발생한 바로 그 부분을 정확하게 짚어주는데 의의가 있다. 정확한 에러 메시지를 제공해 줄 수 있기 때문이다. 이런 구체적인 에러들은 실제 코드와 테스트 코드 사이의 강한 결합을 뜻하며, 이런 결합은 유지보수 비용을 높인다. 하지만 코드를 수정하면 어떤 결과를 나오는지 이해하기 쉽게 만들어 주고, 복잡한 프라이빗 메서드를 리팩터링하는 과정의 힘겨움을 어느 정도 덜어 줄 수 있다.

리팩터링을 수월하게 진행할 수 있는 환경을 갖추는 것은 매우 중요하다. 왜냐하면 이런 전략을 취했다는 것은 언젠가 꼭 리팩터링을 해야 한다는 것을 뜻하기 때문이다. 이것이 가장 중요한 점이다. 엉망진창 코드는 임시방편에 불과하며, 우리는 처음부터 이 코드를 리팩터링할 생각이었다. 디자인을 위한 정보를 더 많이 얻을수록 프라이빗 메서드 역시 점점 발전해 나갈 것이다. 애매한 상황을 벗어나 좋은 디자인 방향을 찾아냈다면, 메서드는 보다 안정화될 것이다. 메서드가 점점 더 안정화되면 유지보수 비용, 그리고 테스트해야 할 필요도 적어진다. 언젠가는 프라이빗 메서드를 별도의 클래스로 뽑아내고, 안전하게 바깥 세상에 공개할 수 있는 순간이 올 것이다.

프라이빗 메서드를 테스트할 때 염두에 두어야 하는 기본 원칙은 다음과 같다. "절대 테스트 하지 마라. 만약 테스트해야 한다면, 그래도 테스트 하지 마라. 물론 꼭 해야 하는 상황에서는 테스트해도 된다." 다시 말해서, 프라이빗 메서드에 대한 테스트는 필요 없는 것이라고 일단 생각하고 있어야 한다. 하지만 이 테스트가 우리의 코딩에 도움을 줄 수 있다면 테스트를 작성하는 것을 두려워하지 말자.

9.4 밖으로 나가는 메시지 테스트하기

'무엇을 테스트할지 알기' 절에서 이미 살펴보았듯이 밖으로 나가는 메시지는 **쿼리 메시지**(queries)이거나 **커맨드 메시지**(commands)이다. 쿼리 메시지는 전송하는 송신자에게만 중요한 메시지이고 커맨드 메시지는 애플리케이션의 다른 객체들에게도 영향을 미친다.

9.4.1 쿼리 메시지 무시하기

쿼리 메시지는 다른 객체에 예상치 못한 영향력을 행사하지 않는다. 아래에 간단한 예시가 있다. 여기서 Gear의 gear_inches 메서드는 diameter를 전송한다.

```
01  class Gear
02    # ...
03    def gear_inches
04      ratio * wheel.diameter
05    end
06  end
```

gear_inches를 제외한 애플리케이션의 다른 모든 부분은 diameter가 전송되었다는 사실에 관심이 없다. diameter 메서드는 아무런 부작용도 낳지 않는다. 메시지를 실행해도 눈에 보이는 흔적을 남기지 않고, 이 실행에 의존하고 있는 객체도 없다.

자기 자신에게 전송하는 메시지를 테스트하지 않는 것과 같은 이유로 밖으로 나가는 메시지도 테스트할 필요가 없다. diameter를 전송해서 어떤 일이 벌어지든 그것은 Gear 내부의 문제이다. 애플리케이션 전체는 이 메시지가 전송되든 말든 상관이 없기 때문에 테스트 역시 이 메시지를 신경 쓰지 않아도 된다.

Gear의 gear_inches 메서드는 diameter 메시지가 반환하는 값에 의존하고 있다.

하지만 diameter가 제대로 작동하는지 테스트하는 것은 Wheel이 담당할 일이지 Gear가 신경 쓸 내용이 아니다. Gear가 이 테스트를 중복해서 작성할 필요는 없다. 쓸데없는 유지비용만 늘어날 뿐이다. Gear의 책임은 gear_inches가 제대로 작동하고 있는지 검증하는 것이다. 때문에 gear_inches가 언젠나 적절한 결과를 반환하는지만 간단히 확인하면 된다.

9.4.2 커맨드 메시지 검증하기

하지만 가끔은 메시지가 진짜 전송되었는지 확인할 필요가 있다. 애플리케이션의 다른 부분이 이 메시지 전송의 결과에 의존하고 있는 경우이다. 이런 경우에는 테스트 중인 객체가 메시지를 전송해야 할 책임을 가지고 있다. 그리고 실제 전송 여부를 테스트해야 한다.

이 문제를 살펴보려면 새로운 예시가 필요하다. 참가자들이 자전거 경주를 하는 게임을 상상해 보자. 당연히 자전거에는 기어가 달려있다. Gear 클래스는 애플리케이션 전체에게 기어가 바뀌는 순간을 알려줄 책임이 있다. 애플리케이션은 이 정보를 가지고 자전거의 행동을 변경해야한다.

아래의 코드에서, Gear는 observer를 추가해서 이런 기능을 구현하려 한다. 참가자가 기어를 바꾸면, get_cog 또는 set_chainring 메서드가 실행된다. 이 메서드들은 새로운 값을 저장하고 Gear의 changed 메서드를 실행한다(20번 줄). 이 메서드가 observer에게 changed를 전송하고, 이때 현재의 chainring과 cog 값도 함께 보낸다.

```ruby
01  class Gear
02    attr_reader :chainring, :cog, :wheel, :observer
03    def initialize(args)
04      # ...
05      @observer = args[:observer]
06    end
07
08    # ...
09
10    def set_cog(new_cog)
11      @cog = new_cog
12      changed
13    end
14
15    def set_chainring(new_chainring)
16      @chainring = new_chainring
17      changed
18    end
```

```
19
20    def changed
21      observer.changed(chainring, cog)
22    end
23  # ...
24  end
```

Gear에게 새로운 책임이 주어졌다. cogs나 chainrings가 변경되면 이 내용을 ob-server에게 꼭 알려줘야 한다. 이 새로운 책임은 기어 인치를 계산해야 하는 것만큼이나 중요하다. 게임 참가자가 기어를 수정했을 때 Gear가 observer에서 changed 메시지를 전송해야만 애플리케이션이 올바르게 작동한다. 우리는 changed 메시지가 전송되었는지 테스트해야 한다.

테스트는 메시지가 전송되었다는 사실을 검증해야할 뿐 아니라, observer의 changed 메서드가 무엇을 반환하는지와는 상관없이 작동해야 한다. diameter 메서드를 테스트하는 것이 Wheel의 책임이었듯이 changed의 결과를 검증하는 것은 observer의 책임이다. Gear가 changed의 반환값을 테스트하는 것은 이 메시지의 수신자에 대해 잘못된 정보를 제공하는 것이다. 이런 방식의 테스트는 테스트 코드의 중복을 낳고 유지보수 비용을 높인다.

중복을 피하려면 Gear의 changed가 무엇을 반환하는지 확인하지 않으면서도, Gear가 changed를 observer에게 전송했다는 사실을 검증해야 한다. 다행히도, 매우 쉽게 할 수 있는 방법이다. 목(mock)을 사용하면 된다. 목은 행동에 대한 테스트이고, 상태에 대한 테스트와는 반대된다. 메시지가 무엇을 반환하는지를 검증하는 대신, 목 객체가 어떤 메시지를 수신하기를 원하는지, 즉 목 객체가 기대하는 바(expectation)를 테스트한다.

아래 테스트는 Gear가 주어진 책임을 충실히 이행하고 있다는 사실을 검증해주고 있다. 그리고 이 검증을 observer가 어떻게 작동하는지에 대한 지식 없이 수행하고 있다. 테스트는 목 객체를 만들고(4번 줄), 목 객체를 observer의 위치에 놓는다(8번 줄). 테스트들 각각은 목 객체가 changed 메시지를 수신하고자 한다는 사실(12, 17번 줄)을 명시해주고 있다. 그리고 제대로 수신했다는 점을 확인시켜준다(14, 20번 줄).

```
01  class GearTest < MiniTest::Unit::TestCase
02
03    def setup
04      @observer = MiniTest::Mock.new
05      @gear = Gear.new(
```

```
06                 chainring: 52,
07                 cog:       11,
08                 observer: @observer)
09    end
10
11    def test_notifies_observers_when_cogs_change
12      @observer.expect(:changed, true, [52, 27])
13      @gear.set_cog(27)
14      @observer.verify
15    end
16
17    def test_notifies_observers_when_chainrings_change
18      @observer.expect(:changed, true, [42, 11])
19      @gear.set_chainring(42)
20      @observer.verify
21    end
22 end
```

이것이 목을 사용하는 고전적인 패턴이다. notifies_observers_when_cogs_change 테스트에서 12번 줄은 목 객체가 어떤 메시지를 기대하고 있는지 말해준다. 13번 줄에서는 이 기대를 충족시킬 수 있는 행동을 유발하고, 14번 줄에서 목 객체에게 주어진 기대가 충족되었는지 물어본다. gear가 set_chainring을 수신하고, gear 내부에서 어떤 일이 발생하는데, 그 결과로 observer가 changed 메시지를 제대로 된 인자와 함께 수신하면, 테스트는 통과한다.

목 객체가 메시지를 가지고 하는 일은 그저 메시지를 수신했다는 사실을 기억하는 것뿐이다. 이 점을 주목하자. 테스트 중인 객체가 'observer가 changed를 수신한 후에 반환하는 결과'에 의존하고 있다면, 목 객체가 적당한 값을 반환하도록 수정하면 된다. 하지만 지금 중요한 것은 반환된 값이 아니다. 목 객체는 메시지의 전송 여부를 검증해야 한다. 목 객체가 결과를 반환한다면, 그건 테스트를 원활히 작동시키기 위한 것일 뿐이다.

observer를 목 객체로 대체했고, 목 객체의 changed 메서드는 완벽히 아무것도 하지 않는다. 그럼에도 불구하고 Gear는 정상적으로 작동한다. 이는 changed 메서드가 무엇을 하든 Gear는 아무런 관심도 없었다는 뜻이다. Gear는 메시지를 전송하는 것까지만 책임진다. 테스트 역시 이 지점까지만 검증하면 된다.

잘 디자인된 애플리케이션의 경우, 밖으로 나가는 메시지는 간단히 테스트할 수 있다. 적극적으로 의존성 주입 기술을 사용했다면, 주입된 객체를 손쉽게 목 객체로 대체할 수 있다. 이 목 객체들이 기대하는 바를 정의하면 다른 객체의 책임을 검증하지 않고도 테스트 중인 객체가 주어진 책임을 충실히 이행했는지 검증할 수 있다.

9.5 오리 타입 테스트하기

우리는 '들어오는 메시지 테스트하기' 절에서 역할을 테스트하는 방법을 살펴보았
다. 하지만 몇 가지 이슈들만을 소개했을 뿐, 만족할 만한 해결책을 제시하지는 못
했다. 이제 다시 이 주제로 돌아와서 오리 타입을 어떻게 테스트할지 살펴볼 때이
다. 이번 절에서는 역할 수행자들이 공유하는 행동을 어떻게 테스트할지 살펴본다.
그리고 원래의 문제로 돌아가서 테스트 더블이 무의미해지지 않도록 만드는 방법,
공유할 수 있는 테스트를 작성하는 법을 알아볼 것이다.

9.5.1 역할 테스트하기

첫 번째 예시에서 사용할 코드는 5장 '오리 타입으로 비용 줄이기'에서 만들었던
Preparer 오리 타입이다. 처음 몇 개의 예시는 5장에서 다뤘던 내용을 다시 설명하
고 있다. 5장에서 다뤘던 문제를 뚜렷하게 기억하고 있다면, 첫 번째 테스트 코드
가 나올 때까지 대충만 훑어봐도 된다.

원래의 Mechanic, TripCoordinator, Driver 클래스에는 아래와 같은 코드가 포
함되어 있었다.

```
01  class Mechanic
02    def prepare_bicycle(bicycle)
03      #...
04    end
05  end
06
07  class TripCoordinator
08    def buy_food(customers)
09      #...
10    end
11  end
12
13  class Driver
14    def gas_up(vehicle)
15      #...
16    end
17    def fill_water_tank(vehicle)
18      #...
19    end
20  end
```

이들 클래스 각각은 잘 갖춰진 퍼블릭 인터페이스를 가지고 있었다. 하지만 Trip이 이 인터페이스를 가지고 여행 준비(prepare)를 시작하려고 하자, Trip은 주어진 객체에게 어떤 메시지를 전송할지 결정하기 위해 객체의 클래스를 확인해야만 했다. 아래 코드를 보자.

```
01  class Trip
02    attr_reader :bicycles, :customers, :vehicle
03
04    def prepare(preparers)
05      preparers.each {|preparer|
06        case preparer
07        when Mechanic
08          preparer.prepare_bicycles(bicycles)
09        when TripCoordinator
10          preparer.buy_food(customers)
11        when Driver
12          preparer.gas_up(vehicle)
13          preparer.fill_water_tank(vehicle)
14        end
15      }
16    end
17  end
```

위 예시의 case 구분은 prepare를 이미 존재하는 세 개의 구체 클래스와 결합시키고 있다. prepare 메서드를 테스트하거나 새로운 Preparer를 추가하면 어떻게 될지 상상해 보자. prepare 메서드는 테스트하기도 힘들고 유지하는 데도 비용이 많이 든다.

안티패턴을 따르면서도 테스트가 없는 코드가 눈앞에 있다면 테스트를 작성하기 전에 보다 좋은 디자인으로 리팩터링하는 것을 고려 해봐도 좋다. 테스트 없이 코드를 수정하는 것은 분명 위험하지만 불안정하게 켜켜이 쌓여 있는 이 코드는 워낙 위태로워서 일단 리팩터링하는 것이 가장 비용-효율적인 접근일 수도 있다. 이 문제를 해결하기 위한 리팩터링은 매우 간단하고 이어지는 수정을 훨씬 수월하게 만들어 준다.

리팩터링의 첫 번째 단계는 Preparer의 인터페이스를 결정하고, 이 인터페이스를 모든 역할 수행자의 클래스 안에 구현하는 것이다. Preparer의 퍼블릭 인터페이스가 prepare_trip이라면, 아래 수정을 통해 Mechanic, TripCoordinator 그리고 Driver는 이 역할을 수행할 수 있게 되었다.

```
01  class Mechanic
02    def prepare_trip(trip)
```

```
03      trip.bicycles.each {|bicycle|
04        prepare_bicycle(bicycle)}
05    end
06
07    # ...
08  end
09
10  class TripCoordinator
11    def prepare_trip(trip)
12      buy_food(trip.customers)
13    end
14
15    # ...
16  end
17
18  class Driver
19    def prepare_trip(trip)
20      vehicle = trip.vehicle
21      gas_up(vehicle)
22      fill_water_tank(vehicle)
23    end
24    # ...
25  end
```

이제 Preparer 역할을 수행하는 객체들을 만들었으니 Trip의 prepare 메서드는 훨씬 간단해진다. 이어지는 리팩터링 덕분에 Trip의 prepare 메서드는 Preparer들과 협업할 수 있게 되었다. 기존의 prepare 메서드는 클래스 각각에게 클래스마다의 고유한 메시지를 전송하고 있었다.

```
01  class Trip
02    attr_reader :bicycles, :customers, :vehicle
03
04    def prepare(preparers)
05      preparers.each {|preparer|
06        preparer.prepare_trip(self)}
07    end
08  end
```

이 리팩터링을 끝냈다면 이제 테스트를 작성할 준비가 끝났다. 위의 코드는 Trip과 Preparers 사이의 협업을 포함하고 있다. 이 협업을 Preparable이라고 생각하면 된다. 우리의 테스트는 Preparer 역할을 문서화해야 하고, 역할 수행자 각각이 올바르게 행동하고 있는지 검증해야 한다. 그리고 Trip이 Preparers들과 제대로 소통하고 있다는 것도 보여줘야 한다.

여러 개의 서로 다른 클래스가 Preparer의 역할을 수행하고 있기 때문에 이 역할에 대한 테스트는 한 번만 작성하고 여러 수행자들이 공유해야 한다. MiniTest는 화려하진 않은 테스트 프레임워크이기에 루비의 모듈을 활용해서 가장 단순한 방법으로 테스트를 공유할 수 있게 해준다.

Preparer의 인터페이스를 테스트하고 문서화해주는 모듈은 다음과 같다.

```
01  module PreparerInterfaceTest
02    def test_implements_the_preparer_interface
03      assert_respond_to(@object, :prepare_trip)
04    end
05  end
```

이 모듈은 @object가 prepare_trip에 반응하는지 검증한다. 아래 테스트 코드는 이 모듈을 사용해서 Mechanic이 Preparer인지 확인하고 있다. 일단 모듈을 인클루드하고(2번 줄), setup에서 @object를 가지고 Mechanic을 만든다.

```
01  class MechanicTest < MiniTest::Unit::TestCase
02    include PreparerInterfaceTest
03
04    def setup
05      @mechanic = @object = Mechanic.new
06    end
07
08    # @mechanic을 사용하는 다른 테스트들
09  end
```

TripCoordinator와 Driver 테스트도 같은 패턴을 따른다. 역시 모듈을 인클루드하고(2, 10번 줄), setup 메서드 안에서 @object를 초기화한다(5, 13번 줄).

```
01  class TripCoordinatorTest < MiniTest::Unit::TestCase
02    include PreparerInterfaceTest
03
04    def setup
05      @trip_coordinator = @object = TripCoordinator.new
06    end
07  end
08
09  class DriverTest < MiniTest::Unit::TestCase
10    include PreparerInterfaceTest
11
12    def setup
13      @driver = @object = Driver.new
14    end
15  end
```

이 세 개의 테스트를 실행하면 만족스러운 결과를 얻을 수 있다.

```
01  DriverTest
02    PASS test_implements_the_preparer_interface
```

```
03
04  MechanicTest
05    PASS test_implements_the_preparer_interface
06
07  TripCoordinatorTest
08    PASS test_implements_the_preparer_interface
```

PreparerInterfaceTest를 모듈의 형태로 정의했기 때문에 테스트를 한 번만 작성하고도 역할 수행 객체들이 테스트 코드를 재사용할 수 있었다. 이 모듈은 테스트이기도 하고 동시에 문서이기도 하다. 모듈 덕분에 역할을 명시적으로 볼 수 있게 되었다. 그리고 새로운 Preparer를 만들어도 새로운 객체가 주어진 역할을 제대로 수행하는지 검증하기 쉬워졌다.

test_implements_the_preparer_interface 메서드는 들어오는 메시지를 테스트한다. 그리고 이런 테스트는 메시지를 수신하는 객체가 행해야 한다. 이것이 이 모듈을 Mechanic, TripCoordinator 그리고 Driver가 인클루드하고 있는 이유이다. 하지만 들어오는 메시지는 누군가가 전송하는 메시지이기도 하다. 이 반대편 역시 테스트해야 한다. 이제 모든 수신자가 prepare_trip을 제대로 구현하고 있는지 검증했으니 Trip이 이 메시지를 제대로 전송하고 있는지도 확인해야 한다.

이미 배웠듯이, 밖으로 나가는 메시지가 제대로 전달되었는지 검증하려면 목 객체를 만들고 이 객체가 기대하는 바를 정의하면 된다. 이어지는 테스트는 목 객체를 만들고(4번 줄), prepare_trip을 수신하리라 기대하게 만든다(6번 줄). Trip의 preparer 메서드를 실행하고(8번 줄), 목 객체가 메시지를 제대로 수신했는지 확인한다(9번 줄).

```
01  class TripTest < MiniTest::Unit::TestCase
02
03    def test_requests_trip_preparation
04      @preparer = MiniTest::Mock.new
05      @trip     = Trip.new
06      @preparer.expect(:prepare_trip, nil, [@trip])
07
08      @trip.prepare([@preparer])
09      @preparer.verify
10    end
11  end
```

test_requests_trip_preparation 테스트는 TripTest 클래스 속에 들어있다. Trip은 애플리케이션 안에서 Preparable 역할을 수행하는 유일한 객체이기 때문에 다른 객체가 이 테스트 코드를 공유할 일이 없다. 새로운 Preparable을 만든다면 테스트 코드를 모듈로 옮기고 모든 Preparable들이 이 모듈을 공유하면 된다.

테스트 코드를 실행해 보면 Trip이 Preparer들과 올바른 인터페이스를 통해 협업하고 있다는 사실을 알 수 있다.

```
01  TripTest
02    PASS test_requests_trip_preparation
```

이것으로 Preparer 역할에 대한 테스트는 끝났다. 이제 좀 더 어려운 문제, 테스트 더블이 테스트 중인 역할을 수행하도록 만드는 문제로 되돌아갈 때이다.

9.5.2 테스트 더블을 확인하기 위해 역할 테스트 사용하기

이제 우리는 객체가 주어진 역할을 제대로 수행하고 있는지 검증할 수 있고, 재사용할 수 있는 테스트를 작성할 수 있게 되었다. 이 방법을 사용하면 스텁(stub)을 사용할 때 테스트가 불안해지는 문제를 어느 정도 해결할 수 있다.

앞의 '들어오는 메시지 테스트하기' 절에서 '꿈속에서 살기' 문제를 살펴보았다. 해당 절의 마지막 테스트는 틀린 것을 올바르다고 잘못 알려주는 문제는 안고 있었다. 이미 사라져버린 메서드를 테스트 더블이 스텁하고 있었기 때문에, 테스트는 실패해야 하는 순간에도 통과하고 있었다. 아래에 이 잘못된 테스트 코드를 옮겨 놓았다.

```
01  class DiameterDouble
02
03    def diameter  # 인터페이스가 'width'로 바뀌었지만
04      10          # 이 테스트 더블과 Gear 모두
05    end           # 여전히 'diameter'를 사용하고 있다.
06  end
07
08  class GearTest < MiniTest::Unit::TestCase
09    def test_calculates_gear_inches
10      gear = Gear.new(
11              chainring: 52,
12              cog:        11,
13              wheel:      DiameterDouble.new)
14
15      assert_in_delta(47.27,
16                      gear.gear_inches,
17                      0.01)
18    end
19  end
```

DiameterDouble은 자신이 Diameterizable 역할을 수행하려 하지만, 잘못 수행하

고 있다. 때문에 테스트에 문제가 생긴다. Diameterizable의 인터페이스가 수정되면서 DiameterDouble이 더 이상 유효하지 않게 된 것이다. 더 이상 유효하지 않은 테스트 더블 때문에 테스트는 문제를 걸러내지 못하고 Gear가 정상적으로 작동한다는 잘못된 믿음을 준다. 하지만 실제로 GearTest가 정상적으로 작동하는 것은 잘못된 테스트 더블을 사용했기 때문이다. 애플리케이션에 문제가 생겼지만 테스트는 이 문제를 잡아내지 못한다.

우리는 '역할을 문서화하기 위해 테스트를 사용하기' 절에서 WheelTest를 만들었다. 여기서는 Diameterizable의 인터페이스를 눈으로 볼 수 있게 만들어서 이 문제를 해결했다. 이어지는 예시의 6번 줄은 Wheel이 width 인터페이스를 구현하고 있는 Diameterizable의 역할을 수행하고 있다는 사실을 검증하고 있다.

```
01  class WheelTest < MiniTest::Unit::TestCase
02    def setup
03      @wheel = Wheel.new(26, 1.5)
04    end
05
06    def test_implements_the_diameterizable_interface
07      assert_respond_to(@wheel, :width)
08    end
09
10    def test_calculates_diameter
11      # ...
12    end
13  end
```

이 테스트 속에는 우리의 위태로운 테스트를 수정하기 위해 사용할 수 있는 모든 재료가 들어있다. 우리는 역할 수행자들이 코드를 공유하려면 어떻게 해야 하는지 알고 있다. 그리고 어떤 객체에 대해서든, 이 객체가 주어진 역할을 제대로 수행하고 있는지 확인할 수 있는 테스트 코드도 가지고 있다.

문제를 해결하기 위한 첫 단계는 Wheel에서 test_implements_the_diameterizable_interface 테스트를 뽑아내서 새로운 모듈 속에 넣는 것이다.

```
01  module DiameterizableInterfaceTest
02    def test_implements_the_diameterizable_interface
03      assert_respond_to(@object, :width)
04    end
05  end
```

모듈을 만들었으면 모듈로 옮겨온 행동을 다시 WheelTest에 적용해야 한다. 모듈을 인클루드하고(2번 줄), Wheel을 가지고 @object를 초기화한다(5번 줄).

```
01  class WheelTest < MiniTest::Unit::TestCase
02    include DiameterizableInterfaceTest
03
04    def setup
05      @wheel = @object = Wheel.new(26, 1.5)
06    end
07
08    def test_calculates_diameter
09      # ...
10    end
11  end
```

WheelTest는 자신의 메서드를 모듈로 뽑아내기 전과 똑같이 작동한다. 테스트를 실행해서 그 결과를 확인해 볼 수 있다.

```
01  WheelTest
02    PASS test_implements_the_diameterizable_interface
03    PASS test_calculates_diameter
```

WheelTest가 여전히 잘 작동하고 있다는 건 참 다행스런 일이다. 하지만 이번 리팩터링은 단순히 코드를 이리저리 옮긴 것 이상의 의미를 갖는다. 리팩터링의 결과로 우리는 독립적인 모듈을 얻었고, 이 모듈은 Diameterizable이 제대로 작동한다는 것을 검증해줄 수 있다. 이제 이 모듈을 사용해서 테스트 더블이 잘못된 정보를 제공하는 것을 어느 정도 막을 수 있다.

아래 코드는 GearTest에 이 모듈을 적용한 것이다. 9번 줄에서 15번 줄은 새로운 테스트 클래스, DiameterDoubleTest를 정의한다. DiameterDoubleTest는 Gear를 티스트하기 위한 것이 아니다. 제대로 된 테스트 더블을 사용하고 있는지 검증하는 것을 통해 테스트가 위태로워지는 것을 방지하기 위한 것이다.

```
01  class DiameterDouble
02    def diameter
03      10
04    end
05  end
06
07  # 테스트 더블이 올바른 인터페이스를 따르고 있는지
08  # 검증한다.
09  class DiameterDoubleTest < MiniTest::Unit::TestCase
10    include DiameterizableInterfaceTest
11
12    def setup
13      @object = DiameterDouble.new
14    end
15  end
16
```

```
17  class GearTest < MiniTest::Unit::TestCase
18    def test_calculates_gear_inches
19      gear = Gear.new(
20                chainring: 52,
21                cog: 11,
22                wheel: DiameterDouble.new)
23
24      assert_in_delta(47.27,
25                      gear.gear_inches,
26                      0.01)
27    end
28  end
```

이전 상태의 테스트에서는 DiameterDouble과 Gear 모두 잘못된 인터페이스를 사용하고 있었기 때문에 테스트가 통과했었다. 이번에는 테스트 더블이 주어진 역할을 올바르게 수행하고 있는지도 테스트한다. 테스트를 실행하면 드디어 에러가 출력된다.

```
01  DiameterDoubleTest
02    FAIL test_implements_the_diameterizable_interface
03        Expected #<DiameterDouble:...> (DiameterDouble)
04          to respond to #width.
05  GearTest
06    PASS test_calculates_gear_inches
```

GearTest는 여전히 통과하지만 이건 문제되지 않는다. 왜냐하면 DiameterDouble Test가 테스트 더블에 문제가 있다고 알려주기 때문이다. 이 실패 덕분에 우리는 DiameterDouble에 width를 추가할 수 있다. 아래 코드의 2번 줄을 보자.

```
01  class DiameterDouble
02    def width
03      10
04    end
05  end
```

테스트 더블을 수정하고 다시 테스트를 돌려보면, 테스트는 GearTest에서 실패한다.

```
01  DiameterDoubleTest
02    PASS test_implements_the_diameterizable_interface
03
04  GearTest
05    ERROR test_calculates_gear_inches
06        undefined method 'diameter'
07          for #<DiameterDouble:0x0000010090a7f8>
08            gear_test.rb:35:in 'gear_inches'
09            gear_test.rb:86:in 'test_calculates_gear_inches'
```

이제 DiameterDoubleTest는 통과하지만, GearTest는 실패한다. 이 실패는 Gear 코드의 어디에 문제가 있는지 정확히 짚어준다. 드디어 테스트가 제대로 된 정보를 제공해 주고 있다. Gear의 gear_inches 메서드가 diameter 대신 width를 전송해야 한다는 것이다. 이제 아래 코드처럼 수정하면 된다.

```
01  class Gear
02
03    def gear_inches
04      # 드디어 'diameter' 대신 'width'를 전송한다.
05      ratio * wheel.width
06    end
07
08  # ...
09  end
```

마지막 수정을 거치고 나면, 애플리케이션도 정상적으로 작동하고 모든 테스트를 성공적으로 통과한다.

```
01  DiameterDoubleTest
02    PASS test_implements_the_diameterizable_interface
03
04  GearTest
05    PASS test_calculates_gear_inches
```

단순히 테스트를 통과하는 것이 아니라, Diameterizable의 인터페이스가 어떻게 바뀌든 계속해서 잘 작동할 것이다. 테스트 더블을 다른 역할 수행자와 똑같이 취급해서 주어진 역할을 제대로 수행하는지 검증해 주면, 위태롭지 않은 테스트를 작성할 수 있다. 또한 스텁의 부정적인 결과를 피할 수 있다.

오리 타입을 테스트하려면 역할을 테스트하는 독립적인 코드를 만들고 이 코드를 공유할 수 있어야만 했다. 이렇듯 일단 한 번 역할 기반의 관점을 취하고 나면, 다른 상황에서도 이 관점을 적용해 많은 이득을 얻을 수 있다. 테스트 중인 객체의 관점에서 보자면, 다른 모든 객체는 하나의 역할이다. 그리고 이 객체들을 주어진 역할의 대변자로 취급하면, 애플리케이션과 테스트 모두에서 결합을 줄이고 유연성을 높일 수 있다.

9.6 상속 받은 코드 테스트하기

드디어 마지막 문제만 남았다. 상속 받은 테스트를 테스트하는 것이다. 이번 절은 바로 앞 절과 매우 유사하다. 일단 앞에서 다뤘던 예시를 한 번 훑어보고, 이 내용에 테스트를 추가할 것이다. 이번에 사용할 예시는 6장 '상속을 이용해 새로운 행동 얻기'의 마지막 Bicycle 상속 관계 코드이다. 나중에 이 상속 관계가 적절하지 않은 디자인이라고 밝혀졌지만, 코드 자체에는 문제가 없고 테스트를 붙이기도 매우 좋다.

9.6.1 상속 받은 인터페이스 명확히 하기

아래 코드는 6장에서 만들었던 Bicycle 클래스이다.

```ruby
01  class Bicycle
02    attr_reader :size, :chain, :tire_size
03
04    def initialize(args={})
05      @size = args[:size]
06      @chain = args[:chain] || default_chain
07      @tire_size = args[:tire_size] || default_tire_size
08      post_initialize(args)
09    end
10
11    def spares
12      { tire_size: tire_size,
13        chain:     chain}.merge(local_spares)
14    end
15
16    def default_tire_size
17      raise NotImplementedError
18    end
19
20    # subclasses may override
21    def post_initialize(args)
22      nil
23    end
24
25    def local_spares
26      {}
27    end
28
29    def default_chain
30      '10-speed'
31    end
32  end
```

아래는 Bicycle의 하위클래스 중 하나인 RoadBike의 코드이다.

```ruby
01  class RoadBike < Bicycle
02    attr_reader :tape_color
03
```

```ruby
04    def post_initialize(args)
05      @tape_color = args[:tape_color]
06    end
07
08    def local_spares
09      {tape_color: tape_color}
10    end
11
12    def default_tire_size
13      '23'
14    end
15  end
```

테스트의 첫 번째 목표는 이 상속 관계에 속한 모든 객체들이 약속을 제대로 이행하고 있는지 검증하는 것이다. 리스코프 치환 원칙에 따르면 모든 하위 타입은 자신의 상위 타입을 대체할 수 있어야 한다. 리스코프 원칙을 위반하면 예상했던 바대로 작동하지 않는 믿을 수 없는 객체를 만들게 된다. 상속 관계 속의 모든 객체가 리스코프 원칙을 잘 따르고 있는지 검증하는 가장 쉬운 방법은 공통의 약속을 테스트하는 공용코드를 작성하고 이 테스트를 모든 객체에 인클루드하는 것이다.

객체들이 맺은 약속은 공통의 인터페이스 속에 녹아 있다. 이어지는 코드는 이 인터페이스를 표현하고 있고, 그렇기 때문에 Bicycle이 된다는 것이 어떤 의미인지 정의해주고 있다.

```ruby
01  module BicycleInterfaceTest
02    def test_responds_to_default_tire_size
03      assert_respond_to(@object, :default_tire_size)
04    end
05
06    def test_responds_to_default_chain
07      assert_respond_to(@object, :default_chain)
08    end
09
10    def test_responds_to_chain
11      assert_respond_to(@object, :chain)
12    end
13
14    def test_responds_to_size
15      assert_respond_to(@object, :size)
16    end
17
18    def test_responds_to_tire_size
19      assert_respond_to(@object, :size)
20    end
21
22    def test_responds_to_spares
23      assert_respond_to(@object, :spares)
24    end
25  end
```

BicycleInterfaceTest 테스트를 통과하는 모든 객체는 Bicycle처럼 행동하는 객체라고 볼 수 있다. Bicycle 상속 관계에 포함된 모든 객체들은 이 인터페이스를 이해할 수 있어야 하고, 위 테스트를 통과해야 한다. 아래 예시는 추상화된 상위클래스 BicycleTest에 이 인터페이스를 인클루드한 것이다(2번 줄). 그리고 구체적인 하위클래스 RoadBikeTest에도 인클루드했다(10번 줄).

```
01  class BicycleTest < MiniTest::Unit::TestCase
02    include BicycleInterfaceTest
03
04    def setup
05      @bike = @object = Bicycle.new({tire_size: 0})
06    end
07  end
08
09  class RoadBikeTest < MiniTest::Unit::TestCase
10    include BicycleInterfaceTest
11
12    def setup
13      @bike = @object = RoadBike.new
14    end
15  end
```

테스트를 실행하면 결과를 볼 수 있다.

```
01  BicycleTest
02    PASS test_responds_to_default_chain PASS test_responds_to_size
03    PASS test_responds_to_tire_size PASS test_responds_to_chain
04    PASS test_responds_to_spares
05    PASS test_responds_to_default_tire_size
06
07  RoadBikeTest
08    PASS test_responds_to_chain
09    PASS test_responds_to_tire_size
10    PASS test_responds_to_default_chain PASS test_responds_to_spares
11    PASS test_responds_to_default_tire_size PASS test_responds_to_size
```

노트

BicycleTest와 RoadBikeTest의 테스트가 순서대로 실행되지 않더라도 당황하지 말자. MiniTest는 테스트를 랜덤한 순서로 실행한다.

BicycleInterfaceTest는 모든 종류의 Bicycle이 사용할 수 있고, 새로운 클래스를 만들더라도 쉽게 인클루드할 수 있다. 테스트는 인터페이스를 문서화해주고, 프로그래머의 실수를 방지해 준다.

9.6.2 하위클래스의 책임 명확히 하기

모든 Bicycle들이 공통의 행동을 공유할 뿐 아니라 추상화된 상위클래스 Bicycle도 자신의 하위클래스에 특정 행동들을 부과한다.

하위클래스의 행동 확인하기

애플리케이션에는 여러 개의 하위클래스가 있기 때문에 각각이 제대로 작동하는 검증하기 위해서는 이들이 공유할 수 있는 공통의 테스트 코드가 있어야 한다. 아래 코드는 하위클래스가 갖추어야 하는 바를 문서화한 테스트이다.

```
01  module BicycleSubclassTest
02    def test_responds_to_post_initialize
03      assert_respond_to(@object, :post_initialize)
04    end
05
06    def test_responds_to_local_spares
07      assert_respond_to(@object, :local_spares)
08    end
09
10    def test_responds_to_default_tire_size
11      assert_respond_to(@object, :default_tire_size)
12    end
13  end
```

이 테스트는 Bicycle의 하위클래스가 갖춰야 하는 바를 문서화하고 있다. 하위클래스가 이 메서드들을 구현하도록 강제하는 것이 아니다. 사실 모든 하위클래스는 post_initialize와 local_spares 메서드를 원할 때만 상속받을 수 있다. 이 테스트는 하위클래스가 엄청나게 이상한 짓을 해서 이 메시지들이 오작동하는 것을 방지할 뿐이다. 하위클래스가 꼭 구현해야 하는 메서드는 default_tire_size이다. 상위클래스가 구현하고 있는 default_tire_size는 에러를 발생시킨다. 하위클래스가 자신만의 고유한 로직을 구현하지 않는다면, 테스트를 통과할 수 없다.

RoadBike는 Bicycle처럼 작동하기 때문에 이미 BicycleInterfaceTest를 인클루드하고 있다. 아래 코드는 BicycleSubclassTest 역시 인클루드하도록 수정한 것이다. RoadBike는 Bicycle의 하위클래스처럼 작동해야 하기 때문이다.

```
01  class RoadBikeTest < MiniTest::Unit::TestCase
02    include BicycleInterfaceTest
03    include BicycleSubclassTest
04
05    def setup
06      @bike = @object = RoadBike.new
```

```
07     end
08   end
```

수정된 코드를 실행하면 더 많은 이야기를 들려준다.

```
01   RoadBikeTest
02     PASS test_responds_to_default_tire_size
03     PASS test_responds_to_spares
04     PASS test_responds_to_chain
05     PASS test_responds_to_post_initialize
06     PASS test_responds_to_local_spares
07     PASS test_responds_to_size
08     PASS test_responds_to_tire_size
09     PASS test_responds_to_default_chain
```

Bicycle의 모든 하위클래스는 이 모듈 두 개를 모두 공유할 수 있다. 모든 하위클래스는 Bicycle처럼 작동하면서 동시에 Bicycle의 하위클래스처럼 작동해야 하기 때문이다. 하위클래스 MountainBike의 코드를 살펴본 지 좀 오래되었지만, 이 모듈 두 개만 추가하면 MountainBike가 하위클래스의 요건을 갖추고 있는지 쉽게 확인할 수 있다. 아래 코드를 보자.

```
01   class MountainBikeTest < MiniTest::Unit::TestCase
02     include BicycleInterfaceTest
03     include BicycleSubclassTest
04
05     def setup
06       @bike = @object = MountainBike.new
07     end
08   end
```

BicycleInterfaceTest와 BicycleSubclassTest, 이 둘을 사용하면 하위클래스가 공유하는 모든 행동을 손쉽게 테스트할 수 있다. 이 테스트 덕분에 우리는 하위클래스가 기본에서 벗어나 이상하게 작동하지 않으리라 확신할 수 있다. 그리고 초보자도 매우 안전하게 새로운 하위클래스를 만들 수 있게 되었다. 프로젝트에 새로 투입된 프로그래머도 하위클래스의 요건을 탐색하기 위해 상위클래스의 코드를 뜯어볼 필요가 없다. 이 두 개의 테스트만 인클루드하고, 새로운 하위클래스를 작성하면 된다.

상위클래스의 요구사항 검증하기

하위클래스가 default_tire_size를 구현하고 있지 않다면 Bicycle이 에러를 발생시켜야 한다. 이 조건은 하위클래스가 충족시켜야 하는 것이지만 실제 행동은 Bicycle 안에서 실행되기 때문이다. 때문에 이 테스트는 BicycleTest 안에 직접 추가되어야 한다. 아래 코드의 8번을 보자.

```
01  class BicycleTest < MiniTest::Unit::TestCase
02    include BicycleInterfaceTest
03
04    def setup
05      @bike = @object = Bicycle.new({tire_size: 0})
06    end
07
08    def test_forces_subclasses_to_implement_default_tire_size
09      assert_raises(NotImplementedError) {@bike.default_tire_size}
10    end
11  end
```

BicycleTest의 5번 줄은 Bicycle을 생성하면서 tire_size의 값을 제공하고 있다. 이 부분에 주목하자. 물론 좀 어색하긴 하다. Bicycle의 initialize 메서드를 보면 이 어색함의 근원을 알 수 있다. initialize 메서드는 tire_size의 입력값을 인자로 받거나 default_tire_size 메서드를 전송해서 해당 값을 얻어 온다. 5번 줄의 tire_size 인자를 제거하면 setup 메서드에서 Bicycle를 생성할 때 테스트가 죽어버린다. tire_size의 값을 인자로 넘겨주지 않으면 Bicycle은 초기화되지 않는다.

Bicycle은 추상 클래스이기 때문에 직접 new 메서드를 수신하지 않는다. 이것이 tire_size 인자가 필요한 이유이다. Bicycle은 멋지고 친절하게 정의된 생성방식을 가지고 있지 않다. 실제 애플리케이션은 Bicycle의 인스턴스를 생성할 일이 없기 때문에 필요 없는 것이다. 하지만 애플리케이션이 새로운 Bicycle의 인스턴스를 생성하지 않는다고 해서 이런 일이 절대 발생하지 않는다고 확신할 수는 없다. 오히려 종종 발생한다. BicycleTest의 5번 줄은 분명 이 추상 클래스의 인스턴스를 생성하려 한다.

추상 클래스를 테스트할 때면 언제나 이런 문제와 마주하게 된다. BicycleTest가 테스트를 실행하려면 객체를 가지고 있어야 하고, 이때 가장 적합한 객체는 Bicycle의 인스턴스이기 때문이다. 하지만 추상 클래스의 인스턴스를 생성하는 것은 어렵거나 불가능하다. 다행히 위 테스트에서는 tire_size만을 넘겨서 Bicycle의 인스턴스를 만들 수 있었다. 하지만 테스트할 수 있는 객체를 만드는 작업이 언제나 이렇게 쉬운 것은 아니다. 훨씬 복잡한 방법을 사용해야하는 경우도 많다. 물론 이 문제를 해결할 수 있는 보다 손쉬운 방법이 있고, 이 내용은 '추상화된 상위클래스의 행동 테스트하기' 절에서 다룰 것이다.

일단은 tire_size 인자를 넘기는 방법을 사용해도 별 문제 없다. BicycleTest를 실행하면 추상화된 상위클래스가 보여줄 법한 테스트 결과를 출력한다.

```
01  BicycleTest
02    PASS test_responds_to_default_tire_size
03    PASS test_responds_to_size
04    PASS test_responds_to_default_chain
05    PASS test_responds_to_tire_size
06    PASS test_responds_to_chain
07    PASS test_responds_to_spares
08    PASS test_forces_subclasses_to_implement_default_tire_size
```

9.6.3 하나뿐인 행동 테스트하기

지금까지는 상속 관계의 공통된 행동을 테스트하는 데 집중했다. 이렇게 만든 테스트를 대부분 공유할 수 있었고, 모듈(BicycleInterfaceTest과 BicycleSubclassTest) 속에 넣어 두었다. 테스트 중 하나(forces_subclasses_to_implement_default_tire_size)는 BicycleTest에 직접 추가했지만.

이제 공통된 행동을 다 처리하고 나니 두 개의 문제가 남았다. 구체적인 하위클래스만의 특수한 행동을 테스트하지 않았고, 추상화된 상위클래스가 제공하는 구체적인 행동도 테스트하지 않았다. 이어지는 섹션에서는 첫 번째 문제를 다룬다. 하위클래스 각각의 특수한 행동을 테스트할 것이다. 그 다음 섹션에서는 다시 상속 관계로 돌아와서 Bicycle만의 고유한 행동을 테스트할 것이다.

구체적인 하위클래스의 행동 테스트하기

이쯤에서 '꼭 필요한 최소한의 테스트만 작성하겠다'는 약속을 떠올릴 필요가 있다. 다시 RoadBike 클래스를 살펴보자. 테스트가 인클루드하고 있는 모듈이 이미 대부분의 행동을 검증해주고 있다. 이제 RoadBike의 특수한 행동만 테스트하면 된다.

하위클래스의 특수한 행동을 테스트할 때는 상위클래스에 대한 지식을 끌어오지 않는 것이 중요하다. 예를 들어 RoadBike는 local_spares를 구현하고 있고 spares에 반응한다. RoadBikeTest는 local_spares를 테스트할 때 의도적으로 spares 메서드의 존재를 무시해야 한다. RoadBike가 spares에 제대로 반응하는지는 BicycleInterfaceTest가 이미 검증했다. 이번 테스트에서 또 다시 spares 메서드를 직접 참조할 필요도 없고, 해서도 안 된다.

반면 local_spares 메서드를 테스트하는 것은 분명 RoadBike의 책임이다. 아래

RoadBikeTest 코드의 9번 줄이 local_spares 메서드를 테스트하고 있다.

```ruby
01  class RoadBikeTest < MiniTest::Unit::TestCase
02    include BicycleInterfaceTest
03    include BicycleSubclassTest
04
05    def setup
06      @bike = @object = RoadBike.new(tape_color: 'red')
07    end
08
09    def test_puts_tape_color_in_local_spares
10      assert_equal 'red', @bike.local_spares[:tape_color]
11    end
12  end
```

RoadBikeTest를 실행하면 RoadBike가 Bicycle로써 갖춰야 하는 책임과 자신만의
특수한 행동을 잘 구현하고 있다는 것을 알 수 있다.

```
01  RoadBikeTest
02    PASS test_responds_to_default_chain
03    PASS test_responds_to_default_tire_size
04    PASS test_puts_tape_color_in_local_spares
05    PASS test_responds_to_spares
06    PASS test_responds_to_size
07    PASS test_responds_to_local_spares
08    PASS test_responds_to_post_initialize
09    PASS test_responds_to_tire_size
10    PASS test_responds_to_chain
```

추상화된 상위클래스의 행동 테스트하기

하위클래스의 특수한 행동을 테스트했으니, 이제 다시 앞부분으로 되돌아가 상위
클래스에 대한 테스트를 마무리 지을 때가 왔다. Bicycle의 상속 관계를 다시 살펴
보면, 앞에서 마주했던 문제가 여전히 남아 있다는 것을 알 수 있다. Bicycle이 추
상화된 상위클래스이기 때문에 발생하는 문제가 여전히 남아 있다. Bicycle의 인스
턴스를 생성하기도 어려울 뿐 아니라 어렵게 생성한 인스턴스가 테스트를 실행하
기 위한 충분한 행동을 가지고 있지 않을 수도 있다.

  다행히도, 우리의 디자인 능력이 새로운 해결책을 제시해준다. Bicycle은 구체적
인 행동을 구현하기 위해 템플릿 메서드를 사용하고 있기 때문에 상위클래스가 제
공하는 행동을 스텁(stub)하면 된다. 게다가 우리는 리스코프 치환 원칙을 따르기
때문에 테스트만을 위한 하위클래스를 만들고 이 하위클래스의 인스턴스를 생성하
면 된다. 이 인스턴스를 '테스트할 수 있는 Bicycle의 인스턴스'로 사용하면 된다.

  아태 테스트는 이런 방식의 접근을 보여준다. 1번 줄에서는 Bicycle의 새로운 하

위클래스 StubbedBike를 정의하고, StubbedBike 클래스의 인스턴스를 생성한다 (15번 줄). 그리고 Bicycle이 하위클래스가 추가한 local_spares를 제대로 처리하는지 검증한다.

14번 줄에서 보이듯 tire_size 인자를 넘겨줘야 하더라도, 가끔은 추상 클래스 Bicycle의 인스턴스를 유지하는 것이 편리할 수 있다. 18번 줄은 여전히 Bicycle의 인스턴스를 사용해서 추상 클래스가 하위클래스에게 default_tire_size를 구현하라고 강제하고 있는지 검증하고 있다.

이 테스트에는 두 종류의 Bicycle이 평화롭게 공존하고 있는 것이다. 아래 코드를 보자.

```
01  class StubbedBike < Bicycle
02    def default_tire_size
03      0
04    end
05    def local_spares
06      {saddle: 'painful'}
07    end
08  end
09
10  class BicycleTest < MiniTest::Unit::TestCase
11    include BicycleInterfaceTest
12
13    def setup
14      @bike = @object = Bicycle.new({tire_size: 0})
15      @stubbed_bike = StubbedBike.new
16    end
17
18    def test_forces_subclasses_to_implement_default_tire_size
19      assert_raises(NotImplementedError) {
20        @bike.default_tire_size}
21    end
22
23    def test_includes_local_spares_in_spares
24      assert_equal @stubbed_bike.spares,
25                  { tire_size: 0,
26                    chain:    '10-speed',
27                    saddle:   'painful'}
28    end
29  end
```

스텁을 제공하는 하위클래스를 만들면 여러 모로 유용하다. 새로 만든 하위클래스가 리스코프 원칙을 위반하지 않는다면, 원하는 곳 어디에든 사용할 수 있다.

BicycleTest를 실행해 보면, 하위클래스가 구현한 내용을 반영해서 예비부품 (spares) 목록을 만들고 있다는 점을 확인해준다.

```
01  BicycleTest
02    PASS test_responds_to_spares
03    PASS test_responds_to_tire_size
04    PASS test_responds_to_default_chain
05    PASS test_responds_to_default_tire_size
06    PASS test_forces_subclasses_to_implement_default_tire_size
07    PASS test_responds_to_chain
08    PASS test_includes_local_spares_in_spares
09    PASS test_responds_to_size
```

마지막으로 한 가지만 더. 만약 StubbedBike가 더 이상 유효하지 않아서 Bicycle Test가 실패해야 할 때 실패하지 않을까 걱정된다면, 바로 옆에 해결책이 있다. 우리는 이미 BicycleSubclassTest를 가지고 있다. DiameterizableInterfaceTest를 이용해서 DiameterDouble이 지속적으로 잘 작동하리라 믿을 수 있었듯이, Bicycle SubclassTest를 이용해서 StubbedBike의 정상상태를 확인할 수 있다. 아래 코드를 BicycleTest에 추가하자.

```
01  # 테스트 더블이 이 테스트가 요구하는 인터페이스를
02  # 충실히 따르고 있다는 것을 확인한다.
03  class StubbedBikeTest < MiniTest::Unit::TestCase
04    include BicycleSubclassTest
05
06    def setup
07      @object = StubbedBike.new
08    end
09  end
```

이 수정사항을 반영하고 나면 BicycleTest가 추가적인 정보를 제공한다.

```
01  StubbedBikeTest
02    PASS test_responds_to_default_tire_size
03    PASS test_responds_to_local_spares
04    PASS test_responds_to_post_initialize
```

신중하게 작성한 상속 관계는 테스트하기 쉽다. 전체적인 인터페이스에 대한 코드를 하나 작성해서 공유하고, 이어서 하위클래스의 책임을 테스트하면 된다. 여러 가지 책임을 독립적으로 분리하도록 노력하자. 하위클래스 고유의 행동을 테스트할 때는 상위클래스에 대한 지식이 하위클래스의 테스트 속으로 흘러들어오지 않도록 각별히 주의하자.

추상화된 상위클래스를 테스트하는 작업은 만만치 않을 수 있다. 이럴 땐 리스코프 치환 원칙을 활용하자. 리스코프 원칙에 충실한 새로운 하위클래스를 만들고, 이 클래스를 테스트 용도로 사용할 수 있다. 이런 접근을 취했다면, 테스트용 하위

클래스 역시 우리의 하위클래스 테스트를 통과하는지 검증하면 좋다. 이런 검증이 추가되면, 테스트 클래스가 유효성을 상실하는 것을 방지해준다.

9.7 요약

테스트는 꼭 필요하다. 잘 디자인된 애플리케이션은 매우 추상적이고, 계속 변경된다. 테스트가 없다면 이해할 수도 없고 안전하게 수정할 수도 없을 것이다. 최상의 테스트는 실제 코드와 느슨하게 결합되어 있어야 한다. 그리고 모든 코드를 한 번만, 제대로 된 장소에서 테스트해야 한다. 이런 테스트는 코드 작성 비용을 높이지 않으면서도 새로운 가치를 제공한다.

잘 디자인된 애플리케이션이 섬세하게 다듬어진 테스트 묶음을 가지고 있다면 이 애플리케이션은 바라보기만 해도 기쁘고 확장하는 작업도 즐겁다. 모든 새로운 상황에 적응할 수 있으며 예상치 못했던 그 어떤 요구사항에도 대처할 수 있다.

나가는 글

책임, 의존성, 인터페이스, 오리 타입, 상속, 행동 공유, 조합 그리고 테스트까지. 지금까지 이 모든 걸 다 배웠다. 우리는 객체의 세계 속으로 풍덩 뛰어들었다. 만약 이 책이 주어진 목표를 달성했다면, 책을 처음 읽기 시작했을 때와 비교해 지금은 객체에 대해 전혀 다르게 생각하게 되었을 것이다.

1장 '객체지향 디자인'에서는 객체지향 디자인이란 의존성 관리의 기술이라고 말했다. 이 주장은 여전히 사실이지만, 동시에 디자인에 대한 수많은 진실 중 하나일 뿐이다. 더욱 깊이 있는 진실은 특정 관점에서 보면 모든 객체는 다 똑같다는 사실이다. 이 객체가 전체 애플리케이션을 의미하든 거대한 하위 시스템을 의미하든 개별적인 클래스 또는 간단한 메서드를 의미하든 상관없다. 하나의 객체는 절대로 혼자 작동할 수 없다. 애플리케이션 속에는 수많은 객체가 있고, 각 객체는 서로 연결되어 있다. 이 연결은 객체가 무엇인가에 따라 정의되지 않는다. 객체 사이를 오가는 메시지들에 의해 정의된다. 잠금장치와 열쇠처럼, 손과 장갑처럼, 또는 호출이 있고 이 호출에 반응하는 객체처럼 말이다. 객체지향 디자인은 프렉탈(fractal)이다. 둔제의 핵심은 객체들의 소통을 확장할 수 있는 방식으로 정의하는 일이고, 이 문제를 모든 수준으로 확대해 봐도 언제나 동일한 모습을 보인다.

이 책은 코드를 어떻게 작성해야 하는가에 대한 법칙으로 가득 차 있다. 의존성을 관리하고 인터페이스를 만드는 방법에 대한 원칙들이다. 이제 이 원칙들을 모두 배웠으니 각 목적에 맞게 변형해서 적용할 수 있다. 디자인은 본질적으로 옳고 그름 사이의 긴장을 품고 있다. 이 팽팽한 긴장감이 의미하는 것은 모든 법칙은 깨지기 위해 존재한다는 점이다. 법칙을 제대로 깨는 법을 안다는 것은 디자이너의 최대 강점이다.

디자인의 원칙은 도구일 뿐이며 수련을 거듭하면 손에 익힐 수 있다. 본래의 목적에 충실하면서도 수정하기 쉬운 애플리케이션을 만들 수 있게 해주고 우리를 기쁘게 해준다. 우리가 만든 애플리케이션이 완벽하지 않다고 해서 실망할 필요는 없다. 완벽함이란 다가가기 어려운 지점이다. 어쩌면 도달할 수 없는 곳일지도 모른다. 그렇다고 해서 완벽함을 추구하는 정신을 포기할 필요는 없다. 인내심을 갖자. 수련을 하자. 탐구하자. 상상해 보자. 할 수 있는 최선을 다하면, 다른 나머지는 자연히 따라오기 마련이다.

찾아보기